# 아시아의 국민감정

— 데이터로 본 아시아인의 대외 인식 —

# 아시아의 국민감정

———— 데이터로 본 아시아인의 대외 인식 ————

소노다 시게토[園田茂人] 지음 | 유지아 · 윤현명 옮김

경인문화사

| 머리말 |

　　최근 국제관계와 관련해서 여러 조사기관이 글로벌한 규모로 여론 조사를 단행하고 있습니다. 그중 미국의 연구기관 퓨리서치센터(Pew Research Center)는 중국의 발전에 대해 각국이 어떤 평가를 내리는지에 관한 조사를 오랫동안 진행하고 있습니다. 퓨리서치센터는 다수의 국가를 대상으로 이와 관련된 조사를 단행하고 있습니다만, 이 책에서는 그중 한국, 일본, 베트남, 필리핀, 인도네시아 도합 5개국의 결과를 정리해서 소개하려고 합니다.

　　〈표 0-1〉은 "종합적으로 볼 때 중국의 경제 발전이 당신의 나라에 좋다고 생각하십니까, 나쁘다고 생각하십니까?"라는 질문에 대한 응답을 보여 주고 있습니다. 베트남의 경우, 2014년과 2017년 시점에서 중국의 경제 발전을 긍정적으로 보는 응답이 각각 21.5%와 27.9%였습니다. 이것은 다른 나라와 비교해 보면 낮은 수치입니다. 이에 대해,

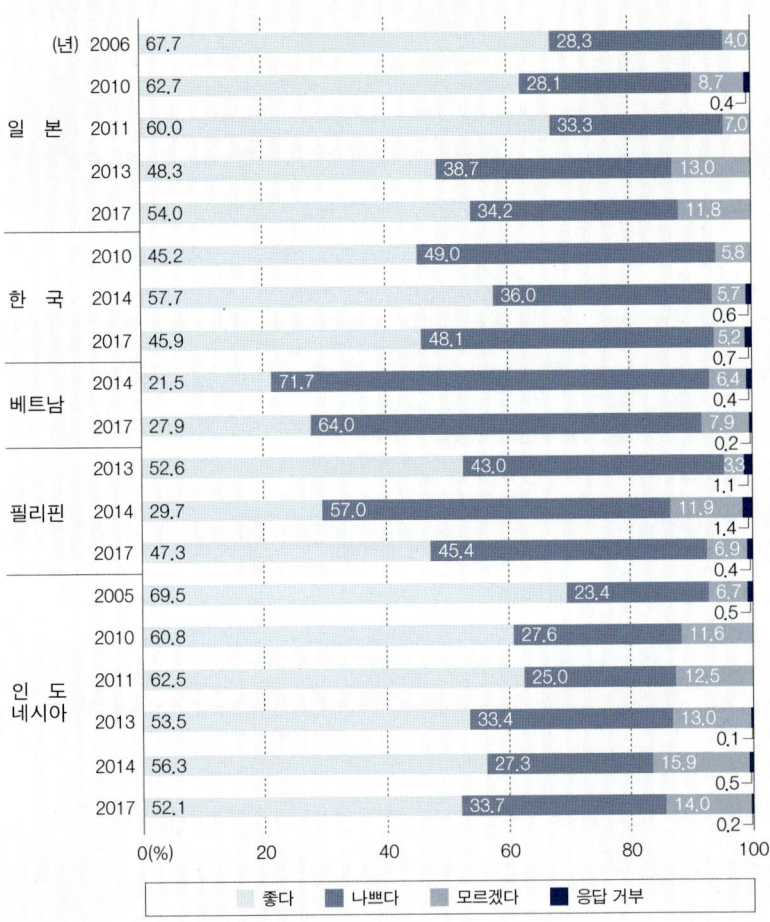

〈표 0-1〉 중국의 경제 발전에 대한 평가(2005~2017)

| | | 좋다 | 나쁘다 | 모르겠다 | 응답 거부 |
|---|---|---|---|---|---|
| 일 본 | 2006 | 67.7 | 28.3 | 4.0 | |
| | 2010 | 62.7 | 28.1 | 8.7 | 0.4 |
| | 2011 | 60.0 | 33.3 | 7.0 | |
| | 2013 | 48.3 | 38.7 | 13.0 | |
| | 2017 | 54.0 | 34.2 | 11.8 | |
| 한 국 | 2010 | 45.2 | 49.0 | 5.8 | |
| | 2014 | 57.7 | 36.0 | 5.7 | 0.6 |
| | 2017 | 45.9 | 48.1 | 5.2 | 0.7 |
| 베트남 | 2014 | 21.5 | 71.7 | 6.4 | 0.4 |
| | 2017 | 27.9 | 64.0 | 7.9 | 0.2 |
| 필리핀 | 2013 | 52.6 | 43.0 | 3.3 | 1.1 |
| | 2014 | 29.7 | 57.0 | 11.9 | 1.4 |
| | 2017 | 47.3 | 45.4 | 6.9 | 0.4 |
| 인 도 네시아 | 2005 | 69.5 | 23.4 | 6.7 | 0.5 |
| | 2010 | 60.8 | 27.6 | 11.6 | |
| | 2011 | 62.5 | 25.0 | 12.5 | |
| | 2013 | 53.5 | 33.4 | 13.0 | 0.1 |
| | 2014 | 56.3 | 27.3 | 15.9 | 0.5 |
| | 2017 | 52.1 | 33.7 | 14.0 | 0.2 |

※ 출전: 퓨리서치센터 Global Attitudes Survey

<표 0-2> 중국의 군사적 발전에 대한 평가(2005~2017)

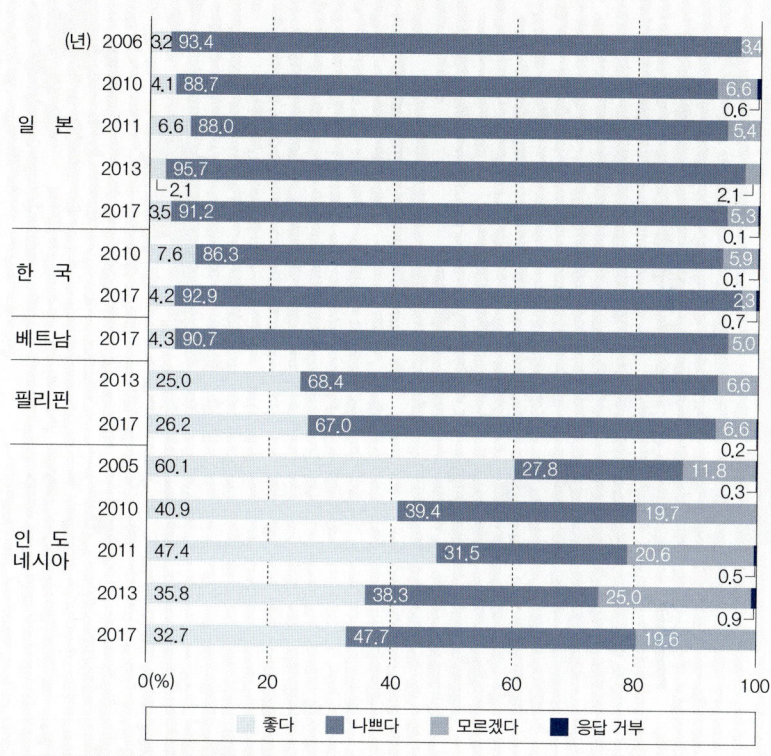

※ 출전: 퓨리서치센터 Global Attitudes Survey

인도네시아와 일본은 긍정적인 의견이 다수를 이루었지요. 그런데 최근에는 이 두 나라에서도 긍정적인 의견이 조금씩 줄고 있습니다. 물론, 베트남만큼은 아니지만 말입니다.

그러나 중국의 군사적 발전에 대한 평가에서 한국과 일본의 응답은 〈표 0-1〉의 응답과 크게 다릅니다. 〈표 0-2〉는 "종합적으로 볼 때, 중국의 군사적 발전은 당신의 나라에 좋다고 생각하십니까, 나쁘다고 생각하십니까?"라는 질문에 대한 응답을 보여 주고 있습니다. 인도네시아의 경우, 경제적 발전이든 군사적 발전이든 중국에 대해 나쁘지 않은 반응을 보입니다. 그러나 한국과 일본의 경우, 경제적 발전과 군사적 발전에 대한 평가가 상당한 차이를 보입니다. 왜 똑같이 중국에 관한 것인데, 이렇게나 반응이 다를까요? 그 해답을 찾기 위해서는 한국과 일본, 인도네시아 등이 어떤 상황에 놓여 있는가를 분석하고, 중국과 어떤 관계를 구축해 왔는지 그리고 그 배경으로서 어떤 이념, 가치, 심리적 인식이 존재하는지를 고찰해야 합니다.

이 책의 목적은 저자가 입수한 데이터를 활용해 아시아 각국이 어떤 감정을 갖고 있고, 이것이 어떤 식으로 대외 인식과 국제관계를 만들어 내는지를 파악하는 것입니다. 이 작업을 통해 아시아 역내의 국

가 간 관계가 뚜렷이 나타나고, 이제껏 보이지 않았던 사람들의 감정
이 확실히 드러나기 때문입니다.

# 목 차

## 제2장 아세안의 이상과 현실 — 현실적인 관점으로 본다면

## 11개 국가·지역명

| 국가 지역 | 인구 (만 명) | 면적(km³) | 명목 GDP (10억 미국 달러) | 1인당 GDP (달러) | 주요 종교 | 민족 구성 |
|---|---|---|---|---|---|---|
| 일본 | 12,619 | 377,915 | 5,154 | 40,847 | 신도 46.5%, 불교 48.1% 크리스트교 1.1% 등 | 일본(야마토) 민족 98.5% 등 |
| 한국 | 5,185 | 99,720 | 1,629 | 31,431 | 종교 인구 비율 53.1% (그중 불교 42.9%, 개신교 34.5%, 카톨릭 20.6%, 기타 2.0%) | 한민족 |
| 중국 | 140,017 | 9,596,960 | 14,140 | 10,099 | 불교, 이슬람교, 크리스트교 등 | 한족 92% 및 55개의 소수민족 |
| 대만 | 2,316 | 35,980 | 586 | 24,828 | 불교 35.1%, 도교 33.0%, 크리스트교 3.9% 등 | 한족 97.8%, 원주민 1.4% 등 |
| 홍콩 | 750 | 1,108 | 373 | 49,334 | 종교 인구 비율 43%(불교, 도교, 개신교, 카톨릭 등) | 중국계 91% 등 |
| 베트남 | 9,549 | 331,210 | 262 | 2,740 | 불교 12.2%, 카톨릭 6.9%, 까오다이교 4.8% 등 | 킨족 86% 및 53개의 소수민족 |
| 필리핀 | 10,831 | 300,000 | 357 | 3,295 | 카톨릭 83% 및 그 외의 크리스트교 10%, 이슬람교 5% 등 | 주로 말레이계. 그 외에는 중국계 스페인계 등 |
| 태국 | 6,791 | 513,120 | 529 | 7,792 | 불교 94%, 이슬람교 5% 등 | 주로 타이족. 그 외에 중국계, 말레이계 등 |
| 말레 이시아 | 3,280 | 329,847 | 365 | 11,137 | 이슬람교 61%, 불교 20%, 유교·도교 1%, 힌두교 6%, 크리스트교 9% 등 | 말레이계 69%, 중국계 23%, 인도계 7% 등 |
| 싱가포르 | 567 | 697 | 362 | 63,987 | 불교 33.2%, 이슬람교 14%, 크리스트교 18.8%, 도교 10%, 힌두교 5% 등 | 중국계 74%, 말레이계 14%, 인도계 9% 등 |
| 인도 네시아 | 26,700 | 1,904,569 | 1,112 | 4,164 | 이슬람교 87.2%, 크리스트교 9.9%, 힌두교 1.7% 등 | 대부분 말레이계 (자바, 순다 등 약 300개 종족) |

※ 출전: IMF 2019년 데이터, 외무성 홈페이지 등을 토대로 작성했음.

# 국민감정을
# 다루는 이유
## ― 대외 인식의 가시화

최근 국제관계의 연구에서는 사회구성주의(Social Constructionism)라는 방식이 지평을 넓히고 있습니다. 사회구성주의란, 국제관계의 상황을 이해·해석할 때 파워(힘)라는 객관적 실태에 주목하지 않고 사람들이 부여하는 의미에 주목하면서 이념·가치·정체성이 정치 과정에 미치는 영향을 파악하는 접근법을 말합니다.

기존의 현실주의적인 접근법은 국제관계의 역학을 물질적인 차원, 즉 경제력, 군사력 그리고 그 둘을 합친 국력 등으로 계산하는 경향이 있었습니다. 사회구성주의는 이러한 접근법을 비판하고 이념, 가치, 심리, 인식 등의 요소를 넣어야 한다고 강조합니다. 실제로 사람들의 심리, 인식에 대한 이해 없이는 머리말에 등장하는 사례를 해석하기 어렵습니다.

## 국제관계를 인식하는 주체는 누구일까

사실 국제관계를 인식하는 주체는 일본인, 베트남인, 인도네시아인 등 각각의 개인입니다. 일본과 베트남, 인도네시아와 같은 국가가 아닙니다. 국가는 국민의 집합체로서 의인화된 존재입니다. 국가 그 자체가 해외의 특정 국가와 그 국가와의 관계를 인식하고 평가하는 것이 아닙니다. 한편, 특정 국가에 소속된 인간이 모두 똑같이 생각하는 경우도 별로 없습니다. 그래서 동맹 체결과 같은 외교 방침을 둘러싸고, 여론이 갈라지며 각 정당이 다른 목소리를 내는 일이 벌어집니다. 그래서 국가를 의인화된 존재로 파악해서 그 나라의 대외 인식을 조사할 때는 응답자의 정치적 신념과 사회적 지위, 연령 등에 따라 각자 의견이 다양하다는 것과 그로 인한 마찰까지 염두에 두어야 합니다.

중국의 대미 인식에 관해 연구하고 있는 샤먼대학(廈門大學)의 장비우(張苾蕪)는 기존의 연구를 면밀히 조사한 다음, 연구자들이 대외 인식의 주체로서 ① 단일 주체로서의 국가, ② 최고지도자, ③ 외교당국자, ④ 영향력을 가진 엘리트, ⑤ 일반 대중, 총 5개를 상정한다고 지적했습니다(Zhang 2012:16).

관찰대상국이 쇄국정책을 쓰고 있거나 국교를 맺고 있지 않은 경우에는 ①과 ② 이외의 옵션을 선택하기가 어렵습니다. 그러나 민주주의 국가의 경우에는 ④와 ⑤를 무시할 수 없습니다.

잘 생각해 보면, 기존의 국제관계 연구에서는 사람들이 갖고 있는 대외 인식을 본격적인 연구 대상으로 삼지 않았습니다. 종종 에피소드에서 언급되는 정도에 불과했으니까요. 왜냐하면 대개 국제관계 연구자들은 국가 간의 제도 및 조직이나 역사·제도에 특화된 연구를 하는 경향이 있기 때문입니다.

실제로 대외 인식의 실태를 파악하는 것은 어렵습니다. 그리고 이를 위해서는 거액의 비용을 지불해야 합니다. 또 그렇게 얻은 데이터를 이용한다고 하더라도 국제관계의 현실을 이해하는 데 별 도움이 못 되는 경우, 대외 인식 연구는 더 이상 진척되지 않습니다. 아주 당연한 수순이지요.

하지만 시대가 크게 변하고 있습니다. 인터넷이 보급되어 대량의 정보를 입수할 수 있게 된 오늘날, 많은 사람들이 국제관계에 대해 의 견을 밝힐 수 있게 되었습니다. 또 국가 원수와 외교당국자도 사람들 의 의견과 감정을 무시하고 활동하기가 어려워졌습니다.

더욱이 과거에는 입수하기 어려웠던 정보도 이제는 인터넷을 통해 손쉽게 손에 넣을 수 있게 되었고, 그러한 정보를 권위주의 체제하의 국가에서도 정치적으로 이용할 수 있게 되었습니다. 정보화의 발달은 국제관계에서 차지하는 여론의 중요성을 부각시켰을 뿐 아니라, 국제 관계와 관련된 여론조사 비용도 낮추고 있습니다.

그 결과, 사람들의 의식에 대해 사회적 조사를 할 수 있게 되었습니 다. 또 그 해석을 둘러싼 사람들의 의견도 밝힐 수 있게 되었습니다. 이뿐만 아니라 그러한 정보와 의견들은 국경을 넘어 세계적으로 유통 되고 있습니다.

## '사막'에서 '오아시스'로

이노구치 다카시(猪口孝)에 따르면, 아시아는 오랫동안 '데이터의 사 막'이었다고 합니다. 한국, 일본, 대만 등 일부 지역을 제외하고는 사회 조사 데이터가 축적되어 있지 않았고, 아시아를 폭넓게 개관하는 데이터도 없었기 때문입니다.

그런데 최근에는 양상이 바뀌고 있습니다. 대만대학의 호불동아민주연구중심(胡佛東亞民主研究中心)이 주도하고 있는 아시안 바로미터, 이노구치 다카시가 이끄는 아시아 바로미터는 아시아 규모의 조사 데이터를 시계열 순으로 축적하고 있습니다. 또 미국의 퓨리서치센터와 영국의 BBC와 같은 기관도 정기적으로 국제 정세와 관련한 여론조사를 하고 있습니다.

제일 크게 변한 것은 아시아 역내의 연구기관과 언론 등이 그런 정보를 적극적으로 수집하고 확산시키고 있다는 사실입니다. 일본에서는 외무성과 내각부, 언론NPO가 지속적으로 대외 의식을 조사하고 있습니다. 물론 여론조사의 역사가 가장 오래되고 그 규모도 큰 것은 일본이지만, 지금은 다른 아시아 국가에서도 급속도로 데이터가 모이고 있습니다.

한국에서는 민간 싱크탱크인 아산정책연구원이 각종 조사를 단행하고 그 결과를 대외적으로 공표하고 있습니다. 대만에는 싱크탱크인 대만지고민조중심(臺灣智庫民調中心)과 대만지표민조(臺灣指標民調)가 있고, 중국에는 환구여정조사중심(環球輿情調査中心)과 영점조사공사(零點調査公司)가 있으며, 필리핀에는 소셜웨더스테이션즈(SWS)와 펄스 아시아 리서치(Pulse Asia Research)와 같은 '민간' 조직이 여론조사에 힘쓰고 있습니다.

그 외에도 각 국가와 지역을 대표하는 언론 기관, 정부 계통의 싱크탱크, 대학의 연구자도 일반 시민을 대상으로 국제관계와 관련된 여론조사를 하고 있습니다. 그렇게 발표된 각종 보고서는 아시아 각지의 여론조사 동향을 이해하는 데 꽤 유용합니다. 과거의 아시아는 '데이터의 사막'이었지만, 지금은 점차 '데이터의 오아시스'로 성장해 가는 중입니다.[1]

## 심리 구조를 파악하기 위해서

다만 데이터를 이용해 아시아의 국제관계를 형성하는 심리 구조를 분석하고자 할 때는 다음과 같은 문제에 직면하게 됩니다.

첫째, 퓨리서치센터의 국제태도조사(Global Attitudes Survey)는 다수의 아시아 지역을 대상으로 하지만,[2] 태국과 싱가포르는 조사 대상국이 아닙니다. 조사 내용도 미국, 중국에 대한 평가 등 강대국 관련 질문으로 제한되어 있고, 아시아 역내의 '지역적인 문제'는 취급하지 않습니다.

둘째, 아시아 각지에서 실시된 조사 결과 중, 아시아 전체를 파악하는 조사는 별로 없습니다. 많은 경우 아시아의 조사기관은 자국의 시민을 대상으로 조사를 실시하고 있으며, 그 내용과 조사 시기, 샘플링 방식도 나라에 따라 각기 다릅니다. 샘플링의 방식만 다르다면, 어느

---

1 아시아 역내에서 대외 인식 관련 조사를 하고 있는 기관과 그 기관의 특징 그리고 해당 데이터의 개요에 대해서는 이 책 말미의 부록②에서 소개하고 있습니다. 참고하시기 바랍니다.
2 퓨리서치센터의 공식 홈페이지에 따르면, 조사 후 2년이 지나야 1차 데이터가 웹상에 일반 공개된다고 합니다. 동 센터의 조사 대상국은 해마다 늘어나고 있기 때문에 수년 후에는 더 많은 나라의 데이터베이스가 만들어질 가능성이 높습니다. 세계적으로 퓨리서치센터를 이용하는 사람이 많아지고 있다는 점에서 우리는 미국의 소프트 파워를 실감할 수 있습니다.

정도 수정해서 비교하면 됩니다. 하지만 질문 내용과 조사 시기가 크게 다르면 국가 간 비교가 어렵습니다.

셋째, 조사 결과는 대부분, 1차 데이터는 공개하지 않기 때문에 조건을 조정해서 비교하기 어려운 실정입니다.

가령 일본의 외무성과 내각부가 실시하는 조사의 경우, 긴 시계열로 이루어진 것이 적지 않습니다. 그래서 시계열을 보고 추세를 분석하는 것이 어렵지 않습니다. 그러나 1차 데이터를 공개하고 있지 않기 때문에 그 이상의 분석은 불가능합니다.[3]

아시아 각지의 언론기관, 싱크탱크, 연구기관이 실시하고 있는 조사 데이터도 마찬가지입니다. 아시안 바로미터와 아시아 바로미터는 조사 대상이 광범위하다는 점에서 예외적입니다만, 전자의 경우에는 데이터 관리가 각 국가에 의해 이루어지고 있기 때문에 통합 데이터는 도출되지 않습니다. 후자의 경우, 통합 데이터의 입수는 가능하지만 조사가 2008년도에 끝났기 때문에 이후의 데이터가 없다는 것이 문제입니다. 이와 같은 문제는 아시아 역내의 비교가 그만큼 어렵다는 현실을 잘 말해 주고 있습니다. 특히 유럽의 통합에 여론조사가 일정한 기여를 했던 것과 큰 차이를 보입니다.

---

3  내각부가 매년 실시하고 있는 「외교에 관한 여론조사」의 경우, 세세한 크로스 표 분석의 결과까지 공개되고 있습니다. 그러나 1차 데이터는 공개하고 있지 않기에 보다 깊은 분석은 불가능합니다. 데이터 공개에 대한 자세가 퓨리서치센터와 크게 다른 셈입니다.

# 어디까지가 아시아일까

그런데 아시아라고 하면, 도대체 어디까지를 가리키는 것일까요?

<표 0-3>은 2008년에 실시한 아시아학생조사 제1차 조사의 결과로서, 아시아로 특정할 수 있는 지역을 나타내고 있습니다.[4] 동 조사는 조사대상자에게 "아시아라고 했을 때 떠오르는 인상은 무엇입니까?"라고 질문하고 이를 공간적으로 이미지화해 달라고 요청했습니다. 그 다음에는 아시아에 포함되는 국가·지역은 어디라고 생각하는지를 질문했습니다.

<표 0-3>은 응답자의 반 이상이 아시아에 포함된다고 하는 15개의 국가·지역을 나타내고 있습니다. 구체적으로는 한국, 일본, 북한, 중국, 홍콩(이 책에서는 홍콩을 독립된 지역으로 다루고 있습니다), 대만, 필리핀, 베트남, 캄보디아, 태국, 말레이시아, 미얀마, 싱가포르, 인도네시아, 인도가 들어가 있습니다.[5]

따라서 위의 15개 국가·지역을 포괄하는 조사 데이터가 존재한다면 매우 이상적인 데이터가 될 것입니다. 그러나 그런 조건을 만족시

---

4 아시아학생조사의 구체적인 조사 대상 및 조사 과정에 대해서는 이 책 말미의 부록 ①에서 설명하고 있습니다.

5 물론, 응답의 패턴과 구체적인 국가 수는 조사대상자의 국가·지역에 따라 다르게 나타납니다. 일본은 아시아의 범위를 넓게 해석하는 경향이 있고, 중국과 베트남은 거꾸로 좁게 이해하며, 그 중간에 태국과 싱가포르가 있습니다. 이 부분은 이 책의 제4장에서 다시 다룰 것입니다. 한편 어떤 국가지역이든 자국을 중심으로 아시아의 범위를 생각하는 경향이 있습니다. 그러므로 중앙아시아, 남아시아에서 광범위한 조사를 실시한다면, 아시아의 범위가 전혀 다르게 나타날 수도 있습니다.

## 〈표 0-3〉 아시아인 학생이 생각하는 아시아의 범위

※ 주기: 응답한 학생의 반수 이상이 '아시아'라고 상정한 국가·지역이 지도의 짙은 부분이다.
※ 출전: アジア学生調査第1波調査

키는 데이터는 이 세상에 존재하지 않습니다. 가령 북한에서의 여론조
사는 사실상 불가능합니다. 또 아시아 바로미터는 북한 이외의 지역
정보를 얻을 수 있다는 점에서 편리하긴 하지만, 아시아 내 국제관계

에 관한 질문은 별로 하지 않습니다.

사실 우리가 실시해 왔던 아시아학생조사의 경우도 많은 국가·지역의 데이터를 얻을 수 있고, 아시아 내 국가 간 관계와 관련해 폭넓게 질문하면서, 관련 사항을 시계열 순으로 정리한 데이터가 있었다면 대단히 좋았을 것입니다. 그러나 아시아학생조사에도 여러 가지 문제가 있었습니다. 가령 캄보디아, 미얀마, 인도 등은 조사 대상에서 제외되었고, 조사대상자도 학생으로 제한되었습니다.[6]

그럼에도 아시아학생조사는 같은 조건에서 샘플링을 했기 때문에 비교가 가능하고, 조사대상자가 국제 사정에 밝은 각국의 엘리트 학생이기 때문에 '모르겠다'라는 응답이 적다는 장점이 있습니다. 무엇보다도 이 학생들이 미래에 각 국가·지역의 지도자로서 아시아를 이끌 존재라는 것을 고려하면, 그들에게 주목해 아시아의 국제관계와 국제 심리를 논하는 것은 중요한 의미를 갖습니다.

앞에서 언급한 장비우의 카테고리를 사용하면, 아시아의 엘리트 학생은 '영향력을 가진 엘리트'와 '일반 대중'이라는 두 개의 특징을 다 갖춘 존재라고 할 수 있을 것입니다.

---

6  조사 대상을 학생으로 제한했기에 응답 결과에 어느 정도 오차가 있을 수 있습니다. 아시아 바로미터의 데이터를 사용해, 연령·학력이 국제관계 인식에 어느 정도의 영향을 끼치는지를 검토한다고 해도 일정한 규칙성을 발견할 수 없기 때문입니다. 많은 나라에서 젊은 고학력층이 외국의 영향을 긍정적으로 평가하는 경향이 있긴 합니다만, 그 반대의 경향을 보이는 나라도 있기 때문입니다. 미래에 대규모의 신뢰성 높은 데이터를 얻는 날이 온다면, 이 책에 소개된 관점도 재검토해야 할 것입니다.

## 심리 구조를 파악할 때의 어려움

그렇다면 아시아의 국제관계를 구성하는 사람들의 심리와 이념, 가치를 이해하기 위해서는 어떤 질문을 하는 게 좋을까요? 어떤 데이터가 있어야 아시아의 대외 인식을 구성하는 인식과 심리·감정을 파악할 수 있을까요?

아쉽게도 이러한 문제에 대해서는 학술적인 논의가 거의 진행되지 않았습니다. 국제관계론과 사회심리학 사이에 커다란 괴리가 있고, 인식과 태도를 측정하는 척도·기준을 둘러싼 연구가 축적되지 못했기 때문입니다. 실제로 정부 기관과 대학, 싱크탱크 및 언론은 각자의 설문지를 작성했을 뿐, 어떤 질문이 타당하고 유효한 질문인지를 학문적으로 검토하지 않았습니다.

하지만 최근에는 정치심리학(Political Psychology), 국제사회심리학(Social Psychology of Globalization)과 같은 새로운 분야가 떠오르고 있습니다. 또 사람들의 대외 인식을 주제로 한 연구도 점점 많아지고 있습니다. 미국의 벤저민 페이지(Benjamin Page) 등의 연구(Page and Xie 2010), 미국 내 민주당과 공화당 지지자의 대외 인식 차이를 지적한 피터 그리스(Peter Gries)의 연구(Gries 2014) 등이 그 예입니다. 그런데 이들의 연구도 누군가 실시한 조사의 2차 데이터를 자신의 연구에 맞추어 가공한 것에 불과합니다.

물론, 정부의 싱크탱크 및 연구기관이 이제껏 설문지를 대충대충 작성했던 것은 아닙니다. 그들이 작성한 설문지에는 실제로 벌어지고 있는 영토문제와 분쟁문제 등 구체적인 외교 쟁점이 들어가 있습니다. 그 외에 국가 간의 관계에 관한 질문, 개인 간의 관계에 대한 질문도 들어있습니다. 참고로 국가 간 관계에 대해서는 ① 특정 국가에 관한 이미지와 영향에 대한 평가, ② 국제조직과 지역협정기구에 관한 지식과 신뢰, ③ 외교정책과 국제질서의 방식, 유엔의 구체적인 활동에 대한 질문 등이 있습니다. 또 개인 간의 관계에 대해서는 ① 본인의 정체성 및 상대방 국가의 시민에 대한 평가, ② 외국인 친구와 지인의 유무 및 개인적 접촉의 허용도, ③ 특정 국가의 문화와 언어에 대한 친근함 등의 질문이 있습니다.

이 책에서는 아시아학생조사에서 사용한 질문을 활용해, 국가와 지역별로 나타나는 대외 인식(특정 국가·지역이 자기 나라에 어떤 영향을 끼치고 있는가에 대한 사람들의 평가)의 특징을 기반으로 아시아의 대외 인식 그리고 그 특징을 살펴보도록 하겠습니다.

## '모르겠다'가 의미하는 것

우리가 살펴보는 설문지에는 모든 질문에 '모르겠다'라는 선택지가 있습니다. 이것은 조사기법상으로 볼 때, 응답자의 합리적인 대답을 이끌어 내기 위한 것입니다. 사실 국가 간의 관계는 일상생활과는 거리가 먼, 이해하기 어려운 측면이 있습니다. 그래서 '모르겠다'는 대답이 많습니다. 응답자의 '모르겠다'는 대답에는 ① 질문 내용이 이해가 되지 않는다, ② 판단할 만한 충분한 지식이 없다, ③ 정보가 넘쳐나서

단번에 판단하기 어렵다, ④ 판단은 가능하지만 굳이 말하기는 싫다 등 여러 가지 의미가 있습니다.

이 책에서는 각각의 국가·지역의 대외 인식을 파악하기 위해, '모르 겠다'는 응답도 포함해서 집계 결과를 제시할 것입니다. 단, 회귀분석 과 같은 통계적 처리를 할 때는 '모르겠다'는 응답을 제외할 테니 주의 해 주시기 바랍니다.

보통 양적 데이터는 인과적 추론, 잠재적 패턴을 규명하는 데 사용 됩니다. 그런데 이 책에서 다루는 아시아 역내의 국제관계를 둘러싼 심리·인식에 관한 연구는 단편적으로만 존재할 뿐, 종합적이고 체계 적인 선행연구가 없습니다. 그러므로 이 책에서는 되도록 단순 집계 수준(종합적이지 않은)으로 내용을 기술할 것입니다. 그리고 각 국가·지역 의 기본 특성을 파악해서 필요에 따라 고도의 통계 분석을 사용할 예 정입니다.

그 외에 과거에 발표되었던 여론조사 결과도 적절한 방법으로 언급 할 것입니다. 이 책이 제시한 조사결과는 다른 조사결과와도 결합시킬 수도 있기 때문입니다.

## 5개의 가설 ― 조사결과 해석

물론, 데이터의 단순 집계는 이른바 '복사해서 붙여 넣기'와 다를 바 없습니다. 그렇게 하면 조사결과를 전체적으로 파악할 수 없습니다. 그러므로 이 책에서는 5개의 가설을 소개하고, 그 가설을 둘러싼 조사 결과를 해석하는 방식으로 설명하고자 합니다. 5개의 가설은 다음과 같습니다.

첫째, 프레임 가설입니다. 우리는 특정한 현상을 이해할 때, 그 현상을 둘러싼 복수의 설명 중 하나를 의식적이든 무의식적이든 선택한 다음, 그것을 토대로 판단하는 경향이 있습니다. 이때 해당 현상을 이해하는 틀을 프레임이라고 부릅니다. 프레임 가설이란, 다른 나라에 대한 우리의 이해와 평가가 프레임에 의해 좌우된다는 가설입니다.

예를 들어, 제1장에서 다루게 될 중국의 부상은 여러 가지 프레임을 통해 이해될 수 있습니다. "중국의 부상은 위협적인가, 기회의 확대인가?", "중국의 부상은 국제질서를 위협하고 있는가 아니면 중국은 기존의 질서 속에서 부상하고 있는 것뿐인가?", "부상하고 있는 중국은 내부적으로 취약한가, 취약하지 않은가?" 등이 될 것입니다. 중국의 현재 상황에 대해서는 그동안 여러 가지 설명이 있었는데, 우리는 그런 식의 현상을 프레임을 통해 이해하는 경향이 있습니다.

여러 프레임 중 어떤 것이 유력한 것인지 실제로 데이터를 바탕으로 검증하기 전까지는 모릅니다. 어쨌든 우리는 중국을 높이 평가하는 프레임을 고를 수도 있고, 낮게 평가하는 프레임을 고를 수도 있습니다. 이 책에서는 비교할 만한 몇 개의 프레임을 소개하면서, 아시아의 각 지역이 중국의 부상을 어떻게 이해하고 있는지를 분석할 것입니다.

둘째, 상호예기(相互豫期) 가설입니다. 필자는 이전에 '내셔널리즘 게임'이라는 개념을 사용해서 중·일 간의 상호 혐오 프로세스를 설명한 적이 있습니다(園田 2005). 2005년에 발생한 중국에서의 반일 시위는 일본의 대중 이미지를 악화시켰고, 이것은 다시 중국의 대일 이미지를 악화시키는 악순환을 낳았습니다. 한쪽의 내셔널리즘 강화가 상대의 내셔널리즘을 자극한다는 상호예기의 관계를 가리켜 사용한 용어가 '내셔널리즘 게임'입니다. '내셔널리즘 게임'은 중·일 이외에 다른 2개 국 관계에서도 나타날 수 있습니다.

상대가 우리를 나쁘게 생각하기 때문에, 자신들도 상대를 나쁘게 생각하는 것, 자신들이 상대를 나쁘게 생각하기 때문에 상대도 자신들을 나쁘게 생각할 것이라는 심리적 메커니즘을 이 책에서는 상호예기 가설이라고 표현할 것입니다. 상호예기 가설의 타당성을 검증하기 위해서는 양국의 사람들이 자기 나라에 대한 상대국의 영향을 어떻게 평가했는지, 그리고 그 평가가 시간이 흐르면서 어떻게 변화되어 왔는지를 살펴볼 필요가 있습니다.

셋째, 소프트파워 가설입니다. 쿨 재팬과 한류 붐이 일본과 한국의 국가 이미지를 개선시키고 있다는 주장이 있습니다. 국제정치학자 조지프 나이(Joseph Nye)는 2004년의 저작에서 '소프트파워'라는 새롭고도 뚜렷하게 정의 내리기 어려운 개념을 사용했습니다. '소프트파워'는 경제력·군사력과 같이 기존의 힘과는 다른 일종의 매력을 의미하는데, 그것이 해외에서 공감을 얻는 데 커다란 힘을 발휘한다는 것이었습니다. 만약 조지프 나이의 주장이 아시아에도 통용된다면, 이는 아시아의 국민감정에도 영향을 끼치기 마련입니다.

그래서 아시아학생조사에서는 조사대상자에게 일본, 한국, 중국, 미국의 매력에 관해 물어보았습니다. 구체적으로는 이들 나라의 대중

문화 및 언어가 갖는 매력, 이들 나라의 대학이 유학생을 끌어들이는 힘 등에 관해 물었습니다. 또 이 책에서도 소프트파워가 해당 국가의 평가를 높여 주는지 검증해 보겠습니다.

넷째, 접촉 가설입니다. 접촉 가설은 특정 국가의 친구와 지인이 있으면 그 나라에 대한 편견과 마이너스 이미지가 씻겨 내려가고, 그에 따라 그 나라에 대한 이미지가 좋아진다는 가설입니다. 아시아학생조사에서도 친구와 지인의 유무에 관해 물어보았고, 이 책에서도 그와 같은 인적 접촉이 해당 국가·지역에 좋은 이미지를 갖게 하는지를 검증해 보겠습니다.

마지막으로 포스트 냉전 가설이 있습니다. 아시아, 특히 동아시아는 종종 "세계적으로 유일하게 냉전체제가 무너지지 않은 지역"이라고 표현되어 왔습니다. 한국과 북한이 여전히 대치하고 있고, 중국과 대만도 소위 '내전 상태'라는 것은 주지의 사실입니다. 그래서 사람들은 이러한 지정학적 특징 때문에 냉전체제하에서 나타났던 사고(이 책은 이것을 '냉전적 사고'라고 부릅니다)가 영속적으로 유지된다고 생각하곤 합니다. 하지만 조사 대상이 된 학생의 상당수는 냉전체제 붕괴 후 태어난 세대입니다. 그래서 냉전체제하의 사고와는 다른 생각을 갖고 있을 가능성도 있습니다. 냉전에 의해 생겨난 인식과 평가(자본주의 진영과 사회주의 진영이 각자 자신의 진영을 긍정적으로 보고, 상대 진영은 부정적으로 보는 구도)가 지금도 통용된다고 상정하는 것이 포스트 냉전 가설입니다. 이 책에서는 이것도 검증할 예정입니다.

이외에도 중국의 부상과 패권 이행이라는 새로운 국제질서에 관한 질문, 아세안(ASEAN, 동남아시아국가연합)이 추진하고 있는 지역 통합에 대한 평가 등의 문제도 다루고자 합니다. 이 주제들은 앞에서 언급한 5개의 가설과 부분적으로는 관련이 있지만, 결론은 조금 다르게 나올 수 있는 문제입니다.

## 이 책의 구성

이 책의 구성에 대해 설명하겠습니다.

먼저, 제1장에서는 중국의 둘러싼 아시아 각국의 평가에 대해 다룹니다. 머리말에서 소개한 것처럼 퓨리서치센터는 중국의 부상과 관련한 문제에 관해 지속적으로 조사를 단행하고 있습니다. 이 책에서는 퓨리서치센터의 조사가 가진 특징을 참고하는 한편, 아시아학생조사의 데이터를 이용해서 프레임 가설, 소프트파워 가설을 검토할 것입니다. 동시에 중국 자신이 중국의 부상에 대해 어떻게 해석하고 있는지, 중국의 부상과 관련해서 중국 내부와 중국 외부가 어떤 차이를 보이는지에 관해서도 개관하고자 합니다.

제2장에서는 아세안의 지역통합을 둘러싼 심리적 특징을 볼 것입니다. 아세안은 동남아시아의 주요 국가를 정치적으로 통합하는 기능을 맡고 있습니다. 그리고 최근에는 '아세안 중심성'이라는 개념을 내세우는 한편, 아세안을 우선시하는 생각을 보급하려고 합니다. 그렇다면 아세안 역내의 사람들은 아세안의 그러한 시도를 어떻게 바라보고 있을까요? 다른 나라가 아세안을 바라보는 것과는 다른 평가를 하지

않을까요? 제2장에서는 이러한 점을 분석해 보고자 합니다.

제3장에서는 제2장에서 다루지 않았던 동아시아 국가들을 다룰 것입니다. 그래서 각국의 대외 인식을 개관하고 아시아 역내에서 상호예기 가설이 맞아떨어지는지를 검증할 것입니다. 또 그 결과를 통해 아시아 역내의 국가 간 관계의 특징을 살펴보고자 합니다.

제4장에서는 제1장부터 제3장까지 제시된 데이터를 다시 짚어 보면서, 아시아학생조사의 대상 국가·지역의 국민감정은 어떤 특징을 보이는지를 살펴볼 것입니다.

대만과 홍콩에서는 학생들을 중심으로 중국에 대항하는 사회운동이 벌어지고 있습니다. 하지만 그런 현상이 태국, 싱가포르에서는 보이지 않습니다. 왜 이런 차이가 생기고 있을까요? 그것은 각 국가·지역이 놓인 지정학적 특징, 대외관계와 그에 대한 의미 부여, 특정 국가와의 심리적 갈등 및 복잡한 협상 과정이 존재하기 때문입니다. 그러므로 제4장은 각각의 국가·지역이 가진 특징을 확인하고, 이를 통해 아시아 각지의 국민감정을 이해하는 기초 지식을 습득하는 것에 초점을 맞추겠습니다.

제5장에서는 아시아에서 미국의 존재에 주목하고자 합니다. 아시아인, 특히 명문대생에 있어서 미국이라는 나라의 존재감은 무척이나 큽니다. 그럼에도 그들이 미국을 어떻게 이해하고, 그것이 다른 나라에 대한 인식과 어떻게 연결되는지에 대한 비교 분석은 이제껏 이루어지지 않았습니다. 최근 미국과 중국의 마찰이 본격화되면서 아시아 각국은 "미국에 붙을지, 중국에 붙을지 선택해라"라는 식의 일종의 정치

적 선택을 강요받고 있습니다. 제5장은 이러한 상황 속에서 국가와 기업에 대한 평가, 유학의 선택과 대중문화 수용이라는 측면에서 미국의 위상을 확인함과 동시에, 그 결과를 중국의 그것과 비교할 것입니다. 이를 통해 중국에서 미국으로 패권이 이동하고 있다는 '패권이행 프레임'의 타당성에 대해 음미해 보고자 합니다.

마지막으로 제6장에서는 아시아 역내의 사람들이 일본을 어떻게 보는지에 대해 다룰 것입니다. 그리고 소프트파워 가설을 검증함과 동시에 일본이 아시아를 어떻게 보고 있는지도 다시금 확인할 것입니다.

이 책에서는 총 94개의 도표를 중심으로 갖가지 데이터를 제시하고 있습니다. 그 데이터는 모두 흥미로운 결과를 보여주고 있고, 그 때문에 각각의 독립적인 이야기가 될 수도 있습니다. 하지만 이 책에서는 각각의 데이터를 최대한 체계적으로 엮었습니다. 이를 통해 아시아의 국민감정이 갖는 특징과 그 전체적인 상을 보여드리고 싶습니다.

제1장

# 중국의 부상을 보는
# 복잡한 시선

## ─ 무엇이 평가를 좌우하는가

21세기에 들어서 세계의 주요 언론들은 하루도 빠지지 않고 중국에 관해 보도합니다. 그만큼 세계가 중국 정치인의 발언과 행보, 중국 기업의 움직임 그리고 중국의 국내 정책과 그 파장에 주목하고 있다는 뜻입니다. 특히 2008년의 리먼사태 이후 미국의 영향력이 줄어든 면도 있어서 G2, 베이징 컨센서스 등 중국의 시대가 왔다는 말이 심심치 않게 나오고 있습니다.

2014년 중국의 환구여정조사중심이 세계 16개국을 대상으로 한 조사에 따르면, '중국이 세계적인 대국이 되었다'는 견해에 찬성하는 사람이 전체 조사대상자 1만 6,032명 중 64.3%에 달했고, 중국의 인접국에서는 그 찬성률이 70.1%였다고 합니다(環球輿情調査中心 2015:41-43). 즉 세계는 중국을 미국에 비견되는 대국으로 보고 있다는 것입니다.

## 중국의 부상에 대한 기대와 불안

사실 급속한 경제 발전은 중국의 위상을 크게 끌어올렸고, 중국 당국도 높아진 위상을 전제로 각종 정책을 추진하고 있습니다. 그 결과 국제적으로 중국을 둘러싼 각종 논의가 활발히 진행되고 있습니다. 가령 국제정치 및 외교·안보 전문가는 중국의 안보 정책과 외교 전략의 변화, 미국에서 중국으로의 패권 이행 가능성, 일대일로 정책 등 중국이 주도하는 지역 협력과 관련한 문제를 논의합니다. 또 국제경제학자는 중국 경제가 거대해지는 국제환경 속에서 새로운 무역 체제의 방식, 중국 일변도의 대외 투자 리스크를 회피하는 전략인 '차이나 플러스 원' 등에 대해 논의합니다.[7]

그중에는 중국이 새로운 세계질서를 만들려고 하고 있으며, 중국 모델이라고 하는 일종의 개발독재 모델을 해외에 수출하려 하고 있다고 주장하는 사람도 있습니다. 또 미국의 쇠퇴를 예상한 중국이 미국을 달갑게 생각하지 않는 나라와 동맹 관계를 만들고 있다고 말하는 사람도 있습니다. 심지어는 중국이 공자학원(해외의 중국어 교육을 지원하는 프로그램)의 설립 등 여러 가지 정책을 통해 해외 여론을 특정 방향으로 유도하려 하고 있으며, 국내에서는 언론의 자유를 억누르는 한편 언론의 자유가 공인된 지역에서는 자신들의 목소리를 강하게 냄으로써 샤프파워(Sharp Power, 여론 조작 등의 방법을 통해 자국에 유리한 방향으로 상황을 조성하는 외교 전략)를 구사하고 있다는 주장도 있습니다.

이처럼 세계가 중국의 부상(중국이 경제 발전을 이룩하고 세계적으로 위상을 높이는 과정에서 생기는 여러 가지 변화의 총칭)을 바라보는 시선에는 기대와 불안,

---

7  '차이나 플러스 원'이란, 중국 일변도의 대외 투자는 리스크가 크기 때문에, 동남아시아를 포함해 다른 지역으로 투자를 분산시켜야 한다는 주장입니다. 이런 주장은 2000년대 후반부터 나왔습니다. 그리고 현재는 미국과 중국의 마찰이 격화됨에 따라 많은 나라와 기업들이 중국 투자에 대한 리스크를 의식하고 있습니다.

환영과 경계라는 복잡한 심리가 섞여 있습니다.

## 중국에 대한 엇갈린 평가

　기본적으로 일본은 중국의 부상을 경계하고 있습니다. 하지만 그런 일본의 시선을 전 세계가 공유하고 있는가 하면, 꼭 그렇지는 않습니다. 머리말에서 소개했던 퓨리서치센터 Global Attitudes Survey의 2019년 데이터에 따르면, 세계에는 중국을 긍정적으로 평가하는 국가군과 그렇지 않은 국가군이 함께 존재합니다. 물론 일본은 후자에 속해 있으며 중국에 대한 경계심도 조사 대상국 중 가장 강한 편입니다. 하지만 가장 주목할 만한 부분은 일본을 포함한 중국 주변국의 인식과 중국의 인식이 다르다는 것입니다. 가령 대만과 홍콩에서는 중국의 부상을 대륙의 사람들과 다르게 인식하고 있습니다. 그렇기 때문에 젊은 층을 중심으로 2014년에 대만의 해바라기 학생운동과 홍콩의 우산혁명, 2019년에는 홍콩의 범죄인 인도법 개정안 반대 운동 등의 반중 운동이 벌어졌던 것입니다.

　이와 같이 각각의 국가·지역은 중국의 부상에 대해 상이한 평가를 하곤 합니다. 이는 이들 국가·지역이 각각 중국과의 관계 그리고 그 관계에 대한 의미 부여가 다르다는 것, 즉 중국을 인식하는 프레임이 각자 다르다는 것을 시사하고 있습니다. 그런데 중국 인식을 주제로 한 연구는 앞에서 언급했던 것처럼 국제관계론, 사회심리학이 교차하는 영역이기 때문에 이제껏 깊이 있는 연구가 진행되지 않았습니다.

그러므로 제1장에서는 그 차이를 메꾸기 위해 중국의 부상을 아시아 주변 지역과 중국이 어떻게 이해하고 있는지를 분석하고자 합니다.

## '프레임'이라는 사고방식

중국을 이해하는 프레임에 대해 몇 안 되는 연구 중 하나로 일본의 보도 프레임에 관한 다카이 기요시(高井潔司 2012)의 연구가 있습니다. 다카이는 1972년 중일국교정상화 이후, 중국에 대한 일본의 보도 프레임 변화에 주목했습니다. 그는 중국에 대한 일본의 보도 프레임이 다음과 같이 변화했다고 분석했습니다. 초기에는 중국과의 우호 관계를 중시하는 정치적 원칙 속에서 중국에 대한 비판적 보도를 자제하는 '우호 프레임', 1980년대 이후에는 중국의 개혁과 함께 자유로운 보도 환경 속에서 중국에 대한 객관적 사실 파악과 논의가 필요하다는 '개방 프레임', 1989년 6월 4일의 톈안먼(天安門) 사태 이후에는 인권과 민주화라는 보편적 가치를 중국과 공유할 수 있는가 하는 관점의 '보편적 프레임'으로 바뀌어 갔다는 것입니다.

다카이의 연구는 직업 집단인 저널리스트가 조성하는 보도 프레임을 다루고 있는데, 그의 접근법은 중국의 부상과 관련한 현상을 이해하는 데도 유용합니다.

그런데 복수의 국가·지역을 대상으로 비교를 하는 경우, 어떤 프레임이 존재하는지 사전에 파악하는 것이 어렵습니다. 또 사람들이 자기네 언론을 통해서만 중국을 인식하는 것도 아닙니다. 각자의 일상적인 경험과 해외의 보도, 중국 정부의 프로파간다 등이 뒤섞인 상태에서 각자 자신의 프레임을 만들기 마련입니다. 그러다가 커다란 사건이 터지면, 자신의 프레임을 다시 돌아보든지 아니면 더욱 강화하는 법입니다.

제1장에서 ① 경제적 혜택 프레임, ② 평화적 부상 프레임, ③ 질서에 대한 도전자 프레임, ④ 취약국가 프레임, 이렇게 4개의 프레임을 다룰 것입니다. 이 4개의 프레임은 서로 경쟁 관계에 있으면서 논리적으로 완전히 어긋나지도 않습니다. 4개 중에 어느 것이 중국과 다른 주변국에서 지배적으로 통용되는지를 검토하겠습니다.

## 20년에 걸쳐 바뀐 각국의 대중 평가

프레임을 구체적으로 검토하기 전에, 먼저 역사적인 추세를 살펴보겠습니다. 아시아학생조사는 제2차 조사와 제3차 조사에서만 프레임에 관해 다루고 있으므로, 조금 더 긴 시계열로 살펴봐야 중국의 부상에 관한 평가를 개관할 수 있습니다. 〈표 1-1〉은 퓨리서치센터 Global Attitudes Survey의 대중 평가가 2002년부터 어떤 식으로 변화해 왔는지를 19년간의 시계열로 보여 주고 있습니다.

흥미로운 사실은 조사 시작 연도인 2002년에 한국, 일본, 필리핀(나중에 베트남도 조사 대상에 포함됨)의 3개국에서 중국에 대한 긍정적인 평가가 55%에서 66%로 수렴되는 것입니다. 하지만 그 결과는 시간의 경과에 따라 변합니다.

일본의 경우, 2002년 시점에서 중국에 대한 긍정적인 평가가 전체

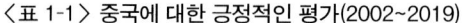

〈표 1-1〉 중국에 대한 긍정적인 평가(2002~2019)

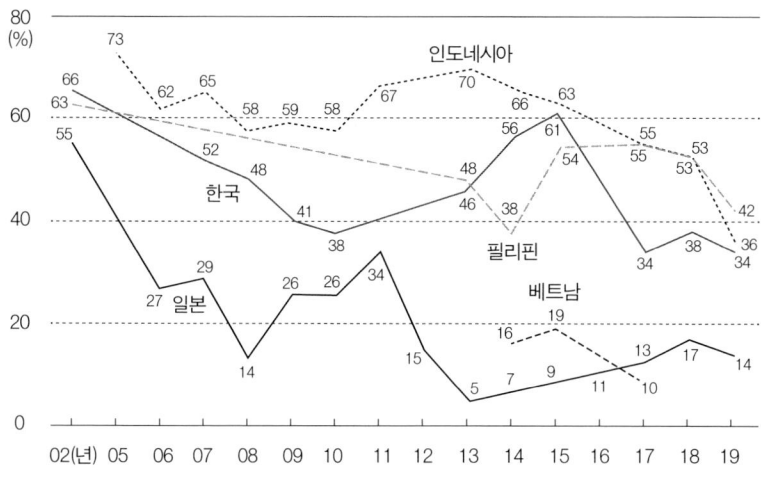

※ 숫자는 '매우 긍정적', '긍정적'이라고 응답한 사람의 비율
※ 출전: 퓨리서치센터 Global Attitudes Survey

적으로 55%였지만, 이후 그 비율은 점점 낮아집니다. 물론 2008년부터 2011년에 걸쳐서 일시적으로 반등한 적은 있었습니다. 그러나 센카쿠 제도(尖閣諸島)를 둘러싼 중국과의 갈등 때문인지 2011년부터 2013년에 걸쳐서 중국에 대한 긍정적인 평가 비율은 급속히 낮아졌고, 결국 2013 년에는 긍정적인 평가가 5%까지 떨어지기에 이릅니다. 그 후 2019년 이 되어도 긍정적인 평가는 2002년 수준을 회복하지 못했습니다.[8]

그런데 일본과는 대조적인 패턴을 보인 나라가 있습니다. 바로 인

8  그러한 경향은 언론NPO의 조사와 내각부의 「외교에 관한 여론조사」에서도 똑같이 나타납니다.

도네시아입니다. 인도네시아는 2005년 시점에 중국에 대한 긍정적인 평가가 73%였고, 그 후에도 2018년까지 긍정적인 평가의 비율이 53%에 달합니다. 즉, 과반수를 유지하고 있는 셈입니다.

그 외 국가의 경우, 일본과 인도네시아의 중간에 위치합니다. 필리핀의 경우, 중국에 대한 평가가 점차 내려가서 2014년에는 남중국해의 영토 문제 때문인지 완전히 급락했습니다. 2015년에 일시적으로 평가가 올라가기는 했지만 2002년 수준으로 회복하지는 못했습니다. 한국도 똑같습니다. 2002년에 66%에서 2010년에는 38%로 떨어지고, 2011년부터 2015년까지는 다소 회복하지만, 사드 배치 문제를 기점으로 중국에 대한 평가가 급속히 악화해서 2002년의 수준으로 돌아오지 못했습니다.

베트남의 패턴은 일본과 비슷해서 중국에 대한 강한 경계심과 부정적인 평가가 지배적입니다.

이처럼 2002년 시점에서 중국에 대한 아시아 역내의 평가는 비교적 긍정적이었으나, 여러 가지 사건과 해당 시기를 지배하는 프레임의 영향을 받아 서서히 부정적으로 바뀌어 가고 있습니다. 그렇지만 바뀌는 속도, 타이밍, 영향은 나라에 따라 각각 다릅니다.

## 심리 구조를 파악할 때의 어려움

서장에서 지적했던 것처럼 특정 국가에 대한 평가를 둘러싼 국민의 의견이 완전히 일치하는 경우는 거의 없습니다. 하지만 어느 정도 일

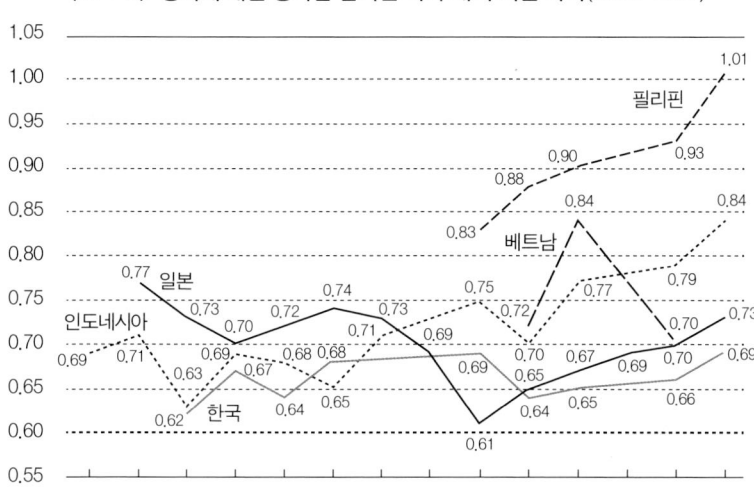

〈표 1-2〉 중국에 대한 평가를 둘러싼 국가 내의 의견 차이(2005~2018)

※ 숫자는 표준오차, 0에 근접할수록 의견 차이가 적음을 의미함. 1차 데이터는 2018년까지만 이용할 수 있기 때문에 2019년의 수치는 없음.
※ 출전: 퓨리서치센터 Global Attitudes Survey

치하는가는 국가·지역에 따라 다릅니다. 〈표 1-2〉는 퓨리서치센터
Global Attitudes Survey의 데이터를 활용해서, 앞에서 언급한 5개국
중 국민의 의견이 어느 정도 차이를 보이는가를 시계열 순으로 제시한
그래프입니다. 이 표는 표준오차를 허용하고 있으며, 수치가 0에 근접
할수록 의견의 차이가 적은 것을 의미합니다.

일본과 인도네시아는 중국에 대한 이미지의 좋고 나쁨에 있어서 양
극단에 위치합니다. 그러나 국내의 의견 차이는 그렇게 크지 않습니
다. 이들 5개국 중 예외적인 나라가 필리핀입니다. 2013년의 표준오차
가 0.83이었는데, 2018년에는 1.01로 올랐습니다. 중국에 대한 의견이

2013년에는 나뉘었는데, 5년 뒤에는 오차가 더욱 크게 벌어진 것입니다. 중국에 대한 평가를 둘러싼 국가 간의 차이는 그렇다고 치더라도, 왜 국내의 의견 차이가 이렇게 벌어지는 것일까요?

안타깝게도 퓨리서치센터의 데이터에는 프레임에 관한 질문이 들어있지 않아서 의견의 불일치를 낳는 원인을 탐색할 수 없습니다. 그러므로 아시아학생조사의 제2차 조사와 제3차 조사의 데이터를 통해 아시아 지역이 중국을 어떻게 이해하고 있고, 그 이해의 방식이 시간의 경과와 함께 어떻게 변해 왔는지를 살펴보도록 하겠습니다.

## 경제적 혜택 프레임

일단 경제적 혜택 프레임부터 살펴보겠습니다. 중국이 경제적 발전을 거듭하고 있는 것은 객관적인 사실입니다. 하지만 이것을 조사대상자가 실감하고 있는지 혹은 실제로 그렇다고 생각하고 있는지는 국가·지역에 따라 다릅니다.

중국 경제의 성장이 자기 나라의 이익이 되고, 기회가 확대되는 것으로 생각한다면, 중국의 부상을 긍정적으로 받아들일 것입니다. 반대로 자기 나라의 이익으로 연결되지 않을뿐더러 오히려 손해라고 생각한다면, 중국의 부상을 부정적으로 평가할 것입니다.

과거 대만에서는 중국과 대만이 상호 서비스 시장을 개방한다는 무역 협정에 반발해서, 학생들의 주도로 해바라기 학생운동이 일어났습니다. 이것은 중국의 경제 성장이 본인들의 이익이 되기는커녕, 오히려 국내 산업의 쇠퇴와 취업 기회의 축소를 낳고 최종적으로는 정치적으로 중국에 먹힐 것이라고 생각했기 때문입니다.[9]

이와 같은 경제적 혜택 프레임에 대한 각국·각 지역 학생들의 반응 및 대응을 제시한 그래프가 <표 1-3>입니다. 앞에서 언급한 퓨리서치센터의 조사 결과와 비슷합니다. 참고로 경제적 혜택 프레임을 가장 경계하는 나라는 일본과 베트남입니다. 특히 베트남의 경우, 2013년에 "중국의 부상은 우리에게 커다란 기회를 부여하고 있다"는 문항에 대해 '매우 찬성'이라고 응답한 비율이 3.8%, '찬성'이라고 응답한 비율이 3.18%로서, 둘을 합쳐도 전체의 3분의 1이 조금 넘는 저조한 수치입니다.

반대로 다른 동남아 국가들은 높은 비율을 보입니다. 싱가포르, 말레이시아, 인도네시아에서는 전체의 70%에서 80%가 경제적 혜택 프레임에 동의합니다.

흥미로운 사실은 '모르겠다'라고 응답한 비율이 2018년 베트남의 경우 16.8%인데, 대만·홍콩은 2013년과 2018년 시점 둘 다 5% 이하라는, 낮은 수치를 보인다는 것입니다. 또 반중 운동이 벌어졌던 대만과 홍콩에서조차 다수의 학생들이 경제적 혜택 프레임을 수용하고 있다는 것은 주목할 만합니다. 홍콩의 경우에는 2013년부터 2018년에 걸쳐서 긍정적으로 응답한 비율이 다소 낮아졌지만, 대만의 경우에는 거꾸로 올랐습니다. 그러므로 경제적 혜택 프레임은 대만·홍콩에서도 부정당

---

9  물론, 중국 측의 행보에 대해 대만 측도 대책이 없었던 것은 아닙니다. 중국 측의 '통일 공작'에 대한 대만의 반발에 대해서는 우제민(吳介民) 등이 2017년에 출간한 연구 성과를 참고하시면 됩니다.

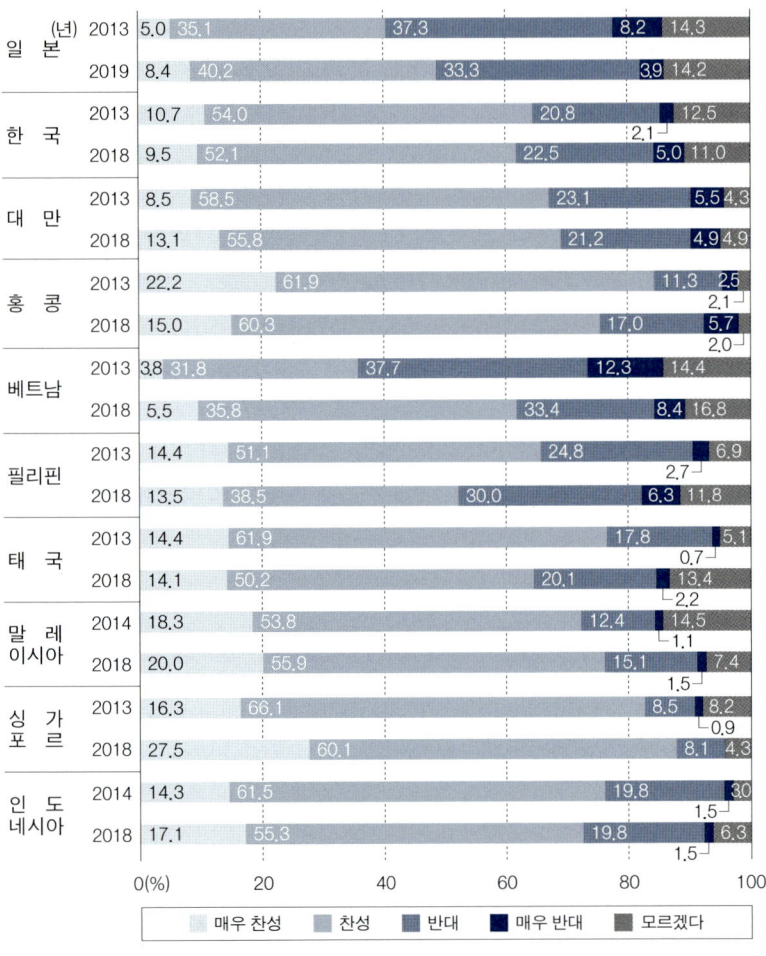

〈표 1-3〉 "중국의 부상은 우리에게 커다란 기회를 부여하고 있다"에 대한
동의 여부(2013~2019)

※ 출전: アジア学生調査第2・第3波調査

하고 있지 않습니다.

# 평화적 부상 프레임

다음으로 평화적 부상 프레임에 대해 살펴보겠습니다. 이 프레임은 중국 정부의 공식적인 견해라고 보면 됩니다. 당시 후진타오(胡錦濤) 국가주석의 브레인이었던 정비젠(鄭必堅 2014)이 2003년의 보아오포럼(Boao Forum for Asia)에서 '화평굴기(평화롭게 우뚝 선다)'라는 개념을 제시한 후로 널리 알려지게 되었습니다.

그 후 공식문서에서 '화평굴기'라는 단어를 볼 수 없게 되었지만, 중국 정부는 대내외에 자신들의 부상이 평화적인 것이라고 설명하고 있습니다.

사실 일본을 포함한 각지에서 중국 위협론이 부상하고 있지만, 그 가운데는 중국이 경제 발전을 계속 이어가려면 평화적인 관계가 필요하기 때문에 중국이 스스로 평화적인 관계를 무너뜨리지 않을 것이라는 주장도 존재합니다. 이것이 평화적 부상 프레임입니다. 해외의 연구자 중에서도 이 주장에 동의하는 사람이 적지 않습니다.

이 프레임은 경제적 혜택 프레임과 비교해 아시아 각지에서 견해가 엇갈리고 있습니다. 가령 태국, 말레이시아, 인도네시아에서는 평화적 부상 프레임이 대체로 수용되고 있는 것 같습니다〈표 1-4〉 참조). 제2차 조사부터 제3차 조사까지를 보면, 모든 국가·지역에서 평화적 부상 프레임에 동의하는 비율은 줄고 있습니다. 이를 볼 때, 중국의 공식적인 입장에 의문을 가진 사람(혹은 긍정하지는 않음)이 많아지고 있는 것 같습니다. 하지만 그래도 필리핀과 인도네시아를 제외한 동남아 지역에서는

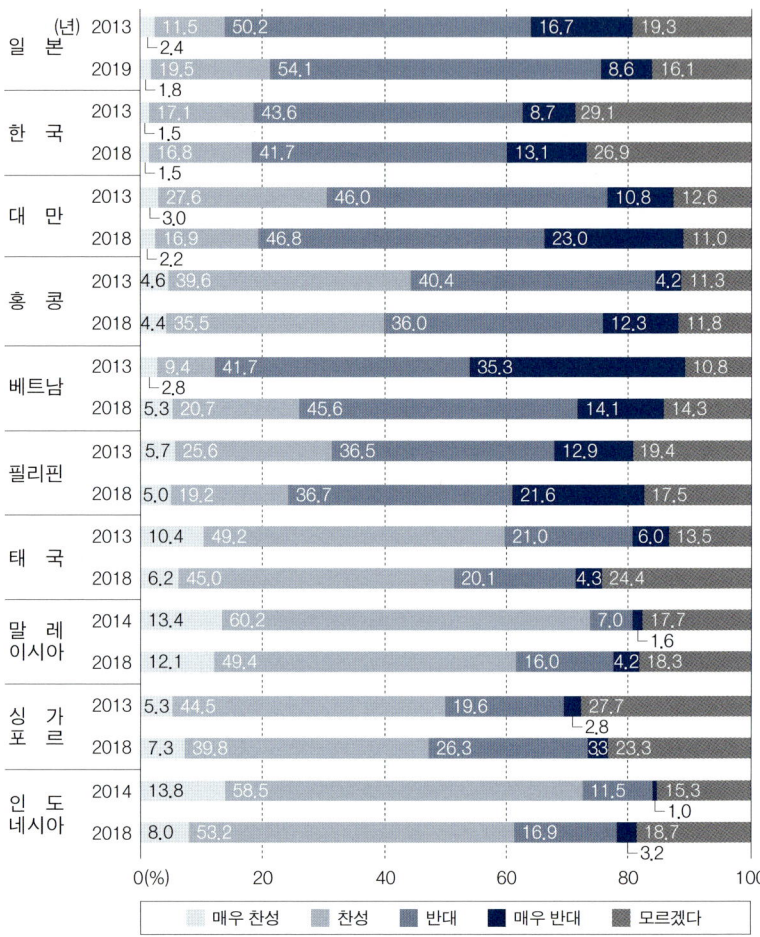

〈표 1-4〉 "중국은 발전하고 있지만, 아시아 각국과의 관계를 평화적으로
유지할 것이다"에 대한 동의 여부(2013~2019)

| | (년) | 매우 찬성 | 찬성 | 반대 | 매우 반대 | 모르겠다 |
|---|---|---|---|---|---|---|
| 일본 | 2013 | 11.5 | 50.2 | (2.4) | 16.7 | 19.3 |
| | 2019 | 19.5 | 54.1 | (1.8) | 8.6 | 16.1 |
| 한국 | 2013 | 17.1 | 43.6 | (1.5) | 8.7 | 29.1 |
| | 2018 | 16.8 | 41.7 | (1.5) | 13.1 | 26.9 |
| 대만 | 2013 | 27.6 | 46.0 | (3.0) | 10.8 | 12.6 |
| | 2018 | 16.9 | 46.8 | (2.2) | 23.0 | 11.0 |
| 홍콩 | 2013 | 4.6 | 39.6 | 40.4 | 4.2 | 11.3 |
| | 2018 | 4.4 | 35.5 | 36.0 | 12.3 | 11.8 |
| 베트남 | 2013 | 9.4 | 41.7 | 35.3 | (2.8) | 10.8 |
| | 2018 | 5.3 | 20.7 | 45.6 | 14.1 | 14.3 |
| 필리핀 | 2013 | 5.7 | 25.6 | 36.5 | 12.9 | 19.4 |
| | 2018 | 5.0 | 19.2 | 36.7 | 21.6 | 17.5 |
| 태국 | 2013 | 10.4 | 49.2 | 21.0 | 6.0 | 13.5 |
| | 2018 | 6.2 | 45.0 | 20.1 | 4.3 | 24.4 |
| 말레이시아 | 2014 | 13.4 | 60.2 | 7.0 | (1.6) | 17.7 |
| | 2018 | 12.1 | 49.4 | 16.0 | 4.2 | 18.3 |
| 싱가포르 | 2013 | 5.3 | 44.5 | 19.6 | 27.7 (2.8) | |
| | 2018 | 7.3 | 39.8 | 26.3 | 3.3 | 23.3 |
| 인도네시아 | 2014 | 13.8 | 58.5 | 11.5 | 15.3 (1.0) | |
| | 2018 | 8.0 | 53.2 | 16.9 | 18.7 (3.2) | |

0(%)  20  40  60  80  100

■ 매우 찬성  ■ 찬성  ■ 반대  ■ 매우 반대  ■ 모르겠다

※ 출전: アジア学生調査第2·第3波調査

평화적 부상 프레임이 비교적 수용되고 있는 것이 확실합니다.

　반대로 한국, 일본, 대만 그리고 중국과 영해를 둘러싸고 갈등하는

베트남, 필리핀은 평화적 부상 프레임에 회의적입니다.[10]

평화적 부상 프레임은 경제적 혜택 프레임과 비교해 각국의 평가가 크게 엇갈리고 있습니다. 이것은 "최근 들어 왜 각국의 대중 평가가 불규칙하게 나타나는가"에 대한 의문을 푸는 실마리가 됩니다.

## 질서에 대한 도전자 프레임

이젠 질서에 대한 도전자 프레임을 살펴보겠습니다. 〈표 1-5〉의 결과를 보겠습니다. "중국의 부상은 세계의 질서를 위협하고 있다"라는, 국제정치에서 종종 지적되는 표현을 그대로 사용해서 학생들에게 질문한 것입니다. 조사 결과를 보면, 태국 이외에는 의견이 엇갈리고 있다는 것을 알 수 있습니다.

평화적 부상 프레임은 중국 정부의 공식적인 견해입니다. 이에 반해 질서에 대한 도전자 프레임은 중국에 대한 경계심을 가진 사람들의 견해입니다.

일본과 베트남에서는 평화적 부상 프레임이 인기가 없습니다. 한편, 질서에 대한 도전자 프레임은 모든 국가·지역에서 의견이 엇갈립

---

10  퓨리서치센터의 2015년 조사는 "중국과 주변 지역과의 영토 분쟁에 대해 당신은 얼마나 우려하고 있습니까?"라는 질문을 던졌습니다. 이에 대해 필리핀(91%), 일본(83%), 베트남(83%)에서는 거의 비슷한 비율로 '매우 우려한다', '어느 정도 우려한다'고 응답했습니다. 응답자들은 대부분 영토 문제를 염두에 두고 있는 것 같습니다(http://www.pewglobal.org/2015/09/02/how-asia-pacific-publics-see-each-other-and-their-national-leaders/).

〈표 1-5〉 "중국의 부상은 세계의 질서를 위협하고 있다"에 대한 동의 여부 (2013~2019)

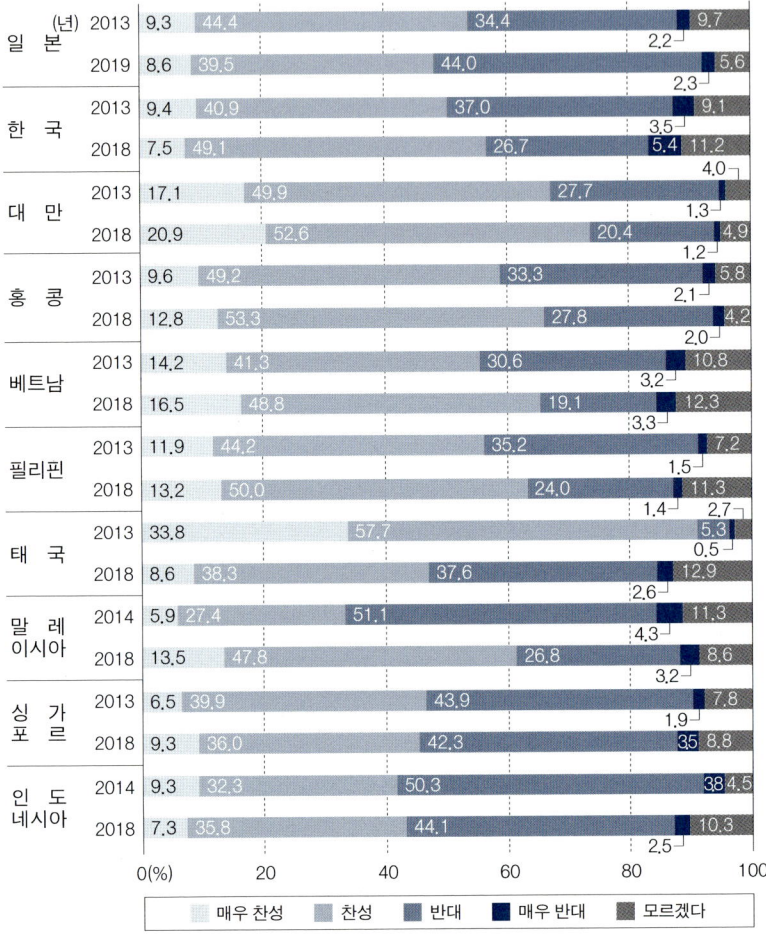

| | | 매우 찬성 | 찬성 | 반대 | 매우 반대 | 모르겠다 |
|---|---|---|---|---|---|---|
| 일 본 | 2013 | 9.3 | 44.4 | 34.4 | 2.2 | 9.7 |
| | 2019 | 8.6 | 39.5 | 44.0 | 2.3 | 5.6 |
| 한 국 | 2013 | 9.4 | 40.9 | 37.0 | 3.5 | 9.1 |
| | 2018 | 7.5 | 49.1 | 26.7 | 5.4 | 11.2 |
| 대 만 | 2013 | 17.1 | 49.9 | 27.7 | 1.3 | 4.0 |
| | 2018 | 20.9 | 52.6 | 20.4 | 1.2 | 4.9 |
| 홍 콩 | 2013 | 9.6 | 49.2 | 33.3 | 2.1 | 5.8 |
| | 2018 | 12.8 | 53.3 | 27.8 | 2.0 | 4.2 |
| 베트남 | 2013 | 14.2 | 41.3 | 30.6 | 3.2 | 10.8 |
| | 2018 | 16.5 | 48.8 | 19.1 | 3.3 | 12.3 |
| 필리핀 | 2013 | 11.9 | 44.2 | 35.2 | 1.5 | 7.2 |
| | 2018 | 13.2 | 50.0 | 24.0 | 1.4 | 11.3 |
| 태 국 | 2013 | 33.8 | 57.7 | 2.7 | 5.3 | 0.5 |
| | 2018 | 8.6 | 38.3 | 37.6 | 2.6 | 12.9 |
| 말 레 이시아 | 2014 | 5.9 | 27.4 | 51.1 | 4.3 | 11.3 |
| | 2018 | 13.5 | 47.8 | 26.8 | 3.2 | 8.6 |
| 싱 가 포 르 | 2013 | 6.5 | 39.9 | 43.9 | 1.9 | 7.8 |
| | 2018 | 9.3 | 36.0 | 42.3 | 3.5 | 8.8 |
| 인 도 네시아 | 2014 | 9.3 | 32.3 | 50.3 | 3.8 | 4.5 |
| | 2018 | 7.3 | 35.8 | 44.1 | 2.5 | 10.3 |

※ 출전: アジア学生調査第2·第3波調査

니다.[11] 단, 전문가들 사이에서도 그렇듯이 '세계의 질서'가 무엇을 의미하는지(국제법의 준수 혹은 기존 무역 체제의 유지)에 대한 생각이 다를 가능성은 있습니다. 실제로 우리가 행했던 인터뷰에서도 학생들은 '세계의 질서'라는 단어를 어떻게 이해해야 할지 곤란해했고, 그래서 응답 내용에 상당한 차이가 발생하기도 했습니다(園田 2019b:273).

## 취약국가 프레임

마지막으로 취약국가 프레임을 보겠습니다. 〈표 1-6〉은 "중국은 경제적으로는 급속히 성장하고 있지만, 정치적으로는 불안정하다"라는 질문에 대한 동의 여부를 나타낸 것입니다. 질서에 대한 도전자 프레임과 마찬가지로 '정치적 불안정'이 구체적으로 어떤 상태를 나타내고 있고, 그 근거가 어디에 있는지 학술적인 논의 대상이 되면 여러 가지 입장이 등장합니다. 중국의 정치를 전문적으로 연구하는 연구자들 사이에서도 중국공산당의 지배 체제가 취약하다는 주장이 있는가 하면, 이와는 달리 견고하다는 주장도 있습니다.

이 데이터를 보고 알 수 있는 것은 취약국가 프레임에 대해서는 동아시아, 특히 일본에서 '그렇다'는 응답이 많다는 것입니다.

---

11 유일한 예외가 제2차 조사(2013년)에서의 태국입니다. 전체적으로 중국에 대해 긍정적인 평가를 하고 있는 태국에서 무려 응답자의 90%가 질서에 대한 도전자 프레임에 동의했던 것입니다. 그 이유는 무엇일까요? 태국 연구자에게 물어도 좀처럼 납득할 수 있는 설명을 듣지 못했습니다. 이처럼 무엇인가를 규명하기 위한 조사에서 새로운 의문이 생기는 일은 종종 발생합니다.

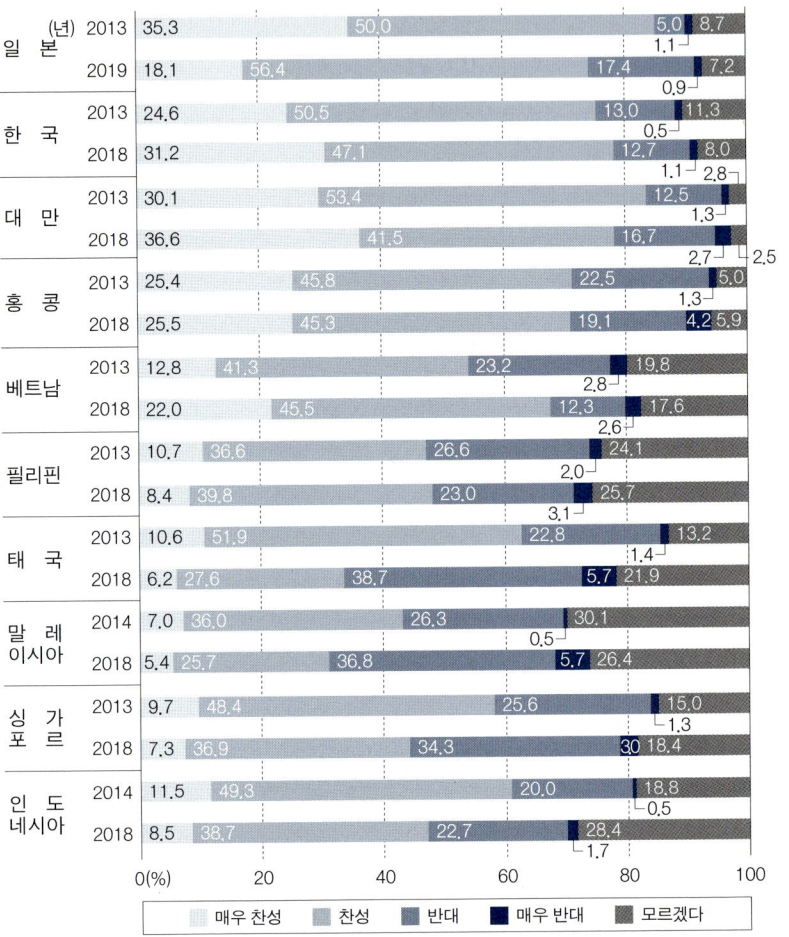

〈표 1-6〉 "중국은 경제적으로는 급속히 성장하고 있지만, 정치적으로는 불안정하다"에
대한 동의 여부(2013~2019)

※ 출전: アジア学生調査第2·第3波調査

필자는 중국의 도시주민을 대상으로 한 사회조사 결과를 기초로 중
국의 정치 체제가 견고하다고 주장해 왔습니다. 그리고 그 논거의 일부

로서 과거의 저서 『불평등 국가 중국』(2008)에서 시민들이 당과 국가의 통치에 대해 높은 평가를 하고 있다는 사실을 제시했습니다. 필자의 주장에 반대하는 사람도 적지 않았습니다. 그중에는 "이 책의 저자는 중국이 취약하다는 사실을 모른다"고 투서를 하는 사람도 있었습니다.

왜 이런 일이 벌어지는 것일까요? 필자의 주장이 받아들여지지 않는 현실을 보고, 잠시 당혹감을 느낄 때가 있었습니다. 그런데 생각해 보니 일본에서는 2000년 이후 중국의 붕괴를 주제로 한 책이 대량으로 출판되었습니다. 『불평등국가 중국』이 출판된 2008년 이후에도 『그럼에도 중국은 붕괴한다』(2008), 『중국의 붕괴가 시작됐다』(2008), 『중국의 붕괴 카운트다운』(2014), 『호적 아파르트헤이트 국가·중국의 붕괴』(2017) 등 중국의 붕괴를 예상하는 '붕괴론 책'이 정말 많이 출판됐습니다. 그리고 붕괴의 원인으로 여러 가지 사항이 제시되고 있습니다. 이 책들이 사람들에게 영향을 주었다고 가정해도 이상하지 않습니다.[12]

## 중국의 영향에 대한 평가

이상으로 중국의 부상을 둘러싼 4개의 프레임이 조사 대상국·지역

---

12 필자는 2012년부터 일본의 경찰대학교에서 '중국 정세'를 주제로 1년에 3번 강의를 해오고 있습니다. 매회 수강생은 450명 전후인데, 수강생의 대부분은 2016년 제2기 시진핑(習近平) 정권이 탄생할 때까지 취약국가 프레임을 받아들이고 있었습니다. 하지만 2017년경부터 시진핑 정권의 강경한 모습이 보도된 이후에는 오히려 '중국 붕괴론의 붕괴'가 화제가 되었습니다. 그래서 경찰대학교에서도 취약국가 프레임을 받아들이는 사람은 점점 줄어들고 있습니다.

에서 어느 정도 받아들여지는지에 대해 살펴보았습니다. 그렇다면 전체적으로 이들 국가·지역에서는 중국의 영향을 긍정적으로 평가하고 있을까요? 아니면 부정적으로 평가하고 있을까요? 응답 결과를 정리한 것이 〈표 1-7〉입니다.

한국, 일본, 베트남, 필리핀, 태국, 싱가포르 이렇게 6개국에서는 3개의 데이터가 있습니다. 그래서 10년간의 변화를 추적할 수 있습니다. 정보량이 많아서 해당 그래프를 한 번에 보고 해석하기는 어렵지만, 그래도 몇 개의 중요한 통찰을 이야기해 보겠습니다.

첫째, 베트남과 필리핀을 제외한 동남아시아(태국, 말레이시아, 싱가포르, 인도네시아)에서는 중국의 영향을 긍정적으로 평가하고 있으며, 시기에 따라 약간의 변화가 있기는 하지만 일관된 모습을 보입니다. 특히 태국의 경우, 3개의 데이터 모두 비교적 안정적인 응답을 보입니다. 중국의 영향을 호의적으로 받아들이고 있음을 알 수 있습니다.

둘째, 그 외의 지역은 지역마다 특징을 보입니다. 동남아 4개국 이외의 경우, 일본과 베트남을 제외하면 제1차 조사기보다는 제2차 조사기가, 제2차 조사기보다는 제3차 조사기의 중국에 대한 평가가 더 나쁩니다. 한국과 필리핀에서는 2008년에 중국의 영향을 '좋다', '좋은 편이다'라고 긍정적으로 응답하는 사람이 과반수였습니다. 그러나 2013년에는 40% 정도, 2018년에는 30% 정도로 10년간 대략 20%에서 30% 정도가 내려갔습니다. 대만과 홍콩에서도 2013년부터 2018년에 걸쳐서 수치가 내려갔습니다.

베트남과 일본은 2013년 중국에 대한 평가가 너무 나빠서인지,

## 〈표 1-7〉 중국의 영향에 대한 평가(2008~2019)

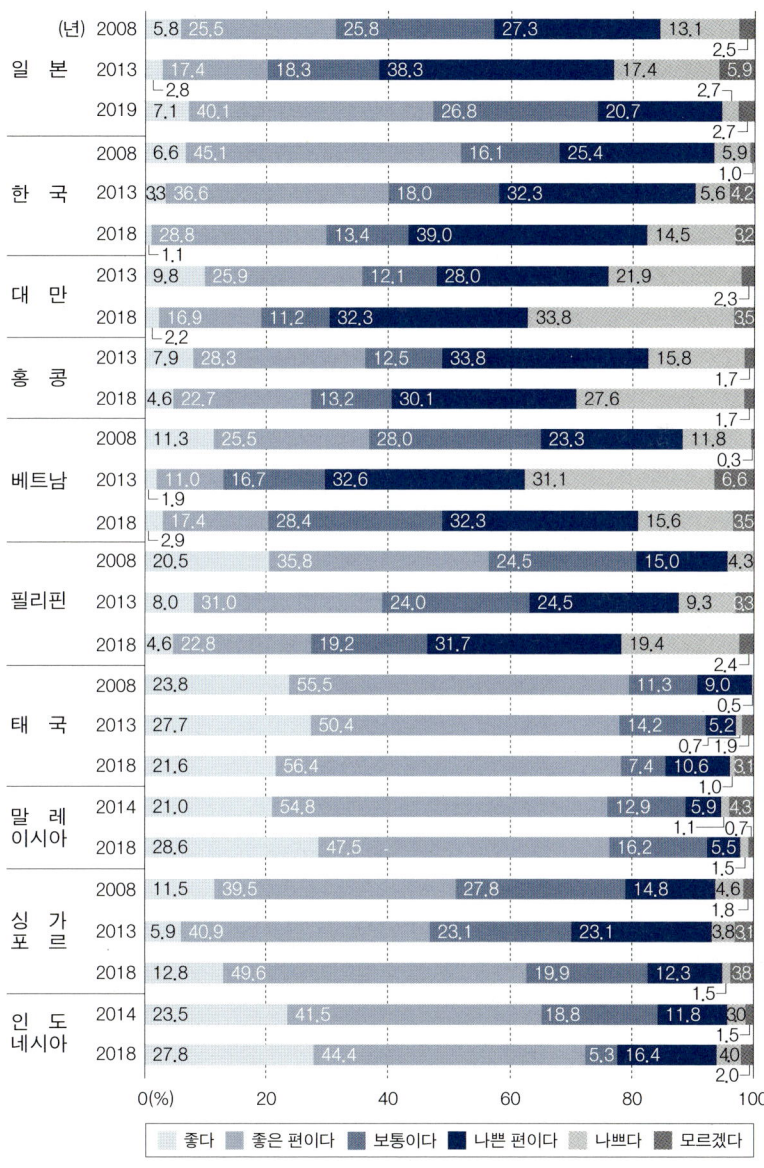

0(%)  20  40  60  80  100

좋다 　 좋은 편이다 　 보통이다 　 나쁜 편이다 　 나쁘다 　 모르겠다

※ 출전: アジア学生調査第1・第2・第3波調査

2018년에는 일단 나아지는 모습을 보입니다.[13] 그래도 중국에 대한 일본의 평가는 많이 회복된 편이지만, 베트남에서는 아직도 중국의 영향을 긍정적으로 느끼는 사람의 비율이 20% 정도에 불과합니다.

어쨌든 아시아학생조사의 결과를 통해, 우리는 지역에 따라 중국에 대한 평가가 다르게 나타나는 것을 확인할 수 있습니다.

## 평가를 설명하는 3개의 가설

그렇다면, 위와 같은 평가 결과는 무엇에 의해 좌우될까요? 그 원인을 특정하기 위해서는 통계적인 분석을 해야 하고, 이를 위해서는 가설이 필요합니다. 제1장에서는 프레임 가설, 접촉 가설, 소프트파워 가설이라는 총 3개의 가설을 다루고자 합니다. 또한 이 3개 가설의 타당성에 관해 생각해 보도록 하겠습니다.

프레임 가설에서는 제1장에서 다루었던 4개의 프레임(경제적 혜택 프레임, 평화적 부상 프레임, 질서에 대한 도전자 프레임, 취약국가 프레임)이 대중 평가를 어느 정도로 좌우하는지를 검토해 보겠습니다.

4개의 프레임 중, 평화적 부상 프레임과 질서에 대한 도전자 프레임은 둘 다 국제 질서와 안전보장에 관한 것으로서, 결과가 대조적이면서도 비슷한 경향을 보여 줄 가능성이 높습니다. 단, 앞에서 언급한

---

13 언론NPO의 2019년 데이터와 비교해 보면, 학생조사 쪽에서 긍정적인 비율이 높습니다. 그 이유는 ① 이과 학생들이 중국의 IT 산업 활용을 높게 평가하는 경향 ② 일반 시민과 달리 우수한 중국인 유학생과 일상적으로 접촉하고 있기 때문인 것 같습니다.

것처럼 "세계의 질서를 위협하고 있다"라고 하는 경우, '세계의 질서'가 무엇을 의미하는지에 대해서는 각각 다른 해석이 나올 가능성이 있기에, 평화적 부상 프레임과 질서에 대한 도전자 프레임은 각각 독립된 프레임으로서 분석할 것입니다.

개개의 프레임은 중립적인 응답을 설정하지 않았습니다. 그래서 '모르겠다'는 항목을 없애버렸습니다. 그리고 '매우 찬성'에 4점, '찬성'에 3점, '반대'에 2점, '매우 반대'에 1점을 부여하는 방식으로 설정했습니다.

다음으로 접촉 가설에서는 중국인인 친구나 지인이 있는가, 없는가가 대중 평가에 어느 정도 영향을 주는지를 체크하겠습니다. 중국을 모국으로 하는 '친구가 있다'는 응답에 3점, '지인이 있다'에는 2점, '친구도, 지인도 없다'에는 1점을 부여해서, 평가에 반영하기로 했습니다.[14]

마지막으로 소프트파워 가설에서는 언어 문제를 다룹니다. 중국어를 구사할 줄 아는 사람이 중국 내의 언론과 주장에 보다 가까운 정보를 입수할 수 있다는 것을 고려할 때, 중국어를 습득하는 사람이 중국 내의 여론, 중국인들의 사고방식에 더 쉽게 동조할 가능성이 있습니다. 사실 중국 정부가 공자학원이라는 중국어 교육 프로그램을 세계적으로 보급해서 중국어 학습을 장려하는 데는, 중국의 실제 사정과 자신들의 주장을 알아 주었으면 하는 의도도 있습니다.

---

14 중국을 모국으로 하는 친구나 지인이 얼마나 있는지에 대한 지역별 검토는 제2장과 제3장에 있으니 해당 부분을 참고하시기 바랍니다.

중국어를 할 수 있게 되면, 중국의 영향을 긍정적으로 평가하는 방향으로 연결되는지를 검토할 것입니다. 그래서 중국어가 '유창한 수준'이라고 응답한 사람에게 4점, '일상 회화 수준'이라고 응답한 사람에게 3점, '거의 못 한다'고 하는 사람에게 2점, '전혀 못 한다'고 응답한 사람에게 1점을 부여할 것입니다. 점수가 높을수록 중국어 능력이 높다는 것을 의미합니다.[15]

이번 분석은 회귀분석이라는 통계수법을 사용했습니다.

피 설명변수에서는 〈표 1-7〉에서 보여 준 중국의 영향에 대한 평가를 사용할 것입니다. '모르겠다'는 응답을 제거한 다음, '좋다'에 5점, '좋은 편이다'에 4점, '보통이다'에 3점, '나쁜 편이다'에 2점, '나쁘다'에 1점을 부여해서 점수를 환산합니다. 이상과 같은 회귀방정식으로 각각의 변수가 가진 영향력을 추정하고자 합니다.

Y(중국의 영향에 대한 평가) = (취약국가 프레임) + (경제적 혜택 프레임) + (질서에 대한 도전자 프레임) + (평화적 부상 프레임) + (친구·지인의 유무) + (중국어 능력) + β(정수)

## 회귀분석의 결과 해석

조사 대상지 전체의 결과를 표시한 것, 국가·지역별로 결과를 각각 표로 정리한 것이 〈표 1-8〉부터 〈표 1-10〉까지입니다. 〈표 1-8〉은

15  조사대상의 중국어 능력 상황에 대해서는 제4장의 〈표 4-5〉를 참고하시기 바랍니다.

<표 1-8> 중국의 영향에 대한 평가를 결정하는 요인: 제2차 조사(전체)

| | t값 | 유의성 |
|---|---|---|
| (정수) | 9.98 | 0.00 |
| 취약국가 프레임 | **-7.66** | 0.00 |
| 경제적 혜택 프레임 | **10.97** | 0.00 |
| 질서에 대한 도전자 프레임 | 0.67 | 0.51 |
| 평화적 부상 프레임 | **12.66** | 0.00 |
| 친구·지인의 유무 | -0.77 | 0.44 |
| 중국어 능력 | **-4.18** | 0.00 |

※ 짙은 숫자는 통계적으로 주목할 만한 숫자를 가리킴. 각 프레임은 1점부터 4점까지, 친구·지인의 유무는 1점에서 3점까지, 중국어 능력은 1점에서 4점까지가 반영되어 있음. <표 1-9>, <표 1-10>도 동일.
※ 출전: アジア学生調査第2波調査

제2차 조사의 데이터를 전부 모은 결과입니다. 주목할 만한 것은 t값이라고 쓰여 있는 점수의 절대치입니다. 이 절대치가 크면 클수록 변수에 대한 영향력이 크다는 것을 의미합니다. 또 점수가 마이너스이면 마이너스 효과를, 플러스라면 플러스 효과를 의미합니다.

2013년부터 2014년의 제2차 조사에서 대중 평가에 가장 큰 영향을 준 것은 평화적 부상 프레임입니다. 그와 관련한 t값이 플러스라는 것은 중국이 평화적으로 부상하고 있다는 것에 동의하는 사람이 많다는 것입니다. 그만큼 중국의 영향을 긍정적으로 평가하고 있다는 것을 의미합니다.

다음으로 커다란 영향력을 가진 것이 경제적 혜택 프레임입니다. 중국의 부상이 자기들에게 많은 기회를 부여하고 있다고 생각하는 사람은 그만큼 중국의 영향을 긍정적으로 평가하는 경향이 있습니다. 위의 2개 프레임만큼 영향력을 가진 것은 아니지만, 취약국가 프레임은

| | 일본 | 한국 | 대만 | 홍콩 | 베트남 | 필리핀 | 태국 | 말레이시아 | 싱가포르 | 인도네시아 |
|---|---|---|---|---|---|---|---|---|---|---|
| (정수) | 2.68 | 2.79 | 8.63 | 2.73 | 3.91 | 0.82 | 3.46 | 3.20 | 5.87 | 3.53 |
| 취약국가프레임 | -1.46 | -1.60 | **-3.31** | **-3.48** | -0.13 | -1.26 | -0.75 | -1.84 | **-3.25** | -0.15 |
| 경제적혜택프레임 | 1.99 | **6.52** | **3.74** | **4.95** | 2.38 | 2.48 | 1.64 | 2.04 | **2.59** | 2.72 |
| 질서에대한도전자프레임 | -1.77 | -1.61 | -0.56 | 0.31 | -2.28 | 1.30 | **2.92** | 0.08 | -2.18 | 0.41 |
| 평화적부상프레임 | **3.83** | **2.46** | **2.50** | 3.45 | -0.19 | **2.81** | 1.72 | 1.31 | **3.48** | **4.06** |
| 친구·지인의유무 | 2.30 | 0.64 | 0.94 | -1.07 | 0.48 | 1.64 | -0.28 | -0.19 | -0.26 | 2.01 |
| 중국어능력 | 2.26 | 1.65 | - | 0.74 | -0.89 | 0.35 | -1.52 | -1.20 | -2.06 | -0.15 |

※ 출전: アジア学生調査第2波調査

마이너스, 중국어 능력도 마이너스의 결과를 보여 주고 있습니다.

〈표 1-9〉에 나타나는 것처럼 각각의 수치는 국가별·지역별로 볼 때, 제각각의 결과를 보이며 패턴도 다릅니다.

일단, 중국어 능력이 전체적인 데이터에 영향을 준다는 것을 확인할 수 있습니다. 그러나 국가별·지역별로 보면 그 영향이 나타나지 않습니다. 국가별·지역별로 볼 때, 평화적 부상 프레임은 영향력이 있습니다. 그리고 그 영향력이 가장 강한 국가·지역은 일본, 베트남, 필리핀, 태국, 말레이시아, 싱가포르, 인도네시아의 7개국이며, 경제적 혜택 프레임의 영향력이 가장 강한 국가·지역(한국, 대만, 홍콩)의 수를 능가하고 있습니다.[16] 이 부분은 제4장에서 각국의 국민감정을 살펴볼 때, 다시 다루어 보도록 하겠습니다.

## 다양해지는 대중 평가의 배후에 있는 것

5년 후인 제3차 조사(2018~2019)에서는 더욱 복잡한 상황을 볼 수 있습니다. 모든 변수가 중국의 영향에 대한 평가를 결정하는 요인으로 작용하게 되었기 때문입니다. 각각의 프레임, 중국인 친구의 유무 및 중국어 능력 등 다수의 요인이 대중 인식에 영향을 주면서 국가 간·국가 내의 의견 차이가 벌어지기 시작했습니다(〈표 1-10〉 참조). 제2차 조사 때도 그러했듯이, 제3차 조사에서도 중국어 능력은 대중 인식에 마이너스 영향을 주었습니다. 이것은 5년 전과 비교하면 더욱 심화된 것인데, 무척 아이러니한 결과입니다. 이러한 결과는 그동안 진행되었던 중국의 소프트파워 외교가 역효과로 나타날 가능성을 시사합니다.

중국어를 이해하고 중국의 국내 사정에 대해 알고 있을 것 같은 사람들이 중국의 영향을 부정적으로 보고 있다는 현실은 중국의 외교당국자에게는 뼈아프고도 불편한 사실임에 틀림이 없습니다.

---

16 홍콩의 경우, 아시아학생조사가 시행된 2013년 시점에서는 아직 우산혁명으로 대표되는 학생운동이 일어나지 않은 상태였습니다. 그 때문인지 대중 인식을 결정하는 요인으로서 경제적 혜택 프레임이 강한 영향력을 행사했습니다. 하지만 2018년이 되자 상황이 바뀌었습니다.

<표 1-10> 중국의 영향에 대한 평가를 결정하는 요인: 제3차 조사(전체)

| | t값 | 유의성 |
|---|---|---|
| (정수) | 10.40 | 0.00 |
| 취약국가 프레임 | -10.54 | 0.00 |
| 경제적 혜택 프레임 | 11.78 | 0.00 |
| 질서에 대한 도전자 프레임 | -3.98 | 0.51 |
| 평화적 부상 프레임 | 15.90 | 0.00 |
| 친구·지인의 유무 | 4.92 | 0.44 |
| 중국어 능력 | -8.07 | 0.00 |

※ 출전: アジア学生調査第3波調査

<표 1-11> 중국의 영향에 대한 평가를 결정하는 요인: 제3차 조사(국가별·지역별)

| | 일본 | 한국 | 대만 | 홍콩 | 베트남 | 필리핀 | 태국 | 말레이시아 | 싱가포르 | 인도네시아 |
|---|---|---|---|---|---|---|---|---|---|---|
| (정수) | 4.06 | 3.59 | 6.88 | 1.87 | 2.02 | 2.38 | 0.75 | 2.22 | 4.65 | 2.22 |
| 취약국가 프레임 | -2.87 | -2.5 | -3.15 | -3.47 | -1.84 | -1.58 | -0.39 | -1.48 | -2.57 | -1.48 |
| 경제적 혜택 프레임 | 3.54 | 4.38 | 5.78 | 3.05 | 1.35 | 1.6 | 2.84 | 1.06 | 3.36 | 1.06 |
| 질서에 대한 도전자 프레임 | -0.48 | -3.13 | -2.56 | 1.03 | 0.08 | -1.16 | -0.26 | -0.60 | -0.21 | -0.60 |
| 평화적 부상 프레임 | 3.68 | 4.3 | 3.69 | 3.64 | 2.52 | 4.47 | 4.16 | 3.23 | 3.45 | 3.23 |
| 친구·지인의 유무 | 0.9 | 2.64 | 1.22 | 1.76 | 1.1 | -0.26 | 0.32 | 2.09 | 0.55 | 2.09 |
| 중국어 능력 | -0.11 | 1.34 | - | 0.13 | 0.1 | 1.41 | 1.31 | -1.77 | -0.25 | -1.77 |

※ 출전: アジア学生調査第3波調査

〈표 1-11〉은 각 지역별로 파악한 것인데, 평화적 부상 프레임이 조사 대상 국가·지역에서 중요한 프레임으로 받아들여지고 있다는 것을 알 수 있습니다.

　이처럼 평화적 부상에 동의하는지의 여부는 중국의 영향을 긍정적으로 보는지의 여부에 강한 영향을 줍니다. 그 이유는 아시아 전역에서 중국의 부상이 자신들에게 군사적 위협이 되는지, 아닌지에 대한 안전보장 상의 문제를 염려하고 있기 때문입니다. 〈표 1-4〉에 있는 것처럼 최근 5년간 평화적 부상 프레임에 대한 회의적인 생각이 심화된 결과, 중국의 영향에 대한 평가에서 평화적 부상 프레임의 비중은 낮아졌다고 할 수 있습니다.[17]

　제2차 조사 시점에서 중국을 정치적으로 불안정하다고 간주하는 취약국가 프레임은 한국, 대만, 싱가포르에서 중국에 대한 평가를 낮추는 역할을 했습니다. 그리고 제3차 조사에서는 일본과 홍콩에서도 같은 일이 벌어졌습니다. 이것이 취약국가 프레임을 받아들이는 국가·지역에서 나타나는 영향입니다. 이들 국가·지역의 학생은 중국의 정치 체제에 대해 위화감과 이질감을 갖고 있고, 이것이 중국에 대한

---

17  2014년 미국, 러시아, 한국, 인도, 인도네시아, 호주, 대만의 대중 인식을 비교한 일본국제문제연구소의 연구그룹은 이들 국가·지역의 대중 인식과 관련해, 중국과 협력 관계를 유지해야 한다는 힘과 중국의 세력 확장을 경계해야 한다는 힘이 둘 다 작동하고 있다고 결론지었습니다(일본국제문제연구소 2005: 111). 동 그룹은 신중하게도 "'경제=협조, 안전보장=위협'이라는 단순한 이분법으로 나눌 수 없다"(일본국제문제연구소 2005: 113)라고 지적하고 있습니다. 중국의 부상을 기회로 보는 힘과 위협이라고 보는 힘이 상호 작용하면서, 주변 지역의 대중 인식이 형성되고 있다고 하는 지적은 이 책 제1장의 분석 결과와도 일치합니다.

부정적인 평가를 낳고 있는 것 같습니다.

하지만 다른 동남아시아 국가에서는 중국 정치에 대한 위화감이 그렇게 크지 않습니다. 중국에 대한 평가가 낮아진 베트남, 필리핀에서는 안전보장에 대한 우려를 제외하면, 대중 평가에 영향을 주는 요인을 특정할 수 없습니다. 아마도 중국에 대한 막연한 혐오감이 퍼진 결과, 대중 평가가 낮아진 것으로 생각됩니다.

이처럼 자세히 살펴보면, 각 지역의 정치적·국제적 환경이 대중 평가에 영향을 미치고 있다는 것을 알 수 있습니다.

## 중국이 중국을 보는 프레임

그렇다면 중국은 자신들이 부상하는 것을 어떻게 이해하고 있을까요? 결론적으로 말하면, 프레임의 내용에 따라 주변 아시아 지역과 비슷한 응답도 있고 다른 응답도 있습니다.

"중국은 급속한 경제 성장 때문에 많은 사회 문제를 안고 있다"라는 주장, "중국의 부상은 중국인이 노력한 결과이다"라는 주장에 대한 응답은 중국 내부와 외부 모두 비슷합니다. 중국의 학생들도, 다른 국가·지역의 학생들도 중국의 부상을 중국인이 노력한 결과물로 보고 있고 그 결과 중국이 많은 사회 문제를 안고 있다고 생각합니다.

한편, 정치와 안전보장과 관련한 프레임에 대해서는 중국 내부와 외부의 응답이 다르게 나타납니다. 제1장에서 다루고 있는 4개의 프레임으로 볼 때 중국 내부와 외부의 응답은 크게 다릅니다. 여기서는 대

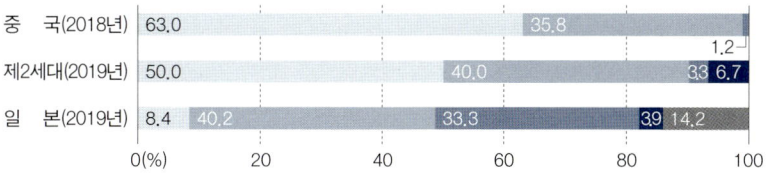

〈표 1-12〉 "중국의 부상은 우리에게 커다란 기회를 부여하고 있다"에 대한 동의 여부

〈표 1-13〉 "중국은 발전하고 있지만, 아시아 각국과의 관계를 평화적으로
유지할 것이다"에 대한 동의 여부

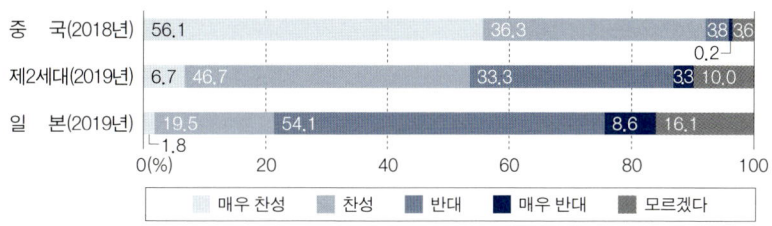

매우 찬성 　찬성 　반대 　매우 반대 　모르겠다

※ 출전: アジア学生調査第3波調査及中国系二世調査

중 평가가 가장 낮은 나라의 하나인 일본을 예로 들어 보겠습니다. 그래서 일본의 프레임 수용을 중국의 그것과 비교해 보겠습니다. 그리고 도쿄대학에서 공부하고 있는 중국계 2세＝중국계 제2세대(중국 출신이지만 일본의 중등·고등교육을 받고 있는 사람들) 학생 30명의 인터뷰 결과를 중국과 일본 양쪽 의견 사이에 넣어서, 3개의 견해에서 어떤 특징이 보이는가를 개관하겠습니다.[18]

〈표 1-12〉는 경제적 혜택 프레임을 둘러싼 중일 간의 견해를 비교

---

18　30명은 샘플로서는 적긴 합니다. 그러나 응답 패턴이 독특하기 때문에 참고를 위해 소개합니다. 중국계 2세 조사에 대해서는 본서의 부록①에 관련 설명이 있으니, 참고하시기 바랍니다.

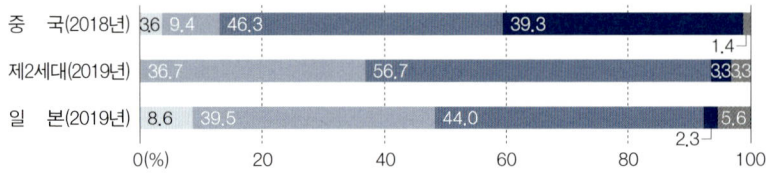

〈표 1-14〉 "중국의 부상은 세계의 질서를 위협하고 있다"에 대한 동의 여부

〈표 1-15〉 "중국은 경제적으로는 급속히 성장하고 있지만, 정치적으로는 불안정하다"에 대한 동의 여부

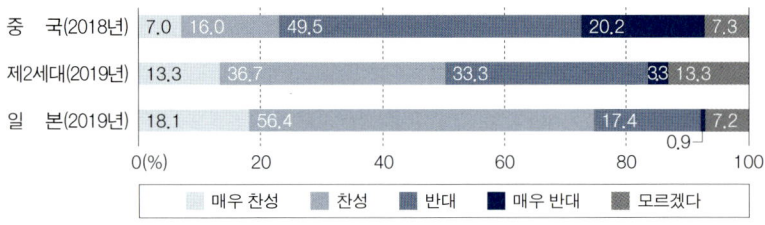

※ 출전: アジア学生調査第3波調査及中国系二世調査

한 결과입니다(〈표 1-4〉도 합쳐서 읽으면 아시아 역내의 전체적인 그림을 파악할 수 있습니다). 중국과 일본의 견해 차이는 큽니다. 그리고 중국계 제2세대의 응답은 그 중간에 위치합니다.

〈표 1-13〉의 평화적 부상 프레임에 관한 응답도 동일합니다. 일본에서는 평화적 부상 프레임이 인기가 없습니다만, 중국에서는 "아시아 각국과의 관계를 평화적으로 유지할 것이다"라는 문항에 찬성하는 사람이 90%가 넘습니다. 중일 간의 온도차가 이렇게나 큰 가운데, 제2세대 학생들은 그 중간 정도의 경향을 보이고 있습니다.

〈표 1-14〉의 질서에 대한 도전자 프레임 및 〈표 1-15〉의 취약국가 프레임에서도 마찬가지의 경향이 보입니다. 특히 〈표 1-15〉의 경

우, 중국과 일본의 견해는 무척 대조적입니다. 이처럼 중국의 부상과 관련해서 중국 내에서는 전반적으로 낙관적이고 긍정적인 분위기가 지배적입니다. 최근 5년 사이에 대만, 홍콩의 학생은 물론 한국의 학생들도 안전보장상의 위협, 중국의 정치 체제에 대한 이질감을 강하게 느끼고 있습니다. 그래서 중국에 대한 부정적인 평가가 늘어났습니다. 그러나 이와 대조적으로 중국 학생들의 응답은 별로 변하지 않았습니다. 이것이 무엇을 의미하는지에 대해서는 이 책의 후반부에서 검토하겠습니다.

제1장에서는 아시아의 중국 평가에 대한 추이와 그 변화의 원인에 대해 검토했습니다. 2000년대 초반에는 아시아 역내에서 대중 평가가 전반적으로 높았습니다. 지역 간의 견해 차이도 크지 않았습니다. 그런데 2010년대에 들어 중국의 대국화 경향이 현저해지는 가운데, 경제적 혜택과 안전보장상의 리스크, 중국 정치 체제에 대한 위화감 등 복수의 요인이 대중 평가에 영향을 미치게 되었습니다. 그래서 지역에 따라 각각 대중 평가가 다르게 나타났습니다.

경제적 혜택의 경우에는 비교적 넓은 지역에서 받아들여지고 있지만, 정치·안전보장과 관련한 평가는 국가·지역에 따라 다르게 나타납니다. 각각의 프레임을 받아들이는 정도가 다른 것입니다. 또 중국어 능력이 높은 만큼 중국의 영향을 부정적으로 보는 등 대중 평가에서 혼란이 나타나기도 했습니다. 대중 평가와 관련해서 균열이 크게 나타난 것입니다.

지역 간 견해차의 일부는 각각의 지역이 처한 지정학적인 특징, 대중 관계의 역사적 변화 등에 기인하는데, 이에 대해서는 이 책의 후반부에서 상세히 분석할 것입니다.

또 중국의 부상에 대해서는 중국 내부와 외부가 각각 다른 견해를 나타내고 있습니다. 특히 동아시아의 민주주의권 국가·지역의 견해가 중국 내부와 크게 다르다는 점은 아무리 강조해도 지나치지 않습니다.

다음 장에서는 아세안으로 눈을 돌려서, 아세안 역내의 대외 인식에 관해 개관해 보도록 하겠습니다.

제2장

# 아세안의
# 이상과 현실
## — 현실적인 관점으로 본다면

〈표 2-1〉을 봅시다. 이것은 2008년도 제1차 조사의 결과로, "동아
시아 공동체는 2020년까지 실현가능할 것이다"라는 주장에 대한 찬반
비율을 나타낸 것입니다.

　2020년이 훌쩍 지나버린 현재, 동아시아 공동체는 이루어지지 않았
습니다. 이를 고려하며, '매우 반대'가 가장 적당한 응답이고, 그 다음
으로 적당한 응답은 '반대'라고 할 수 있습니다. 조사 대상국 7개국 중,
일본은 '모르겠다'가 가장 많았습니다. 그리고 '매우 반대'가 다른 나라
보다 가장 많이 나왔습니다. '매우 반대'가 가장 많이 나왔다는 점에서
결과적으로 일본이 미래를 가장 정확히 예측한 셈입니다.

　우리는 〈표 2-1〉를 통해 알 수 있습니다. 2008년 당시 베트남, 필
리핀, 태국, 싱가포르 등 아세안 역내의 학생들은 한국, 일본, 중국 등
의 동아시아 학생들에 비해 동아시아 공동체의 가능성을 더욱 많이 믿
고 있었다는 것을 말입니다.

　실제로 1997년의 제2차 아세안 비공식 수뇌회의에서는 2020년까지
아세안 공동체의 실현을 목표로 하는 '아세안비전 2020'이 채택되기도 했
습니다. 당시 아세안은 아시아 통합의 선구자 역할을 했던 셈이지요.

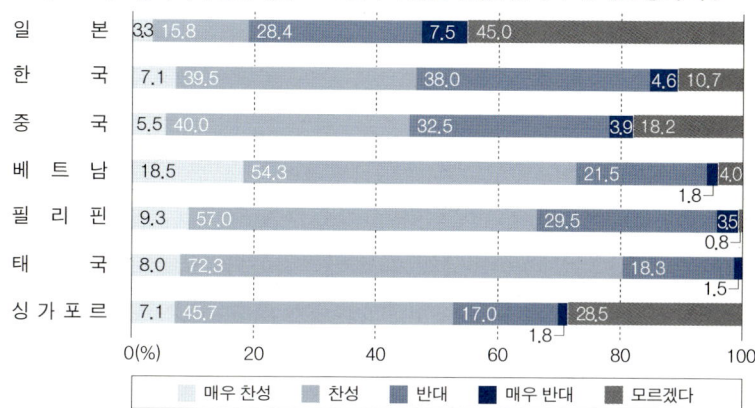

〈표 2-1〉 "동아시아 공동체는 2020년까지 실현가능할 것이다"에 대한 동의 여부

| | 매우 찬성 | 찬성 | 반대 | 매우 반대 | 모르겠다 |
|---|---|---|---|---|---|
| 일 본 | 3.3 | 15.8 | 28.4 | 7.5 | 45.0 |
| 한 국 | 7.1 | 39.5 | 38.0 | 4.6 | 10.7 |
| 중 국 | 5.5 | 40.0 | 32.5 | 3.9 | 18.2 |
| 베 트 남 | 18.5 | 54.3 | 21.5 | 1.8 | 4.0 |
| 필 리 핀 | 9.3 | 57.0 | 29.5 | 0.8 | 3.5 |
| 태 국 | 8.0 | 72.3 | 18.3 | 1.5 | |
| 싱 가 포 르 | 7.1 | 45.7 | 17.0 | 1.8 | 28.5 |

※ 출전: アジア学生調査第1波調査

## '아세안 중심성'이란

이 책은 아시아학생조사를 기본 데이터로 하고 있습니다. 아시아학생조사는 2008년 와세다 대학 대학원 아시아태평양연구과를 중심으로, 글로벌COE프로그램 '아시아지역 통합을 위한 세계적 인재의 육성 거점'이라는 측면에서 동아시아 공동체의 구축을 생각해 보자는 지적 활동의 일환으로 시작되었습니다. 사실 이것은 2005년 12월에 열린 제 1차 동아시아 정상회의에서 촉발된 측면이 큽니다.

지금은 동아시아 공동체 구상이 거의 멈춘 상태이지만, 그래도 완전히 사라진 것은 아닙니다. 가령, 2018년 11월 싱가포르에서 열린 아세안+3 정상회의 때는 '아세안 중심성(ASEAN Centrality)'이라는 개념이 등장하며 동아시아 역내 국가 간의 관계 강화가 논의되기도 했습니다.

미중 패권 갈등이 격화되고 있는 현재, 아시아에서는 중국의 '일대일로'와, 미국의 '자유롭고 열린 아시아태평양'이 대립하는 등 갖가지 협력과 대립이 얽혀 있습니다. 이러한 가운데, 아세안은 스스로의 응집성을 강하게 의식하며 역내 협력을 선도하는 허브 역할을 자임하고 있습니다. 이것이 '아세안 중심성'입니다. 정상회의의 의장 성명은 '아세안 중심성'을 다음과 같이 설명하고 있습니다.

> 여기에 모인 정상들은 앞으로 역내의 평화와 안정을 유지·발전시킬 뿐만 아니라 대화와 협조를 지속하고, 역내의 국가 간 관계를 아우르는 국제법을 유지하며 규칙을 준수하는 것에 대해 노력할 것을 재확인했습니다. 지역협력의 틀을 발전시키는 과정에서 아세안 중심성을 강조한 것입니다.
>
> (일본 외무성 홈페이지의 https://www.mofa.go.jp/mofaj/files/000389368.pdf 참조)

이처럼 아세안이 '아세안 중심성'이라는 개념을 스스로 제시해서 미국, 중국의 패권 다툼에 휘말리지 않고 독자적인 움직임을 보이려는 것은 주목할 만한 일입니다. 물론, '아세안 중심성'도 막상 실행하려고 하면 많은 어려움에 직면할 것입니다. 국제관계론의 거장 아미타브 아차리아(Amitav Acharya)는 아세안 중심성이 성립하기 위해서는 첫째 회원국 간의 응집성 저하, 둘째 중립 유지의 어려움, 셋째 지역 협력에 대한 중국의 개입 확대, 넷째 트럼프 정권이 추진하는 미국 주도의 자유주의적 국제질서의 쇠퇴라는 4개의 어려움을 극복해야 한다고 말합니다 (Acharya 2017: 276–278).

# 반세기에 걸친 역사와 배경

아세안은 1967년에 5개국(필리핀, 태국, 말레이시아, 싱가포르, 인도네시아)이 참여해서 성립된 기구입니다. 아세안의 설립 목적은 역내 경제 성장과 사회·문화적 발전의 촉진, 지역의 정치적·경제적 안전 확보, 역내 문제의 협력이라는 3가지를 내세우고 있습니다.

당시 중국에서는 문화대혁명이 진행되고 있었는데, 이를 기회로 사회주의혁명을 아세안 국가에 수출하려고 했습니다. 또 미국이 베트남 전쟁에 깊숙이 개입하고 있는 와중에 동남아시아 국가들도 베트남의 공산화를 경계하고 있었지요. 이러한 국제환경에서 아세안은 당초에 반공의 방파제 역할을 한다는 의미도 있었습니다. 하지만 그 후 회원국이 점점 늘면서 기구의 성격도 변해갔습니다.

아세안이 성립한 지 50년 이상이 흐르고 많은 변화가 일어났습니다. 1997년에는 아시아 통화위기에 대응하기 위해 아세안+3(한국, 일본, 중국)이 출범했습니다. 또 2005년에는 동아시아 정상회의로서 아세안+6(한·중·일, 호주, 뉴질랜드, 인도)이 생겨났고, 2011년에는 러시아와 미국이 합류함으로써 현재의 동아시아 정상회의가 탄생하게 되었습니다. 이뿐만이 아닙니다. 아직 구상 단계이긴 하지만 아세안+6을 모체로 한 역내포괄적경제동반자협정(RECP)도 논의되고 있습니다(2020년 최종 타결이 이루어져 2022년부터 정식으로 발효되었음 - 역자).

이 모든 지역 협력의 중심에는 아세안이 있습니다. 합의를 중시하고, 내정에 간섭하지 않는다는 원칙 때문에 종종 "논의는 하지만 행동하지는 않는다"고 야유를 받을지언정 아세안의 방식은 그 나름대로 기능을 하고 있는 셈입니다.

그렇다면 아세안 회원국의 사람들은 자신들의 지역을 특별한 존재로 생각하고 있을까요? 동아시아 공동체의 기초가 되고자 하는 마음가짐, 즉 자신들의 지역에 대한 특별한 소속 감정이 있을까요?

제2장에서는 이 물음을 중심으로, 동남아시아의 대외 인식의 특징에 대해 살펴보도록 하겠습니다.

## 소속 감정을 측정하는 3개의 척도

그럼 지역에 대한 소속 감정은 어떻게 측정하는 게 좋을까요? "당신은 아세안에 대해 애착을 느낍니까?"라는 식의 직접적인 질문을 할 수도 있습니다만, 그러면 표면적인 의견밖에 들을 수 없습니다.[19] 그래서 제2장에서는 다음의 3개 척도를 사용해 보겠습니다.

첫째, 다른 나라가 자국에 미치는 영향의 평가입니다. 이 방법은 제1장에서 대중 평가를 측정할 때 사용한 질문과 같습니다. 그래서 16개의 국가·지역이 자국에 어떤 영향을 끼치고 있는지에 대해 질문하고, 그 응답을 국가별로 정리했습니다. 만약 해당 지역에 대한 소속 감정

---

19  싱가포르의 동남아시아연구소는 2007년과 2014년에 아세안 10개국 학생들을 대상으로 "당신은 아세안의 시민이라는 것을 느끼고 있습니까?"라고 질문했습니다. 그중 태국과 필리핀의 경우, 절반 이상의 학생이 아세안의 설립연도를 정확하게 답하지 못했지만, 그래도 70% 이상이 아세안의 시민이라고 느끼고 있다고 응답했습니다(Thompson and Thianthai 2008; Thompson, et al. 2017).

이 강하다면, 아세안을 제외한 국가의 자국에 대한 영향력보다 아세안 회원국의 자국에 대한 영향을 더 높이 평가할 것입니다. 즉, 아세안 회원국이 '대외 인식의 층위'에서 상위를 차지하게 될 것입니다.

둘째, 이웃 나라와 사회적 결합이 이루어지고 있는지의 여부입니다. '사회적 결합'이라고 하면 추상적으로 느껴질 수 있습니다만, 학생 조사에서는 자국을 제외한 15개 국가·지역 출신의 친구·지인이 있는지를 물었습니다. 이때 상대국의 영향을 높게 평가한 학생이 다른 국적의 친구·지인이 없다면, 자신의 경험보다는 뉴스와 이미지를 바탕으로 판단을 내렸을 가능성이 큽니다. 한편 친구·지인이 있다고 해도 상대국의 영향을 나쁘게 평가했다면, 국가의 관계와 개인 수준의 관계를 다르게 보았을 가능성이 큽니다. 어쨌든 아세안 역내의 학생들이 서로 어떤 식의 개인적 결합이 있는지를 살펴본다면, 소속 감정이 어떤지를 추정할 수 있습니다.

셋째, 아세안의 학생들이 역내의 국가로 유학·취직을 할 의사가 있는지의 여부입니다. 이제껏 아세안은 경제적 통합을 의식하면서 활동해 왔습니다. 만약 아세안의 그러한 활동이 아세안 역내의 학생들에게 영향을 주었다면, 학생들은 역내의 대학으로 유학·진학을 선택해서 그쪽에서 취업까지 하고 싶은 마음이 들 것입니다. 이렇듯 이익과 관련된 설문 조사를 통해, 우리는 아세안 학생들의 대외 인식뿐 아니라 어느 나라 사람과 관계를 맺고 어느 나라의 대학과 기업에 가는가와 같은, 다시 말해 아세안 지역에 대한 아세안 학생들의 소속 감정을 확인

할 수 있습니다.[20]

그럼 아세안 각국의 대외 인식을 살펴봅시다. 해당 국가 옆에는 각기 가장 좋은 평가를 받은 국가·지역명과 가장 나쁜 평가를 받은 국가·지역명을 표시했습니다. 그렇게 하면 각국의 대외 인식을 일목요연하게 파악할 수 있기 때문입니다. 또 각국의 대외 인식과 사회적 결합을 살펴본 다음, 끝으로 유학·취직을 희망하는 곳을 정리해서 살펴보겠습니다.

## 베트남 — 일본 / 중국

〈표 2-2〉는 베트남의 대외 인식을 나타내고 있습니다. 자국에 대한 영향을 호의적으로 평가하는 순서대로 늘어놓았습니다. 5점 만점에 5점이 '좋다', 3점이 '보통이다', 1점이 '나쁘다'이므로 3점 이상이면 상대적으로 높은 평가를 의미합니다. 참고로 동남아시아 국가들은 많은 경

---

20 과거에 일본을 포함한 여러 지역에서는 아세안에 대한 의식 조사를 실시했습니다. 가령 일본 외무성은 2008년에 아세안 6개국을 대상으로 조사를 실시했고, 2014년에는 7개국, 2017년에는 10개국을 대상으로 조사를 실시했습니다. 또 퓨리서치센터에서도 중국과 미국의 영향을 파악하기 위해 아세안을 대상으로 조사를 실시하고 있습니다. 그러나 일본 외무성의 조사도, 미국 퓨리서치센터의 조사도 미국·일본·중국 등 강대국에 관한 조사일 뿐입니다. 아세안 각국 혹은 이웃나라에 대한 조사를 포함하고 있지 않습니다. 다행히도 아시아학생조사에는 일본, 미국, 중국 등의 강대국 이외에도 아세안 각국에 관해 어떤 생각을 가지고 있는지를 묻고 있습니다. 그러므로 아시아학생조사는 아세안 역내의 소속 감정을 조사하는 데 있어서 최적의 데이터라고 볼 수 있습니다.

<표 2-2> 베트남의 대외 인식

| 2013년 | | 2018년 | |
|---|---|---|---|
| 일본 | 4.49 | 일본 | 4.36 |
| 러시아 | 4.28 | 싱가포르 | 4.16 |
| 싱가포르 | 4.23 | 한국 | 4.14 |
| 호주 | 4.15 | 미국 | 4.09 |
| 미국 | 3.99 | 호주 | 4.01 |
| 한국 | 3.91 | 러시아 | 3.97 |
| 태국 | 3.74 | 태국 | 3.78 |
| 인도 | 3.71 | 대만 | 3.64 |
| 말레이시아 | 3.70 | 말레이시아 | 3.47 |
| 인도네시아 | 3.64 | 인도 | 3.44 |
| 필리핀 | 3.53 | 인도네시아 | 3.38 |
| 미얀마 | 3.47 | 필리핀 | 3.30 |
| 대만 | 3.43 | 미얀마 | 3.26 |
| 북한 | 3.12 | 북한 | 2.86 |
| 중국 | 2.14 | 중국 | 2.58 |

※ 점수는 '좋다'에 5점, '좋은 편이다'에 4점, '보통이다'에 3점, '나쁜 편이다'에 2점, '나쁘다'에 1점을 부여했음. '모르겠다'는 집계에서 뺐음. 이 표에서 사용한 대외 인식 점수는 이하 다른 나라의 표에도 똑같이 적용됨.
※ 출전: アジア学生調査第2・第3波調査

우 다른 나라를 긍정적으로 평가하고 있습니다. 동남아시아 국가들의 특징이라고 할 수 있습니다. 부정적인 평가는 예외적인 경우에 해당되며, 그런 경우에는 보통 특별한 사정이 있다고 보는 편이 맞습니다.

2013년 데이터를 보면 일본의 점수가 4.49점으로 가장 높고, 러시아, 싱가포르, 호주가 그 뒤를 잇고 있습니다.

제4장에서 자세히 설명하겠지만, 베트남의 경우 다른 아세안 국가들과 달리 러시아를 호의적으로 평가하고 있습니다. 2018년의 데이터를 보면 3.97점으로 과거보다 낮아지긴 했지만, 그래도 다른 아세안

국가들에 비하면 점수가 높은 편입니다. 반면, 중국에 대한 평가는 극도로 낮아지고 있습니다. 특히 2013년의 경우, 맨 밑에서 2번째인 북한도 3.12점으로 3점을 넘긴 상태이지만, 중국은 2.14점으로 무려 1점 가까이 차이가 납니다. 2018년에는 평가가 조금 좋아지긴 했지만, 순위로는 여전히 꼴등입니다.

이처럼 베트남 학생들의 대외 인식에서 밑바닥을 형성하는 나라는 중국과 북한입니다. 냉전 시절 같은 공산 진영에 있었을 때는 중국과 북한을 자기네 편이라고 생각했을 것입니다. 그런 관점에서 보면, 이와 같은 수치는 상당히 충격적인 결과라고 볼 수 있습니다. 탈냉전의 분위기는 미국에 대한 높은 평가에서도 알 수 있습니다. 미국의 점수는 2013년에 3.99점이었고, 2018년에 4.09점입니다. 미국을 긍정적으로 평가하고 있는 셈입니다. 이처럼 베트남의 국민감정은 동아시아의 사회주의 국가를 낮게 평가하고, 베트남전에서 싸웠던 미국·한국을 높게 평가하고 있다는 특징을 지닙니다. 그렇다면 아세안 국가의 영향에 대해서는 어떻게 평가하고 있는지 봅시다. 살펴보면, 베트남은 아세안 국가 중 싱가포르를 예외적으로 높게 평가하고 있습니다. 그리고 나머지 아세안 국가들은 북한·중국 정도로 나쁘지는 않고, 미국·일본·한국만큼 좋지는 않은 중간 그룹에 포진되어 있습니다.

〈표 2-3〉은 베트남의 사회적 결합 상태를 나타내고 있습니다. 3점이 '친구가 있음', 2점이 '지인이 있음', 1점이 '둘 다 없음'입니다. 점수가 크면 클수록 친밀한 관계를 가지고 있다는 것을 의미합니다. 평균치는 시기마다 변하므로, 세부 점수보다는 상대적인 점수에 주목해 주시면

<표 2-3> 베트남의 사회적 결합

| 2013년 | | 2018년 | |
|---|---|---|---|
| 미국 | 1.55 | 미국 | 1.99 |
| 일본 | 1.41 | 일본 | 1.82 |
| 중국 | 1.39 | 호주 | 1.76 |
| 호주 | 1.31 | 한국 | 1.65 |
| 한국 | 1.26 | 싱가포르 | 1.51 |
| 싱가포르 | 1.18 | 중국 | 1.48 |
| 대만 | 1.15 | 대만 | 1.37 |
| 러시아 | 1.15 | 러시아 | 1.36 |
| 인도 | 1.10 | 태국 | 1.22 |
| 태국 | 1.10 | 말레이시아 | 1.18 |
| 필리핀 | 1.07 | 필리핀 | 1.16 |
| 말레이시아 | 1.06 | 인도 | 1.15 |
| 인도네시아 | 1.06 | 인도네시아 | 1.13 |
| 미얀마 | 1.02 | 미얀마 | 1.09 |
| 북한 | 1.01 | 북한 | 1.05 |

※ 이들 국가·지역 출신자의 '친구가 있음'이 3점, '지인이 있음'이 2점, '둘 다 없음'이 1점. '모르겠다'는 집계에서 뺐음. 이 표에서 사용한 사회적 결합 점수는 이하 다른 나라의 표에도 똑같이 적용됨.
※ 출전: アジア学生調査第2·第3波調査

됩니다.

베트남과 미국의 사회적 결합은 비교적 높습니다. 수많은 베트남 난민이 미국으로 이민갔다는 사실을 생각하면 충분히 이해가 갑니다. 미국 다음으로 많은 친구·지인이 있는 곳은 일본입니다. 2019년 시점에서 일본은 베트남 노동자의 최대 입국처가 되었습니다. 일본은 베트남 노동 수출 전체의 54%를 점하고 있습니다. 또 일본 국내에 거주하고 있는 유학생 수도 2018년에는 7만 2,000명이 넘는데, 이것은 중국 다음으로 많은 유학생 수입니다(JASSO 외국인유학생 제적 상황조사). 게다가 베트남 입장에서는 일본에 가장 많은 수의 유학생을 보냈습니다.

2013년 조사 시점에서 일본 다음으로 사회적 결합이 높은 국가는 중국입니다. 2018년에는 순위가 내려가긴 했지만, 그래도 점수가 1.48점인 것을 보면, 응답자의 절반 가까이가 중국인 친구·지인이 있다는 계산이 나옵니다.[21] 중국과 비슷하게 낮은 평가를 받은 북한의 경우, 사회적 결합이 거의 없습니다. 접촉 기회가 없기 때문에, 북한에 대한 이미지가 개선될 기회는 별로 없습니다.

자, 그렇다면 아세안과의 사회적 결합은 어디쯤에 위치할까요? 베트남이 아세안에 가입한 시기는 1995년으로 다소 늦습니다. 그리고 태국, 필리핀, 말레이시아, 인도네시아, 미얀마와 같은 아세안 국가들과의 사회적 결합은 미국, 일본, 중국, 한국과 비교해서 그렇게 강하지 않습니다. 높은 평가를 받은 러시아의 경우, 사회적 결합은 중간 정도입니다.

이처럼 미국과 일본처럼 사회적 결합이 강하고 평가도 높은 국가가 있는가 하면, 북한처럼 사회적 결합도 약하고 평가도 나쁜 국가가 있습니다. 또 중국처럼 사회적 결합은 강한데 평가가 나쁜 국가도 있고, 러시아처럼 사회적 결합은 강하지 않은데 평가가 높은 국가도 있습니다.

또 2013년과 2018년 시점 둘 다, 아세안 국가에 대한 대외 인식과 사회적 결합은 중간 정도에 머무르고 있습니다. 일반적으로 아세안 국가

---

21 사실 2016년 시점에서 베트남에는 6만 8,000명에 가까운 외국인 파견 근로자가 있습니다. 그리고 그 30% 가까이가 중국인입니다. 그다음으로 한국인(1만 5,000명), 대만인(1만 1,000명) 근로자가 있습니다(https://globalexpatrecruiting.com/number-foreign-workers-vietnam-rise/).

들 간의 대외 인식은 서로 양호하고, 사회적 결합도 높다는 이미지가 있습니다(아세안 설립의 목적도 거기에 있습니다). 하지만 조사 결과를 보면, 베트남과 아세안은 그렇지 않습니다. 이것이 베트남이 가지는 특징입니다.

## 필리핀 — 일본 / 북한

다음으로 필리핀을 살펴봅시다. 필리핀의 대외 인식을 나타내는 것이 〈표 2-4〉입니다. 일본, 싱가포르, 한국, 호주가 대외 인식에서 상위를 차지하고 있습니다. 베트남과 비슷합니다.

흥미로운 것은 미국에 대한 평가입니다. 미국의 점수는 2013년에 3.50점이고 2018년에는 3.40점으로 그렇게 나쁘지 않습니다. 하지만 일본, 싱가포르, 한국과 달리 4점을 넘지는 못합니다. 제4장에서 다루겠지만, 필리핀은 미국과 역사적으로 복잡한 관계에 있습니다. 원래 필리핀은 미국의 식민지였습니다. 그래서 필리핀 출신으로 외국에 거주하는 영주 이민자의 약 3분의 2는 미국에서 생활하고 있습니다. 영어를 일상적으로 사용하기 때문에 미국의 문화적 영향도 강하게 받고 있습니다. 그런데도 미국에 대한 평가는 일본, 싱가포르, 한국에 비해 좋지 못합니다.

일본, 싱가포르, 한국과 대조되는 나라가 중국과 북한입니다. 중국은 2013년에 3.04점을 기록하며 3점을 간신히 넘었습니다만, 2018년에는 2.60점까지 떨어졌습니다. 중국에 대한 평가가 급속히 악화된 것입니다. 북한은 거의 최하위를 기록하고 있다는 점에서 2013년이나

| 2013년 | | 2018년 | |
|---|---|---|---|
| 싱가포르 | 4.13 | 일본 | 4.39 |
| 일본 | 4.13 | 싱가포르 | 4.25 |
| 한국 | 4.06 | 한국 | 4.14 |
| 호주 | 3.80 | 호주 | 4.01 |
| 태국 | 3.68 | 대만 | 3.80 |
| 말레이시아 | 3.66 | 태국 | 3.69 |
| 인도네시아 | 3.51 | 말레이시아 | 3.67 |
| 미국 | 3.50 | 인도네시아 | 3.51 |
| 베트남 | 3.50 | 베트남 | 3.44 |
| 대만 | 3.49 | 미국 | 3.40 |
| 인도 | 3.39 | 미얀마 | 3.33 |
| 미얀마 | 3.34 | 인도 | 3.29 |
| 러시아 | 3.04 | 러시아 | 2.81 |
| 중국 | 3.04 | 중국 | 2.60 |
| 북한 | 2.37 | 북한 | 2.27 |

※ 출전: アジア学生調査第2·第3波調査

2018년이나 거의 변함이 없습니다.

참고로 필리핀 출신으로 외국에 거주하는 영주 이민자는 미국이 제일 많고, 다음으로는 캐나다가 많습니다. 그리고 그다음이 호주인데, 호주에 대한 평가는 높은 편입니다. 그러나 태국, 말레이시아, 인도네시아, 베트남, 미얀마와 같은 아세안 국가들에 대한 평가는 중간 정도에 머무르고 있습니다. 베트남처럼 말입니다

사회적 결합을 나타내는 〈표 2-5〉도 〈표 2-4〉와 비슷한 특징을 보입니다. 단, 미국인 친구·지인이 많다는 점은 다른 아세안 국가들과 명확히 구별됩니다. 또 일본과의 사회적 결합이 강하다는 점도 확인할

<表 2-5> 필리핀의 사회적 결합

| 2013년 | | 2018년 | |
|---|---|---|---|
| 미국 | 2.51 | 미국 | 2.32 |
| 한국 | 1.82 | 일본 | 1.82 |
| 호주 | 1.80 | 호주 | 1.81 |
| 중국 | 1.74 | 싱가포르 | 1.72 |
| 일본 | 1.74 | 중국 | 1.62 |
| 싱가포르 | 1.66 | 한국 | 1.59 |
| 대만 | 1.33 | 대만 | 1.38 |
| 인도 | 1.29 | 인도네시아 | 1.29 |
| 태국 | 1.27 | 인도 | 1.29 |
| 말레이시아 | 1.24 | 말레이시아 | 1.21 |
| 인도네시아 | 1.23 | 태국 | 1.17 |
| 베트남 | 1.13 | 베트남 | 1.17 |
| 러시아 | 1.09 | 러시아 | 1.07 |
| 북한 | 1.08 | 미얀마 | 1.04 |
| 미얀마 | 1.06 | 북한 | 1.02 |

※ 출전: アジア学生調査第2·第3波調査

수 있습니다. 최근 일본이 필리핀 이민을 많이 받아들이고 있기 때문
인 것 같습니다.

한국인 친구·지인이 많다는 것은 기러기 아빠(자녀를 해외에서 공부시키기
위해 자녀와 아내를 해외에 보내고, 혼자 한국에 남아 돈을 송금해 주는 아버지) 현상으로
대표되는 한국의 교육이민이 필리핀에 많은 것과 관련이 있는 것 같습
니다. 필리핀은 베트남과 비슷하게 북한, 미얀마와의 접촉은 적고 아
세안 국가와의 사회적 결합은 중간 정도에 머무르고 있습니다.

# 태국 — 일본 / 북한

다음으로 태국을 살펴봅시다. 베트남 부분에서 살펴보았듯이 동
남아시아 국가들의 대외 인식은 대부분 긍정적입니다. 그런데 태국의
경우, 〈표 2-6〉에서 나타나는 것처럼 그 유일한 예외가 북한입니다.
2013년에는 2.51점, 2018년에는 2.60점으로 유일하게 3점을 밑돌고 있
습니다. 반대로 일본은 2013년과 2018년 두 시점 다 4.27점이라는 높
은 평가를 받고 있습니다. 한편, 필리핀과 달리 미국에 대한 평가도 비
교적 높습니다.

〈표 2-6〉 태국의 대외 인식

| 2013년 | | 2018년 | |
|---|---|---|---|
| 일본 | 4.27 | 일본 | 4.27 |
| 미국 | 4.06 | 한국 | 3.92 |
| 중국 | 4.01 | 중국 | 3.90 |
| 싱가포르 | 3.87 | 싱가포르 | 3.89 |
| 한국 | 3.80 | 대만 | 3.72 |
| 호주 | 3.55 | 미국 | 3.67 |
| 말레이시아 | 3.52 | 호주 | 3.58 |
| 대만 | 3.48 | 말레이시아 | 3.36 |
| 베트남 | 3.40 | 베트남 | 3.28 |
| 인도네시아 | 3.40 | 인도네시아 | 3.24 |
| 인도 | 3.39 | 미얀마 | 3.22 |
| 미얀마 | 3.34 | 필리핀 | 3.20 |
| 필리핀 | 3.34 | 인도 | 3.20 |
| 러시아 | 3.17 | 러시아 | 3.17 |
| 북한 | 2.51 | 북한 | 2.60 |

※ 출전: アジア学生調査第2·第3波調査

태국이 베트남, 필리핀과 결정적으로 다른 것은 중국에 대한 평가입니다. 2013년에는 4.01점, 2018년에는 3.90점으로 약간 내려갔지만, 그래도 두 시기 다 3위에 랭크되어 있습니다. 베트남과 필리핀에서는 중국보다 대만을 더 좋게 보았는데, 태국에서는 그 반대입니다(그런 부분은 말레이시아도 똑같습니다). 동남아시아 국가들에 대한 평가는 싱가포르를 제외하고는 그리 높지 않습니다. 이 점은 베트남, 필리핀의 경우와 동일합니다.

〈표 2-7〉의 사회적 결합을 봅시다. 필리핀과 유사하게, 미국과의 사회적 결합이 가장 강하고 중국이 그 뒤를 잇습니다.[22]

필리핀과 비슷하게 러시아, 북한이 하위 그룹을 차지했고, 베트남도 하위 그룹에 속해 있습니다. 태국에서는 중국을 제외하고는 사회주의 국가의 사람들과 심리적인 거리를 느끼는 것 같습니다. 또 아세안 국가들과의 사회적 결합의 경우, 중간 정도를 나타내고 있습니다. 이는 베트남 및 필리핀과 비슷한 정도입니다.

---

22  질문표에서는 조사대상자에게 "당신은 열거된 나라를 모국으로 하는 친구·지인이 있습니까?"라고 질문했습니다. 그런데 태국을 포함한 동남아시아 국가들에서는 중국인 친구·지인의 경우, 그 중국인이 정착한 지 얼마 안 된 사람인지, 3세·4세의 화교인지, 확실히 구분되지 않는다는 문제가 있습니다. 동남아시아에서 이런 유형의 조사를 할 때는 어떤 중국인인지를 특정해야 하고, 그렇지 않으면 잘못된 해석을 할 가능성이 있습니다.

<표 2-7> 태국의 사회적 결합

| 2013년 | | 2018년 | |
|---|---|---|---|
| 미국 | 1.61 | 미국 | 1.65 |
| 중국 | 1.45 | 중국 | 1.57 |
| 일본 | 1.43 | 일본 | 1.48 |
| 호주 | 1.27 | 한국 | 1.31 |
| 필리핀 | 1.22 | 호주 | 1.28 |
| 한국 | 1.21 | 대만 | 1.27 |
| 싱가포르 | 1.20 | 필리핀 | 1.26 |
| 대만 | 1.17 | 싱가포르 | 1.26 |
| 인도 | 1.14 | 인도 | 1.16 |
| 인도네시아 | 1.13 | 인도네시아 | 1.14 |
| 말레이시아 | 1.13 | 미얀마 | 1.13 |
| 미얀마 | 1.12 | 말레이시아 | 1.13 |
| 베트남 | 1.11 | 베트남 | 1.11 |
| 러시아 | 1.09 | 러시아 | 1.08 |
| 북한 | 1.04 | 북한 | 1.02 |

※ 출전: アジア学生調査第2・第3波調査

## 말레이시아 — 일본 / 북한

<표 2-8>과 같이 말레이시아의 대외 인식에서 상위를 차지하는 나라는 일본, 호주입니다. 그리고 중국, 싱가포르, 한국이 그 뒤를 잇습니다. 태국과 유사하게, 말레이시아에서는 대만보다 중국의 영향이 상대적으로 높은 평가를 받고 있습니다.

양궈칭(楊國慶, 2018)에 따르면, 말레이시아의 화교는 말레이인과의 민족적 대립 속에서, 중국의 경제 성장을 매개로 자신들의 우위성을 정치적 협상 과정에서 이용하고 있다고 합니다. 만약 그렇다면, 대만

<표 2-8> 말레이시아의 대외 인식

| 2014년 | | 2018년 | |
|---|---|---|---|
| 일본 | 4.37 | 일본 | 4.56 |
| 호주 | 4.06 | 호주 | 4.21 |
| 중국 | 3.93 | 싱가포르 | 4.06 |
| 싱가포르 | 3.80 | 한국 | 3.98 |
| 한국 | 3.69 | 중국 | 3.97 |
| 대만 | 3.64 | 대만 | 3.65 |
| 태국 | 3.54 | 미국 | 3.60 |
| 인도 | 3.53 | 태국 | 3.50 |
| 러시아 | 3.38 | 러시아 | 3.36 |
| 필리핀 | 3.35 | 베트남 | 3.22 |
| 베트남 | 3.35 | 필리핀 | 3.17 |
| 인도네시아 | 3.34 | 인도 | 3.15 |
| 미얀마 | 3.28 | 인도네시아 | 3.06 |
| 북한 | 3.04 | 미얀마 | 2.88 |
| 미국 | 2.88 | 북한 | 2.68 |

※ 출전: アジア学生調査第2·第3波調査

보다 중국의 이용 가치가 높기 마련입니다. 2014년과 2018년의 데이터도 그러한 설명을 뒷받침하고 있습니다. 이 점은 제4장에서 재차 확인하도록 하겠습니다.[23]

말레이시아의 북한 평가는 2014년에는 3.04점으로 약간 긍정적이었습니다. 그러나 2018년에는 2.68점으로 바뀌어 0.4점 가까이 낮아졌

---

[23] 사실 이 결과를 대만의 연구자 앞에서 발표할 기회가 있었습니다만, 그들은 모두 놀라면서도 실망했습니다. 많은 대만인들은 말레이시아의 화교가 장기간 대만에서 중국어를 배웠던 것을 알고 있으며, 지금도 말레이시아에 특별한 감정을 갖고 있습니다. 그렇기에 크게 실망했던 것입니다.

습니다. 여기에는 2017년 2월 13일 말레이시아 쿠알라룸푸르 국제공항에서 벌어진 김정남 암살 사건의 영향이 있었으리라 추정됩니다.

말레이시아 대외 인식의 커다란 특징은 미국에 대한 평가가 상대적으로 낮다는 것입니다. 2018년에는 3.60점으로 개선되었지만, 그래도 다른 나라와 비교하면 좋은 평가는 아닙니다. 인도네시아에서도 이와 비슷한 특징이 보입니다. 무슬림이 많은 나라들은 미국에 안 좋은 평가를 내리는 것 같습니다.[24]

그렇다면 아세안 국가들의 영향에 대해서는 어떤 평가를 내리고 있을까요? 말레이시아에서도 싱가포르를 가장 높게 평가하고 있습니다. 그 외에 태국, 필리핀, 베트남, 인도네시아, 미얀마의 경우에는 북한만큼은 아니지만 그렇게 높게 평가하고 있지는 않습니다.

그중에서도 흥미로운 부분은, 말레이시아와 많은 공통점을 가지고 있는 인도네시아에 대한 평가가 낮다는 점입니다. 2014년, 2018년 둘 다 말입니다. 그렇지만 〈표 2-9〉에서 나타나는 것처럼 말레이시아인은 인도네시아에 가장 많은 지인·친구를 가지고 있습니다. 북한에 대해서는 다른 나라와 비슷하게 사회적 결합이 거의 없습니다. 그 때문에 김정남 암살 사건과 같이 국가 이미지를 훼손시키는 사건이 발생하면, 북한에 대한 평가가 밑도 끝도 없이 추락하는 것입니다. 사회적 결합이 비교적 강한 쪽은 일본, 중국, 한국 등의 동아시아 국가입니다.

---

24 퓨리서치센터 Global Attitudes Survey는 수는 많지 않지만, 무슬림도 조사대상자에 포함되어 있습니다. 참고로 요르단, 튀르키예, 튀니지, 파키스탄, 팔레스타인과 같은 중동의 무슬림 국가는 미국에 대한 평가를 가장 낮게 내리는 국가들입니다.

〈표 2-9〉 말레이시아의 사회적 결합

| 2014년 | | 2018년 | |
|---|---|---|---|
| 인도네시아 | 1.91 | 인도네시아 | 1.94 |
| 싱가포르 | 1.67 | 싱가포르 | 1.71 |
| 중국 | 1.47 | 일본 | 1.52 |
| 일본 | 1.41 | 중국 | 1.51 |
| 태국 | 1.35 | 태국 | 1.37 |
| 한국 | 1.30 | 한국 | 1.31 |
| 인도 | 1.28 | 인도 | 1.31 |
| 미국 | 1.20 | 호주 | 1.29 |
| 필리핀 | 1.19 | 미국 | 1.27 |
| 호주 | 1.16 | 필리핀 | 1.25 |
| 미얀마 | 1.16 | 대만 | 1.20 |
| 베트남 | 1.12 | 베트남 | 1.11 |
| 대만 | 1.12 | 러시아 | 1.11 |
| 러시아 | 1.11 | 미얀마 | 1.10 |
| 북한 | 1.09 | 북한 | 1.07 |

※ 출전: アジア学生調査第2·第3波調査

반면 미얀마, 베트남과의 사회적 결합은 별로 강하지 않습니다.

## 싱가포르 — 일본 / 북한

많은 나라로부터 높은 평가를 받고 있는 싱가포르는 대외 인식에서 어떤 특징을 갖고 있을까요? 〈표 2-10〉이 그 조사 결과입니다.

2013년과 2018년 두 시점 다 가장 높은 평가를 받은 나라는 일본입니다. 다음으로 한국과 호주 순입니다. 북한이 가장 낮은 평가를 받고 있습니다만, 말레이시아와 인도네시아와 같은 이웃나라에 대한 평

〈표 2-10〉싱가포르의 대외 인식

| 2013년 | | 2018년 | |
|---|---|---|---|
| 일본 | 3.95 | 일본 | 4.21 |
| 한국 | 3.80 | 호주 | 3.99 |
| 대만 | 3.76 | 한국 | 3.93 |
| 호주 | 3.73 | 대만 | 3.90 |
| 미국 | 3.67 | 미국 | 3.83 |
| 태국 | 3.48 | 중국 | 3.62 |
| 인도 | 3.33 | 태국 | 3.56 |
| 베트남 | 3.30 | 인도 | 3.45 |
| 중국 | 3.23 | 베트남 | 3.42 |
| 필리핀 | 3.21 | 미얀마 | 3.34 |
| 미얀마 | 3.19 | 인도네시아 | 3.20 |
| 러시아 | 3.11 | 필리핀 | 3.10 |
| 말레이시아 | 3.03 | 말레이시아 | 3.08 |
| 인도네시아 | 2.98 | 러시아 | 3.03 |
| 북한 | 2.18 | 북한 | 2.54 |

※ 출전: アジア学生調査第2·第3波調査

가도 박합니다. 특히 2013년에는 말레이시아가 3.03점, 인도네시아가 2.98점으로 다른 아세안 회원국과 비교해도 평가가 낮습니다. 두 나라 외의 아세안 국가(베트남, 필리핀, 미얀마)는 그래도 다소 위에 있지만, 일본, 호주, 한국만큼 높지는 않습니다.

〈표 2-2〉의 베트남의 대외 인식을 기억해 주시기 바랍니다. 2013 년의 조사에서 베트남은 중국만큼은 아니지만, 대만에 대한 평가도 낮았습니다. 사실 베트남은 그 이듬해에 난사군도(南沙群島)의 영유권을 둘러싸고 중국과 충돌했고, 이를 계기로 베트남 내에서는 반중 시위가 벌어지기도 했습니다. 그리고 이때 대만 기업들도 시위대에 의해 습격

을 당하기도 했습니다. 같은 한자 문화권이라는 점 때문에 베트남에서는 중국과 대만을 동일시했던 것입니다.

하지만 화교가 많은 싱가포르에서는 중국과 대만을 확실히 구별하고 있습니다. 중국보다 대만에 대한 평가가 높은 이유는 한자를 읽을 줄 아는 화교가 많기 때문으로 보입니다. 더욱이 다문화주의를 내세우는 싱가포르에서는 중국보다 대만의 정치체제에 더욱 친근감을 느끼기 쉽습니다. 결국 싱가포르에는 중국보다 대만을 더 높이 평가할 조건이 구비되어 있는 셈입니다.[25]

중국은 '하나의 중국'을 원칙으로 내세우며, 이를 관철하고자 여러 가지 외교적 압력을 가하고 있습니다. 그래서 최근에는 유럽의 체코에 대해 "대만에 접근하지 않도록" 강하게 압력을 넣기도 했습니다.[26] 하지만 싱가포르는 대만과 공동 군사훈련을 행하는 등 독특한 '등거리 외교'를 전개하고 있습니다.

사회적 결합에 대해서는 이웃나라인 말레이시아와 다수 화교들의

---

25  최근에는 대만에서의 취업난, 중국과의 정치적 긴장 관계 때문에 싱가포르에서 직장을 구하려는 대만인의 수가 조금씩 늘어나고 있습니다. 그들 중 많은 수는 서비스업에 진출하고 있습니다. 그래서 말레이시아인, 인도네시아인, 방글라데시인과 같이 육체 노동을 하는 사람들과 확실히 다릅니다. 이 점도 대만에 호의적인 이유 중 하나인 것 같습니다.

26  그 후 중국이 체코에 코로나 대책용으로 대량의 마스크와 인공호흡기를 기증하자, 체코의 대중 스탠스도 급변했습니다(『日本経済新聞』, 2020년 3월 27일). 필자는 물질적 통합을 통해 신뢰관계를 만들고자 하는 중국(인)의 행동 특성을 '관계주의'라고 표현해 왔습니다(園田 2001). 뒤에 나올 〈표 2-16〉을 통해서도 그러한 자세를 확인할 수 있습니다. 이는 중국인이 가진 정신세계의 단면이기도 합니다.

〈표 2-11〉 싱가포르의 사회적 결합

| 2013년 | | 2018년 | |
|---|---|---|---|
| 말레이시아 | 2.50 | 말레이시아 | 2.48 |
| 중국 | 2.09 | 중국 | 2.12 |
| 인도네시아 | 2.02 | 인도네시아 | 1.88 |
| 인도 | 1.77 | 대만 | 1.71 |
| 호주 | 1.72 | 인도 | 1.69 |
| 미국 | 1.61 | 필리핀 | 1.66 |
| 대만 | 1.61 | 한국 | 1.64 |
| 필리핀 | 1.60 | 호주 | 1.62 |
| 한국 | 1.51 | 일본 | 1.55 |
| 일본 | 1.49 | 미국 | 1.48 |
| 태국 | 1.42 | 태국 | 1.45 |
| 베트남 | 1.40 | 미얀마 | 1.38 |
| 미얀마 | 1.29 | 베트남 | 1.34 |
| 러시아 | 1.07 | 러시아 | 1.08 |
| 북한 | 1.02 | 북한 | 1.04 |

※ 출전: アジア学生調査第2·第3波調査

고향인 중국과의 결합이 강하게 나타나고 있습니다(〈표 2-11〉 참조). 또 국가적으로 박한 평가를 받은 인도네시아와의 사회적 결합이 강하다는게 눈에 띕니다.

그런데 러시아, 북한과 같은 옛 사회주의 국가와의 결합은 약합니다. 이 점은 필리핀과 비슷합니다. 아세안 역내 국가들로부터 예외적으로 높은 평가를 받았던 싱가포르는 인접국과의 사회적 결합은 강하지만, 인접국의 영향을 높게 평가하고 있지는 않습니다. 필자는 이 점이 싱가포르가 가진 국제감정의 특징이라고 봅니다. 자세한 것은 제4장에서 다루겠습니다.

# 인도네시아 — 일본 / 북한

마지막으로 인도네시아를 살펴보겠습니다. 2억 6,000만 명의 인구를 가진 인도네시아의 대외 인식과 사회적 결합은 〈표 2-12〉와 〈표 2-13〉에 각각 나타나 있습니다.

인도네시아에서는 일본의 이미지가 매우 좋고 싱가포르와 한국이 그 뒤를 잇고 있습니다. 제1장에서 본 것처럼 중국에 대한 평가는 높은 편입니다만, 그래도 일본, 싱가포르, 한국 보다는 아래에 있습니다.

평가 대상이 된 15개의 국가·지역 중 유일하게 부정적인 평가를 받

〈표 2-12〉 인도네시아의 대외 인식

| 2014년 | | 2018년 | |
|---|---|---|---|
| 일본 | 4.35 | 일본 | 4.44 |
| 싱가포르 | 3.97 | 싱가포르 | 4.15 |
| 한국 | 3.83 | 한국 | 4.07 |
| 호주 | 3.76 | 호주 | 3.97 |
| 태국 | 3.72 | 중국 | 3.77 |
| 중국 | 3.72 | 태국 | 3.74 |
| 인도 | 3.67 | 대만 | 3.65 |
| 필리핀 | 3.55 | 인도 | 3.56 |
| 대만 | 3.54 | 베트남 | 3.44 |
| 러시아 | 3.46 | 러시아 | 3.40 |
| 베트남 | 3.43 | 미국 | 3.40 |
| 미얀마 | 3.39 | 필리핀 | 3.37 |
| 미국 | 3.15 | 미얀마 | 3.26 |
| 북한 | 3.01 | 말레이시아 | 3.16 |
| 말레이시아 | 2.92 | 북한 | 2.84 |

※ 출전: アジア学生調査第2·第3波調査

〈표 2-13〉 인도네시아의 사회적 결합

| 2014년 | | 2018년 | |
|---|---|---|---|
| 말레이시아 | 1.68 | 말레이시아 | 1.66 |
| 일본 | 1.53 | 일본 | 1.57 |
| 미국 | 1.51 | 미국 | 1.54 |
| 호주 | 1.47 | 싱가포르 | 1.51 |
| 싱가포르 | 1.42 | 호주 | 1.51 |
| 중국 | 1.35 | 중국 | 1.36 |
| 한국 | 1.32 | 한국 | 1.30 |
| 태국 | 1.21 | 인도 | 1.20 |
| 인도 | 1.20 | 태국 | 1.18 |
| 필리핀 | 1.16 | 대만 | 1.14 |
| 대만 | 1.13 | 필리핀 | 1.13 |
| 러시아 | 1.09 | 러시아 | 1.08 |
| 베트남 | 1.07 | 베트남 | 1.05 |
| 북한 | 1.04 | 미얀마 | 1.04 |
| 미얀마 | 1.03 | 북한 | 1.02 |

※ 출전: アジア学生調査第2·第3波調査

은 곳은 2014년 시점에서 말레이시아, 2018년에는 북한입니다. 싱가
포르, 말레이시아 이외의 아세안 국가들은 그 중간에 위치합니다. 필
리핀, 베트남, 미얀마 등의 국가는 북한과 말레이시아만큼은 아니지만
그래도 평가가 좋지는 않습니다.

　사회적 결합에 대해서는 앞에서 언급했던 것처럼, 말레이시아와의
개인적 연결성이 강합니다. 이민과 유학처로서 인기가 있는 미국, 일
본, 호주와의 연결성도 강한 편입니다. 베트남, 북한, 미얀마 등의 개
발도상국 국가들과는 사회적 결합이 강하지 않습니다.

# 희망하는 유학처 — 미국, 영국, 호주 대학의 높은 인기

다음으로 아세안의 응집성을 살펴보고, 희망하는 유학처·취직처로서 아세안 역내의 국가·기업이 있는지를 보겠습니다.

〈표 2-14〉는 아세안 6개국의 사람들이 유학처로서 어떤 국가·지역에 얼마나 관심을 갖고 있는지를 조사한 것입니다. 점수는 4점 만점입니다. 유학처로서 '매우 관심 있음'이 4점, '어느 정도 관심 있음'이 3점, '별로 관심 없음'이 2점, '전혀 관심 없음'이 1점으로 점수가 높을수록 관심이나 흥미가 강하다는 것을 나타내고 있습니다.

일본 유학과 관련해서는 제6장의 〈표 6-3〉에서 다루도록 하겠습니다. 그러므로 여기서는 아세안 국가들 사이에서 어떤 나라가 유학처로 인기가 높은지를 일본을 제외하고 살펴보았습니다. 이 조사를 보면, 영국의 식민지였던 말레이시아에서는 유학처로서 영국에 대해 관심이 높습니다. 미국 이상으로 말입니다. 반면, 베트남에서는 미국의 인기가 높습니다. 지역마다 특징이 있는 셈입니다.

여기서 시야를 넓혀서 미국·영국·호주 그룹과 아세안 회원국(베트남, 필리핀, 태국, 말레이시아, 싱가포르, 인도네시아)을 비교하면, 전자에 대해서는 강한 관심을 보이는 반면, 후자에 대해서는 싱가포르를 제외하고는 별다른 관심을 보이지 않습니다.

가령 베트남에서는 인접국인 필리핀 유학에 대한 관심은 2018년 조사에서 1.62점이었습니다. 이는 거의 관심이 없음을 의미합니다. 반면 미국 유학은 3.23점, 호주 유학은 3.09점, 영국은 3.07점으로 높습니

## 〈표 2-14〉 국가별 유학 선호처: 동남아시아(2013~2018)

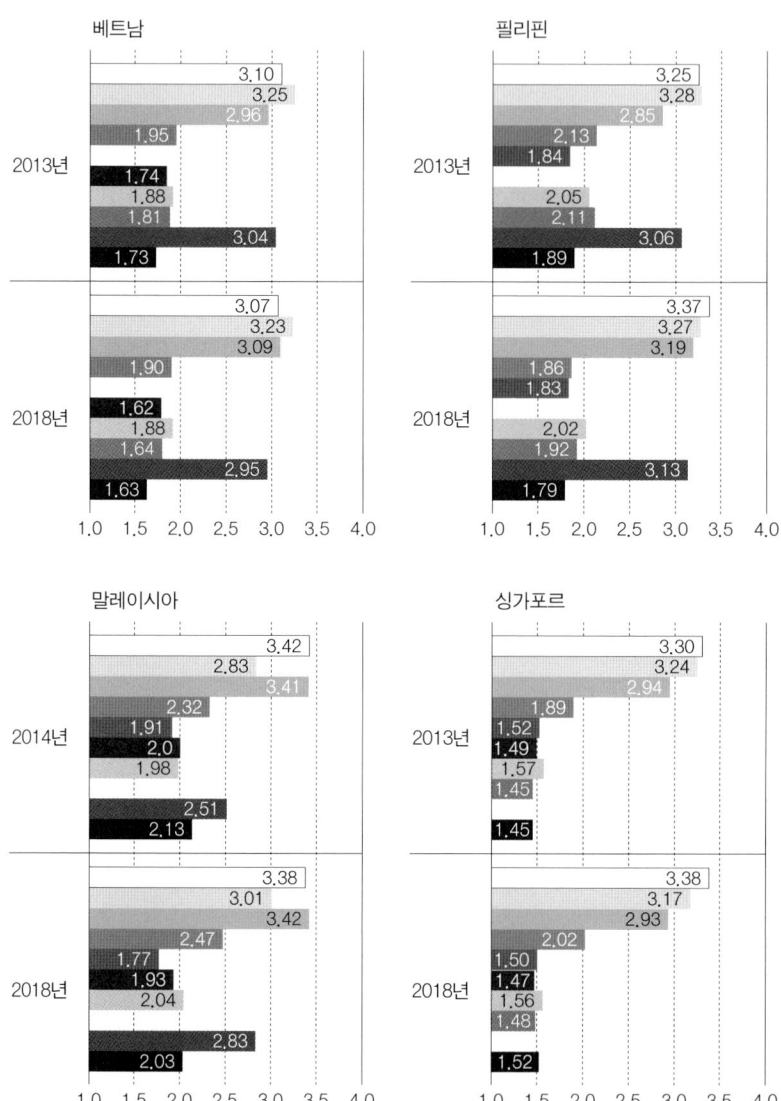

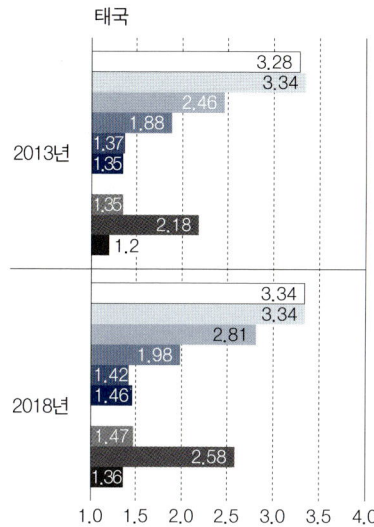

태국

2013년
- 3.28
- 3.34
- 2.46
- 1.88
- 1.37
- 1.35
- 1.35
- 2.18
- 1.2

2018년
- 3.34
- 3.34
- 2.81
- 1.98
- 1.42
- 1.46
- 1.47
- 2.58
- 1.36

1.0  1.5  2.0  2.5  3.0  3.5  4.0

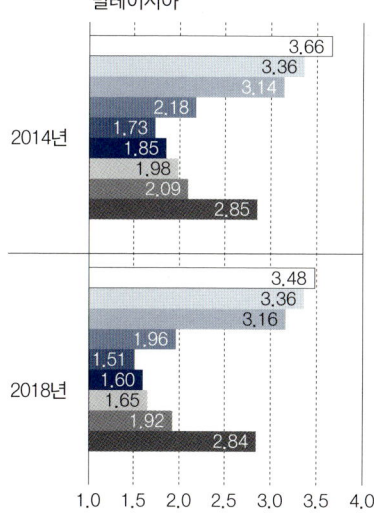

말레이시아

2014년
- 3.66
- 3.36
- 3.14
- 2.18
- 1.73
- 1.85
- 1.98
- 2.09
- 2.85

2018년
- 3.48
- 3.36
- 3.16
- 1.96
- 1.51
- 1.60
- 1.65
- 1.92
- 2.84

1.0  1.5  2.0  2.5  3.0  3.5  4.0

- 영    국
- 미    국
- 호    주
- 중    국
- 베 트 남
- 필 리 핀
- 태    국
- 말레이시아
- 싱 가 포 르
- 인도네시아

※ 선호하는 유학처로서 '매우 관심 있음'이 4점, '어느
정도 관심 있음'이 3점, '별로 관심 없음'이 2점, '전
혀 관심 없음'이 1점임. '모르겠다'는 집계에서 제외
했음.

※ 출전: アジア学生調査第2・第3波調査

다. 유학의 동기로는 '영어를 배울 수 있다'고 하는 응답이 많으면서도 일상적으로 영어를 쓰는 필리핀 유학은 인기가 없는 것입니다.

## 희망하는 취직처 – 서구 기업과 일본계 기업에 대한 강한 관심

이와 비슷한 양상은 〈표 2-15〉의 취직처에서도 나타납니다.

〈표 2-15〉는 졸업 후에 어떤 회사에서 일하고 싶은지에 대한 대답을 정리한 것입니다. 응답자 중 4분의 1은 신입생입니다. 그래서 응답자의 많은 수가 '모르겠다'라고 대답하고 있습니다. 신입생이니까 어쩔 수 없겠지요. 그래도 〈표 2-15〉을 보면 다음과 같은 사실을 알아낼 수 있습니다.

첫째, 필리핀, 말레이시아, 싱가포르, 인도네시아에서는 자국 기업에서 일하고 싶다는 응답이 많은 반면, 베트남, 태국에서는 외국계 기업에서 일하고 싶다는 응답이 많습니다. 아세안에 속하면서도 희망하는 취직처는 나라에 따라 다릅니다.

둘째, 일본계 기업으로의 취업을 희망하는 학생이 일정한 비율로 존재합니다. 나중에 말하겠지만, 일본 유학에 대한 관심과 비교하더라도 일본계 기업에 대한 관심은 확실히 높은 것 같습니다.

가장 중요한 것은 '다른 아시아계 기업'에 관한 것입니다. 아세안 역내의 기업도 '다른 아시아계 기업'으로 분류할 수 있습니다. 그런데 말레이시아에서만 일정 숫자의 학생이 '다른 아시아계 기업'에서 일하고 싶다고 할 뿐, 그 외 국가에서는 '다른 아시아계 기업'에서 일하고 싶다

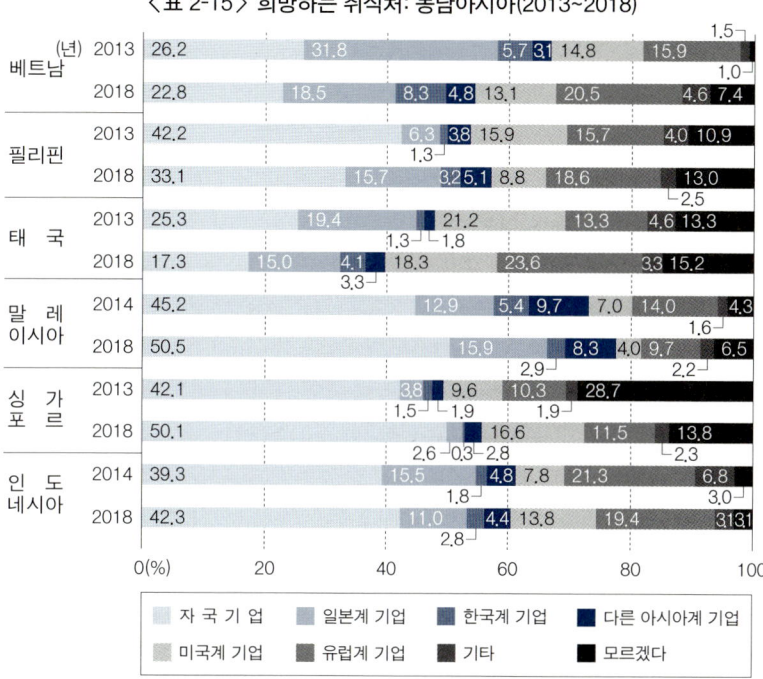

〈표 2-15〉 희망하는 취직처: 동남아시아(2013~2018)

| (년) | 자국 기업 | 일본계 기업 | 한국계 기업 | 다른 아시아계 기업 | 미국계 기업 | 유럽계 기업 | 기타 | 모르겠다 |
|---|---|---|---|---|---|---|---|---|
| 베트남 2013 | 26.2 | 31.8 | 5.7 | 3.1 | 14.8 | 15.9 | 1.5 | |
| 베트남 2018 | 22.8 | 18.5 | 8.3 | 4.8 | 13.1 | 20.5 | 1.0 / 4.6 | 7.4 |
| 필리핀 2013 | 42.2 | 6.3 | 3.8 | 1.3 | 15.9 | 15.7 | 4.0 | 10.9 |
| 필리핀 2018 | 33.1 | 15.7 | 3.2 / 5.1 | 8.8 | 18.6 | | 13.0 | |
| 태 국 2013 | 25.3 | 19.4 | 1.3 | 1.8 | 21.2 | 13.3 | 4.6 | 13.3 |
| 태 국 2018 | 17.3 | 15.0 | 4.1 / 3.3 | 18.3 | 23.6 | | 3.3 | 15.2 / 2.5 |
| 말레이시아 2014 | 45.2 | 12.9 | 5.4 | 9.7 | 7.0 | 14.0 | 4.3 | |
| 말레이시아 2018 | 50.5 | 15.9 | 8.3 | 4.0 | 9.7 | 6.5 | 1.6 / 2.2 | |
| 싱가포르 2013 | 42.1 | 3.8 / 1.5 | 1.9 | 9.6 | 10.3 | 1.9 | 28.7 | |
| 싱가포르 2018 | 50.1 | 16.6 / 2.6 | 0.3 | 2.8 | 11.5 | 13.8 / 2.3 | | |
| 인도네시아 2014 | 39.3 | 15.5 | 4.8 | 1.8 | 7.8 | 21.3 | 3.0 | 6.8 |
| 인도네시아 2018 | 42.3 | 11.0 | 4.4 / 2.8 | 13.8 | 19.4 | 3.1 / 3.1 | | |

0(%) 20 40 60 80 100

자 국 기 업　　일본계 기업　　한국계 기업　　다른 아시아계 기업
미국계 기업　　유럽계 기업　　기타　　모르겠다

※ 출전: アジア学生調査第2·第3波調査

는 응답이 거의 없었습니다. 아세안의 학생들은 자국 기업을 제외하고
는 아세안의 기업을 거의 희망하지 않는 셈입니다.

## 지역 통합의 꿈은 실현될 수 있을까

제2장에서는 아세안 국가의 학생들이 대외 인식의 층위, 사회적 결
합, 희망하는 유학처 및 취직처와 관련해 아세안 국가들을 어떻게 평

가하는지를 살펴보았습니다.

아세안 국가의 학생들은 전체적으로 일본의 영향을 가장 높게 평가하고 있고, 북한의 영향을 가장 낮게 평가하고 있습니다. 그리고 한국, 싱가포르, 미국, 호주와 같이 경제적으로 발전된 나라에 대한 평가가 좋습니다. 중국에 대해서는, 베트남·필리핀과 기타 국가 간에 의견이 갈리고 있습니다. 또 말레이시아와 인도네시아의 경우에는 사회적 결합이 강하면서도 서로에 대한 영향을 낮게 보는 경향이 있습니다. 싱가포르의 경우, 사회적 결합이 강한 말레이시아와 인도네시아의 영향을 그다지 긍정적으로 보고 있지 않습니다. 그리고 유학처 및 취직처로서 아세안을 염두에 두는 학생은 거의 없습니다. 유학처로서 인기가 있는 곳은 싱가포르, 영국, 미국, 호주이기 때문입니다. 여기에 외국에서 취업하는 경우, 아세안 역내의 기업으로 취업을 희망하는 학생도 거의 없습니다.

이와 같은 조사 결과를 앞에서 설명한 '아세안 중심성'(스스로의 응집성을 강하게 의식하며 역내 협력을 선도하는 허브 역할을 하려는 생각)의 관점에서 바라보면, 실로 참담합니다. 아세안 학생들의 마음은 자신들의 지역보다도 선진국으로 향해 있습니다. 그러므로 아세안 중심성은 '그림의 떡'에 불과한 듯합니다.

그렇다면 아세안이라는 국가 간 협력체는 아무 의미도 없는 것일까요? 필자는 그렇지 않다고 봅니다.

〈표 2-16〉은 "경제 통합은 아시아인들의 신뢰를 촉진한다"라는 주장에 대한 동의 여부를 나타내고 있습니다. 이 그래프를 보면, 아세안

<表 2-16> "경제 통합은 아시아인들의 신뢰를 촉진한다"에 대한 동의 여부

| 나라 | (년) | 매우 찬성 | 찬성 | 반대 | 매우 반대 | 모르겠다 |
|------|------|-----------|------|------|-----------|----------|
| 일 본 | 2008 | 11.9 | 50.5 | 17.7 | 2.8 | 17.2 |
|  | 2013 | 7.8 | 42.2 | 35.9 | | 11.7 |
| 한 국 | 2008 | 7.3 | 63.4 | 22.9 | 2.4 | 4.9 |
|  | 2013 | 7.4 | 49.7 | 27.9 | 1.5 | 13.4 |
| 중 국 | 2008 | 25.3 | 58.3 | 11.7 | 1.6 | 4.0 |
|  | 2013 | 20.3 | 68.0 | 7.3 | 0.6 | 4.0 |
| 대 만 | 2013 | 7.3 | 52.1 | 31.7 | 0.5 | 6.0 |
| 홍 콩 | 2013 | 57.5 | 2.9 | 27.9 | 0.8 | 10.8 / 0.5 |
| 베트남 | 2008 | 32.5 | 57.0 | 9.8 | 0.3 | |
|  | 2013 | 25.3 | 61.3 | 5.7 | 0.9 | 6.8 / 0.5 |
| 필리핀 | 2008 | 17.8 | 67.8 | 12.5 | 1.5 | |
|  | 2013 | 22.9 | 63.9 | 7.7 | | 5.0 / 0.5 |
| 태 국 | 2008 | 25.8 | 62.8 | 10.8 | 0.8 | |
|  | 2013 | 11.5 | 55.4 | 24.4 | 1.9 | 6.8 |
| 말레이시아 | 2014 | 34.4 | 59.1 | 2.7 | 0.5 | 3.2 |
| 싱가포르 | 2008 | 8.6 | 64.7 | 15.9 | 1.8 | 9.1 |
|  | 2013 | 8.4 | 55.1 | 24.9 | 0.9 | 10.6 |
| 인도네시아 | 2014 | 22.3 | 52.8 | 19.5 | 1.5 | 4.0 |

0(%)   20   40   60   80   100

매우 찬성　찬성　반대　매우 반대　모르겠다

회원국들은 비교적 위의 주장을 수용하고 있습니다.

제2장의 초반부에서 언급했듯이, 아세안의 학생들은 동아시아 공동체의 가능성에 대해 낙관적으로 생각하고 있습니다. 그리고 경제통

제2장 아세안의 이상과 현실　103

합의 긍정적인 기능을 믿고 있는데, 이것은 위의 조사 결과를 통해서
도 알 수 있습니다. 실제로 아세안 국가들은 경제협력 체제를 통해 지
역통합을 추진하고 있습니다. 또 그러한 경제 통합이 점차 정치적 통
합, 독자적인 정체성, 문화의 통합을 낳게 된다면, 조만간 아세안을 지
탱하는 심리적 기반이 생겨날 수도 있습니다.

　문제는 지역 통합에 대한 긍정적인 평가와 지역 내 응집성이 낮다
는 것 사이에 괴리가 있다는 것입니다. 그 괴리를 어떻게 이해하고, 어
떻게 메우게 될까요? 여기에 어떻게 대응하느냐에 따라 아시아의 미
래가 바뀌어 나갈 것입니다. 그 점에 관해서는 이 책의 마지막에 다루
도록 하겠습니다.

제3장

# 동아시아 간의
# 심리적 거리
## — 꼬여 있는 근린 관계

제2장에서는 아세안 국가의 대외 인식을 개관했습니다. 제3장에서는 동아시아에 초점을 맞추겠습니다. 한국, 중국, 대만, 홍콩 그리고 일본에서 나타나는 대외 인식의 특징이 무엇인지 살펴보고, 그것이 역사적으로 어떻게 변화했는지를 보겠습니다.

일본을 포함한 동아시아 지역은 시기와 조사 주체가 다를지언정, 전국 규모의 조사가 늘 진행되고 있습니다. 특히 일본에서는 내각부가 1975년부터 '외교에 관한 여론조사'를 실시하는 등 동남아시아 이상으로 데이터를 축적해 왔습니다.

제3장에서는 기존의 연구에서 사용되지 않았던 통계적 분석(구체적으로는 계층 클러스터 분석)을 통해 그 결과를 덴드로그램(dendrogram)으로 표현할 것인데, 이것을 '대외 인식도'라고 하겠습니다. '대외 인식도'는 제2장에서 제시했던 '대외 인식의 층위'와는 별도로 취급할 것입니다.[27]

마지막으로 제2장의 아세안 국가의 결과를 포함해, 서장에서 언급한 상호예기 가설이 타당한지도 검토해 보겠습니다. 그리고 제2장과

---

27  덴드로그램을 만드는 데 있어서는, 제2차 조사의 데이터와 제3차 조사의 데이터를 평균적으로 이용했습니다. 그리고 그룹 간 평균연결법을 이용해서 가시화했습니다.

동일하게, 대외 인식의 층위에서 최상위를 차지하는 국가·지역과 최하위에 있는 국가·지역을 보여드리겠습니다.

## 한국 — 미국 / 북한

우선, 한국부터 살펴봅시다. 〈표 3-1〉은 2013년과 2018년의 대외 인식을 수치화한 것입니다. 제2장에서 아세안 국가들을 분석했을 때와 동일한 기준을 적용했습니다. 즉, 5점 만점이며 수치가 높으면 높을수록 평가가 좋고, 3점이 중간 정도라는 것을 염두에 두시기 바랍니다.

〈표 3-1〉 한국의 대외 인식

| 2013년 | | 2018년 | |
|---|---|---|---|
| 미국 | 3.56 | 미국 | 3.60 |
| 호주 | 3.49 | 베트남 | 3.45 |
| 싱가포르 | 3.45 | 호주 | 3.41 |
| 인도 | 3.41 | 싱가포르 | 3.37 |
| 베트남 | 3.39 | 대만 | 3.31 |
| 인도네시아 | 3.35 | 태국 | 3.28 |
| 태국 | 3.34 | 인도네시아 | 3.26 |
| 필리핀 | 3.29 | 인도 | 3.24 |
| 말레이시아 | 3.27 | 필리핀 | 3.20 |
| 대만 | 3.22 | 말레이시아 | 3.18 |
| 러시아 | 3.20 | 미얀마 | 3.09 |
| 미얀마 | 3.16 | 러시아 | 2.91 |
| 중국 | 3.00 | 일본 | 2.80 |
| 일본 | 2.49 | 중국 | 2.62 |
| 북한 | 1.60 | 북한 | 2.15 |

※ 출전: アジア学生調査第2·第3波調査

한국의 학생들은 미국, 호주, 싱가포르와 같은 영어권 국가의 영향을 높게 평가하고 있고, 일본, 중국, 북한과 같은 이웃 나라의 영향을 낮게 평가하고 있습니다. 아산정책연구원에서 실시한 여론조사와 비교해 보면 중국에 대한 평가가 조금 더 낮게 나타납니다만, 별 차이는 없습니다. 흥미로운 것은 다른 나라에 비해 베트남에 대한 평가가 높다는 점입니다. 2013년에는 3.39점으로 5위였고, 2018년에는 3.45점으로 2위까지 올라갔습니다.

한국은 베트남전쟁 당시 많은 병력을 베트남에 파견했습니다. 그리고 그곳에 파견된 한국인들은 베트남 현지에 많은 사생아를 남겼습니다(남겨진 아이들을 '라이따이한'이라고 합니다). 그래서 이 문제가 커다란 사회문제가 되기도 했습니다. 이러한 과거를 생각하면, 왜 한국에서 베트남에 대한 평가가 좋은지 이해하기 어려울 수 있습니다.

필자도 확정적인 해답을 갖고 있지는 않습니다. 다만 다음의 4가지 이유가 있지 않을까 생각합니다.

첫째는 한국의 베트남 투자를 베트남이 환영하고 있고, 이로 인해 베트남의 한국 평가가 상대적으로 높아진 점입니다. 둘째는 한국의 문화 콘텐츠, 소위 한류가 베트남에서 인기를 얻고 있고 한국인 학생들도 그것을 알고 있다는 점입니다. 셋째는 베트남이 인기 관광지로 부상하고 있다는 점이며, 넷째는 한국의 박항서 감독이 베트남 축구대표팀의 감독으로 활약함으로써 양국의 관계가 좋아진 점 등으로 추측하고 있습니다.

한편 2013년과 2018년의 점수를 평균화하고, 그 점수를 기반으로 어느 나라와 어느 나라의 순위가 근접해 있는지, 혹은 멀리 떨어져 있는지를 도식화한 것이 〈표 3-2〉입니다.

좌우 축은 그룹의 연결성을 표시한 것입니다. 거리가 멀면 멀수록

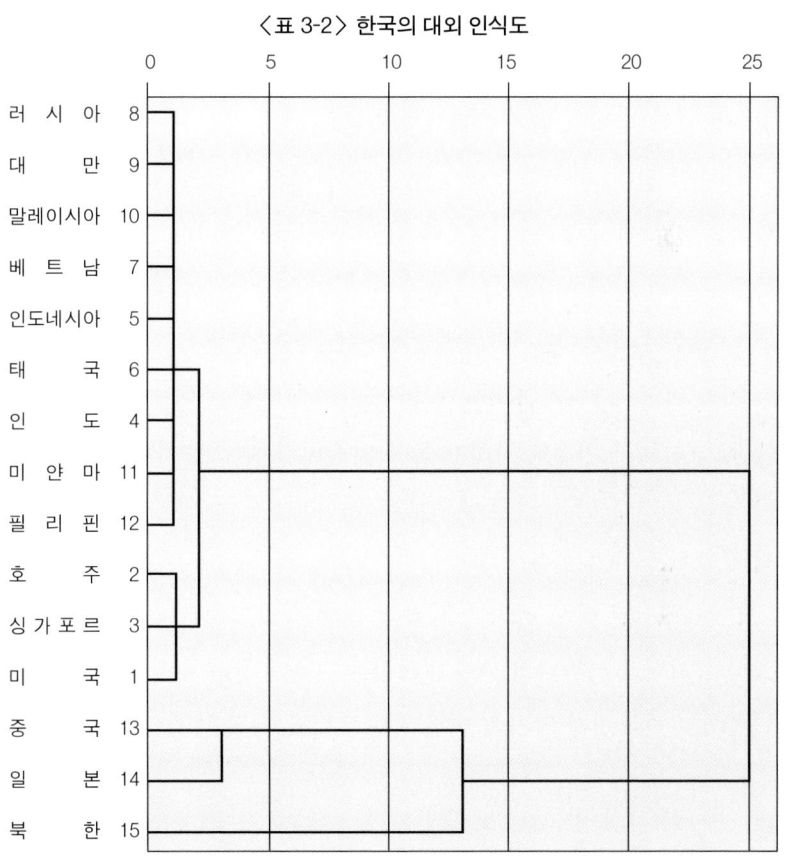

〈표 3-2〉 한국의 대외 인식도

※ 그룹 간 평균연결법을 이용해서 계층 클러스터 분석의 결과를 제시한 것임. 국가명·지역명 옆에 표시된 숫자는 대외 인식 계층의 순위를 가리킴. 이후의 표도 이와 동일함.
※ 출전: アジア学生調査第2·第3波調査

그룹의 연결성은 멀어진다고 해석할 수 있습니다(다시 말해서 별도의 그룹을 형성한다는 뜻입니다).

북한의 경우, 일본 및 중국과 동일한 그룹에 속합니다. 그런데 일본, 중국과 연결된 선은 멀고 깁니다. 이것은 북한이 매우 예외적인 나라라는 것을 나타냅니다. 그 외의 국가군의 경우 비교적 좋은 이미지의 호주, 미국, 싱가포르가 하나의 그룹을 형성하고 있고, 그 외의 국가·지역이 또 하나의 그룹을 만들고 있습니다.

북한의 경우, 한국과 같은 민족으로 구성된 나라입니다. 그럼에도 한국의 입장에서 북한은 경계해야 할 '적성국'[28]입니다. 또 일본과 중국도 북한과 가깝게 위치하고 있습니다. 따라서 한국인 학생들은 한국을 '사면초가'에 가까운 상황으로 보고 있을 것입니다.

또한, 〈표 3-3〉을 봅시다. 한국의 사회적 결합은 대외 인식의 하층에 있는 중국과 비교적 강하게 묶여 있습니다. 반대로 대외 인식 면에서 높은 평가를 받고 있는 베트남의 경우에는 중국·일본에 비해 사회적 결합이 강하지 않습니다.

문재인 정권 당시 한국은 북한에 대해 유화정책을 추진했습니다. 그러나 의외로 북한과의 사회적 결합은 그렇게 강하지 않습니다. 같은 민족이고 한국전쟁 당시의 이산가족 문제도 아직 해결되지 않았습니

---

28  정부 계통의 싱크탱크인 통일연구원은 1990년대부터 현재까지 1,000명 규모의 여론조사를 지속적으로 실시해 오고 있고, 북한에 대한 평가도 지속적으로 모니터링하고 있습니다. 이것은 그만큼 한국이 해당 사항에 대해 지속적으로 관심을 가지고 있다는 것을 의미합니다. 이는 NHK방송여론조사연구소가 1960년부터 미국에 대한 일본인의 시각(호감도)을 추적해 왔던 것과 비슷한 맥락입니다.

〈표 3-3〉 한국의 사회적 결합

| 2013년 | | 2018년 | |
| --- | --- | --- | --- |
| 미국 | 1.73 | 미국 | 1.73 |
| 중국 | 1.58 | 중국 | 1.68 |
| 인도네시아 | 1.53 | 일본 | 1.61 |
| 호주 | 1.28 | 호주 | 1.29 |
| 대만 | 1.17 | 대만 | 1.21 |
| 싱가포르 | 1.14 | 싱가포르 | 1.14 |
| 일본 | 1.12 | 필리핀 | 1.13 |
| 필리핀 | 1.12 | 베트남 | 1.12 |
| 말레이시아 | 1.11 | 말레이시아 | 1.11 |
| 러시아 | 1.11 | 인도 | 1.11 |
| 인도 | 1.10 | 인도네시아 | 1.10 |
| 태국 | 1.09 | 러시아 | 1.09 |
| 북한 | 1.08 | 태국 | 1.08 |
| 베트남 | 1.07 | 북한 | 1.05 |
| 미얀마 | 1.03 | 미얀마 | 1.02 |

※ 출전: アジア学生調査第2·第3波調査

다. 여기에 한국은 연간 1,000명이 넘는 탈북자를 받아들이고 있고, 현재 총 3만 명이 넘는 탈북자를 받아들인 상태입니다. 그럼에도 한국 학생들은 북한 출신의 친구·지인을 별로 갖고 있지 않습니다. 하지만 한국 정부는 2045년까지 남북통일을 추진하겠다고 선언한 상태입니다. 이렇듯 한국의 학생들이 북한 출신의 친구·지인을 별로 갖고 있지 않은 상황은 향후 한국의 대북 정책을 생각할 때, 주목할 만한 현상입니다.

## 중국 — 싱가포르 / 필리핀

다음으로 〈표 3-4〉을 통해 중국의 상황을 살펴봅시다. 우선 지적하고 싶은 것은, 중국도 베트남처럼 러시아에 대한 평가가 상대적으로 높다는 점입니다. 이렇게 볼 때, 포스트 냉전 가설은 타당해 보입니다. 사회주의 진영과 자본주의 진영이 각각 자기네 진영을 높게 평가하고, 상대를 낮게 평가하기 때문입니다.

그러나 한편으로 생각해 보면, 상위에 랭크되어 있는 싱가포르, 호주, 러시아는 냉전체제의 조합과는 아무런 상관이 없습니다. 이를 통해 우리는 중국의 복잡한 대외 인식의 일면을 볼 수 있습니다.

그렇다면 일본에 대한 평가는 어떠할까요? 2013년에는 밑에서 2번째를 차지하고 있습니다만, 2018년에는 중간 정도로 올라왔습니다. 언론NPO의 조사 결과를 보아도, 2013년 이후에는 중국 내 일본 이미지가 개선되고 있습니다. 물론 그렇게 점수가 높은 편은 아닙니다.[29] 또 러시아에 대한 평가가 높은 것과는 대조적으로 같은 사회주의 진영에 속한 북한과 베트남에 대한 평가는 높지 않습니다. 이러한 현상은 포스트 냉전 가설과 상당한 차이를 보이고 있는 셈입니다.

필리핀에 대해서는 2013년과 2018년 둘 다 최하위에 랭크되어 있습

---

29 중국 내 일본 이미지가 개선되고 있는 원인 중 하나로 필자는 중국의 젊은이들이 일본의 대중문화를 접하는 기회가 많아졌고, 그에 따라 일본에 대한 부정적인 이미지에서 벗어났다는 점을 들고 싶습니다. 이와 관련해서는 이 책 제6장에서 다시 다루도록 하겠습니다.

<表 3-4> 중국의 대외 인식

| 2013년 | | 2018년 | |
|---|---|---|---|
| 싱가포르 | 3.72 | 러시아 | 3.90 |
| 호주 | 3.61 | 싱가포르 | 3.66 |
| 러시아 | 3.56 | 호주 | 3.33 |
| 대만 | 3.46 | 태국 | 3.26 |
| 태국 | 3.17 | 말레이시아 | 3.21 |
| 한국 | 3.15 | 미얀마 | 3.10 |
| 말레이시아 | 3.11 | 대만 | 3.06 |
| 미국 | 3.08 | 인도네시아 | 3.03 |
| 미얀마 | 2.97 | 한국 | 3.03 |
| 인도네시아 | 2.79 | 일본 | 2.88 |
| 인도 | 2.66 | 베트남 | 2.86 |
| 북한 | 2.65 | 인도 | 2.84 |
| 베트남 | 2.62 | 북한 | 2.78 |
| 일본 | 2.37 | 미국 | 2.74 |
| 필리핀 | 2.23 | 필리핀 | 2.60 |

※ 출전: アジア学生調査第2·第3波調査

니다. 아마도 필리핀이 난사군도를 둘러싸고 중국과 충돌하고 있어서 이에 대해 중국 학생들이 민감하게 반응했기 때문인 것 같습니다.

흥미로운 사실은 중국의 경우, 전체 수치가 낮다는 것입니다. 이는 제2장의 아세안 국가들과 비교했을 때 명확합니다. 즉 아세안 국가들의 경우, 3점 이상의 수치를 부여한 나라가 상대적으로 많습니다. 뒤에서 상호예기 가설을 검증할 때 다루겠습니다만, 중국 젊은이들의 이웃 나라에 대한 평가는 전반적으로 낮습니다.

<표 3-5>를 통해 중국의 대외 인식도를 살펴봅시다.

싱가포르, 러시아, 호주가 독특한 조합을 이루며 하나의 그룹을 형

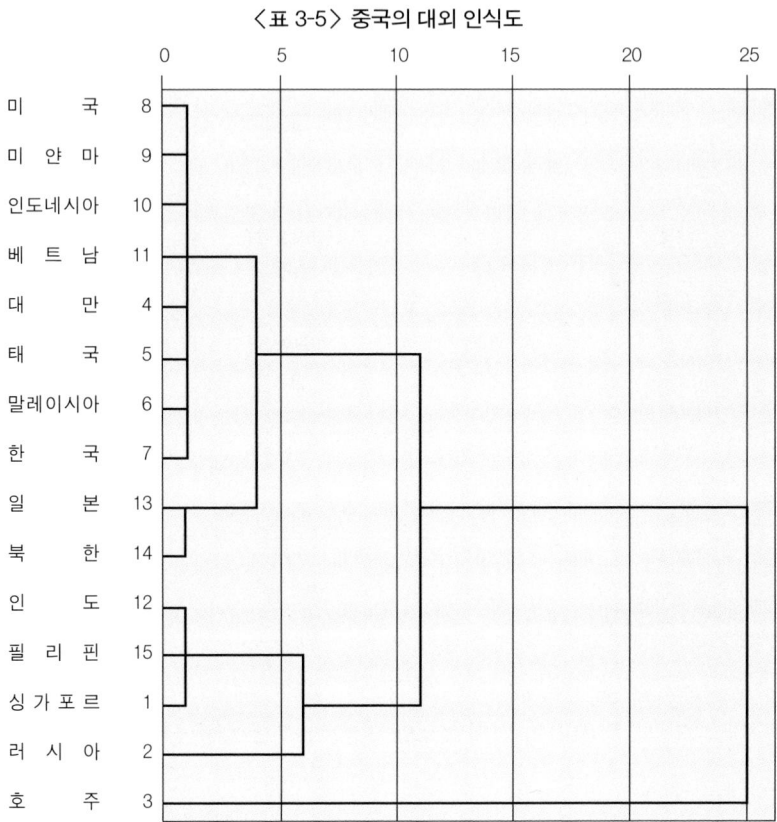

〈표 3-5〉 중국의 대외 인식도

| | | 0 | 5 | 10 | 15 | 20 | 25 |
|---|---|---|---|---|---|---|---|
| 미 국 | 8 | | | | | | |
| 미 얀 마 | 9 | | | | | | |
| 인도네시아 | 10 | | | | | | |
| 베 트 남 | 11 | | | | | | |
| 대 만 | 4 | | | | | | |
| 태 국 | 5 | | | | | | |
| 말레이시아 | 6 | | | | | | |
| 한 국 | 7 | | | | | | |
| 일 본 | 13 | | | | | | |
| 북 한 | 14 | | | | | | |
| 인 도 | 12 | | | | | | |
| 필 리 핀 | 15 | | | | | | |
| 싱 가 포 르 | 1 | | | | | | |
| 러 시 아 | 2 | | | | | | |
| 호 주 | 3 | | | | | | |

※ 출전: アジア学生調査第2·第3波調査

성하고 있습니다. 이들 국가는 호의적인 평가를 받고 있습니다. 그리고 대만과 베트남이 하나의 그룹으로 묶여있고, 그 외에 더욱 부정적인 평가를 받은 그룹이 있습니다. 이것을 볼 때, 중국의 학생들이 냉전적 사고를 갖고 있는 것 같지는 않습니다.

　재미있는 것은 대만과의 관계입니다. 〈표 3-4〉에 있는 것처럼

2013년에 대만은 위에서 4번째에 랭크되어 있습니다. 2018년에는 순위가 내려갔지만, 그래도 긍정적인 평가를 받고 있습니다. 그런데 뒤에서 다루겠습니다만, 대만의 대중 인식은 그와 반대로 가는 특징을 보입니다. 중국이 바라보는 대만과 대만이 바라보는 중국이 다른 것입니다. 이와 같은 비대칭성은 제3장의 후반부에서 확인할 것입니다.

중국의 사회적 결합 상황은 〈표 3-6〉을 통해 살펴보겠습니다. 방금 대만에 대한 이미지가 긍정적으로 나타난다고 언급했습니다만, 이것은 사회적 결합이라는 점을 통해 설명할 수 있습니다. 앞에서 언급했듯이, 중국 학생들에게 일본의 이미지는 상대적으로 좋습니다. 이것

〈표 3-6〉 중국의 사회적 결합

| 2013년 | | 2018년 | |
|---|---|---|---|
| 미국 | 1.75 | 미국 | 1.57 |
| 대만 | 1.44 | 대만 | 1.38 |
| 싱가포르 | 1.36 | 일본 | 1.36 |
| 일본 | 1.33 | 호주 | 1.30 |
| 호주 | 1.31 | 한국 | 1.27 |
| 한국 | 1.25 | 싱가포르 | 1.26 |
| 말레이시아 | 1.10 | 말레이시아 | 1.13 |
| 러시아 | 1.06 | 러시아 | 1.08 |
| 태국 | 1.05 | 태국 | 1.06 |
| 인도 | 1.05 | 인도 | 1.03 |
| 인도네시아 | 1.04 | 인도네시아 | 1.03 |
| 미얀마 | 1.02 | 베트남 | 1.02 |
| 필리핀 | 1.02 | 북한 | 1.02 |
| 북한 | 1.02 | 미얀마 | 1.02 |
| 베트남 | 1.02 | 필리핀 | 1.02 |

※ 출전: アジア学生調査第2・第3波調査

은 일반 조사 대상과 비교하면 상대적으로 높은 수치입니다. 학생들은 일본인 친구·지인을 갖고 있을 가능성이 높기 때문이라고 생각할 수 있습니다. 한편으로는 대외 인식의 하단에 있는 북한과도, 상위에 있는 러시아와도 사회적 결합은 그렇게 강하지 않습니다.[30]

중국의 학생들은 냉전체제하에서 대치했던(혹은 지금도 대치하고 있는) 미국, 일본, 대만 등의 국가·지역에 대해 비교적 강한 사회적 결합을 보여 주고 있습니다. 이것은 대외 인식의 경우와 마찬가지로 포스트 냉전 가설로는 설명이 되지 않습니다.

## 대만 ─ 일본 / 중국

현재 대만은 대만해협을 두고 중국과 대치하고 있습니다. 대만의 국민감정은 중국과 대조적입니다. 〈표 3-7〉은 대만인 학생의 대외 인식을 나타내고 있습니다. 여기서 눈길을 끄는 것은 대만의 압도적인 일본 선호입니다. 2013년에 4.10점을 2018년에 4.28점을 기록하며 다른 나라에 비해 점수가 압도적으로 높게 나타납니다. 그뿐만이 아닙니

---

30 아시아학생조사의 조사 항목에서 자극을 받은 필자의 학생 한 명이 자신의 출신지인 만저우리(滿洲里, 러시아와의 국경 지대이며 내몽골 자치구에 있는 도시)에서 조사를 실시한 적이 있습니다. 학생은 본문 내용과 비슷한 질문지를 사용해서 조사를 실시했는데, 베이징의 학생과 비교해서 러시아인과의 접촉이 많고 러시아어 사용이 많은 그곳 학생들은 러시아에 대해 부정적이라는 평가를 내렸습니다. 국가 수준이 아닌, 도시·지역에서도 충분한 데이터를 얻을 수 있다면, 보다 흥미로운 사실을 파악할 수 있다고 생각합니다.

| 2013년 | | 2018년 | |
| --- | --- | --- | --- |
| 일본 | 4.10 | 일본 | 4.28 |
| 호주 | 3.71 | 호주 | 3.74 |
| 싱가포르 | 3.65 | 미국 | 3.67 |
| 말레이시아 | 3.46 | 싱가포르 | 3.66 |
| 태국 | 3.37 | 말레이시아 | 3.48 |
| 미국 | 3.34 | 태국 | 3.42 |
| 인도네시아 | 3.32 | 미얀마 | 3.41 |
| 베트남 | 3.28 | 인도네시아 | 3.34 |
| 미얀마 | 3.19 | 한국 | 3.31 |
| 인도 | 3.15 | 인도 | 3.23 |
| 러시아 | 3.06 | 베트남 | 3.19 |
| 한국 | 2.75 | 필리핀 | 3.07 |
| 필리핀 | 2.75 | 러시아 | 2.99 |
| 중국 | 2.73 | 북한 | 2.68 |
| 북한 | 2.48 | 중국 | 2.19 |

※ 출전: アジア学生調査第2·第3波調査

다. 다른 나라에서 가장 선호하는 국가의 점수와 비교해도 이 수치는 예외적일 정도로 높습니다.[31] 반면 필리핀에 대한 평가 점수는 낮고, 중국과 북한은 더 낮습니다. 한편, 필리핀에서는 대만에 대한 평가 점수가 높습니다. 즉, 대만의 필리핀 평가와 대조를 이루고 있는 셈입니다.[32]

---

31  이러한 경향은 일본대만교류협회가 2008년부터 2019년까지 6번에 걸쳐 실시한 대만에서의 대일 여론조사에서도 계속 확인된 바 있습니다.

32  그 원인을 특정하기는 어렵습니다. 다만, 조사가 행해진 2013년 5월에 벌어진 사건을 생각해 볼 수 있습니다. 당시 대만과 필리핀이 서로 배타적 경제 수역이라고 주

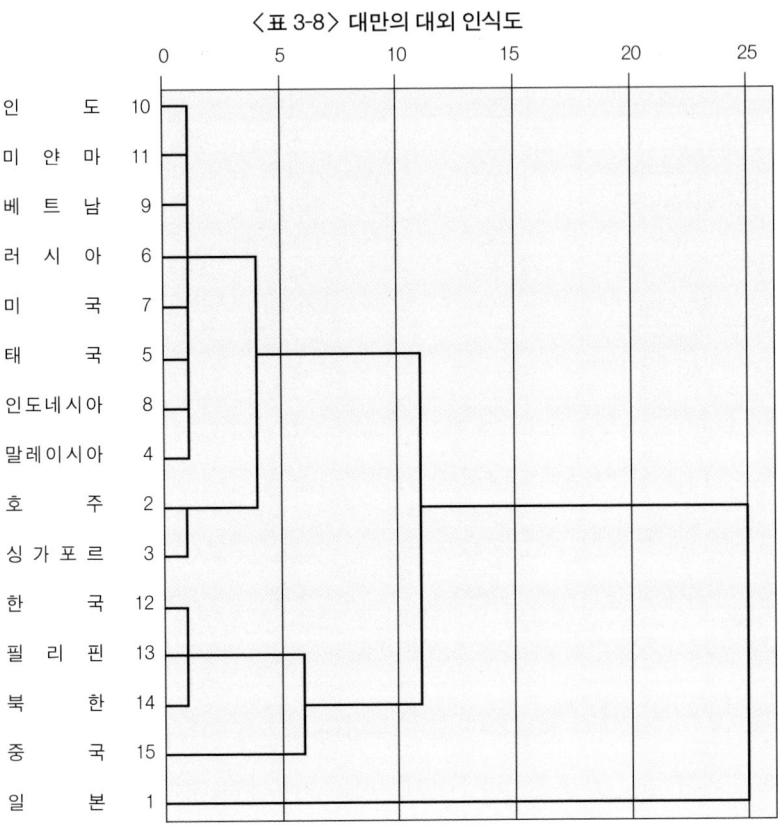

〈표 3-8〉 대만의 대외 인식도

| | | 0 | 5 | 10 | 15 | 20 | 25 |

인　　　도 10
미　얀　마 11
베　트　남 9
러　시　아 6
미　　　국 7
태　　　국 5
인 도 네 시 아 8
말 레 이 시 아 4
호　　　주 2
싱 가 포 르 3
한　　　국 12
필　리　핀 13
북　　　한 14
중　　　국 15
일　　　본 1

※ 출전: アジア学生調査第2·第3波調査

한편, 한국에 대해서는 상대적으로 평가가 낮았습니다. 그 원인으

장한 해협에서 대만 어선이 필리핀 연안경비대의 총격을 맞아 선원 1명이 사망했습니다(여론조사는 2013년 9월부터 10월에 걸쳐서 실시되었음). 총구를 겨냥했던 필리핀 측은 그다지 대만을 의식하지 않았습니다만, 총을 맞은 대만 측은 필리핀에 대해 나쁜 이미지를 갖게 되었던 것 같습니다.

로는 3가지를 들 수 있습니다. 첫째는 1992년에 있었던 한국의 단교 조치 및 그 후 진행된 중국과의 밀착관계이고, 둘째는 한국이 대만과 반도체 등의 산업분야에서 치열하게 경쟁하는 것이며, 셋째는 일본의 식민지 지배에 대해 한국과 대만이 각각 다른 의미를 부여하고 있기 때문입니다. 한국과 대만은 원래 아시아 NIEs(신흥공업국)으로서 많은 공통점을 가지고 있다고 일컬어집니다. 그러나 대만에서는 한국을 그렇게 좋아하는 것 같지 않습니다.[33]

〈표 3-8〉는 대만의 대외 인식도를 보여 주고 있습니다. 압도적이라고 할 정도로 일본에 호의적입니다. 그렇게 일본이 하나의 그룹을 형성하고 있고, 그밖에 별도의 그룹이 있습니다. 별도의 그룹 중 한국, 필리핀, 북한, 중국과 같이 나쁜 이미지의 국가군이 하나의 그룹을 형성하고 있고, 그 외의 국가가 또 다른 국가군을 이루고 있습니다.

사회적 결합은 어떨까요? 〈표 3-9〉에서 나타나는 것처럼 대외 인식에서 가장 최하층을 차지하고 있는 중국이 사회적 결합이라는 면에서는 가장 강력하게 연결되어 있습니다. 이것은 접촉 가설과 맞지 않습니다. 중국 출신 친구가 있어도 중국이라는 나라에 대해서는 호감을 갖고 있지 않다는 뜻입니다. 이것이 대만 젊은이들이 가진 대 중국 의식입니다.

---

33  가령 2020년 2월 11일, 한국 정부는 "대만을 포함한 6개국에서 신형 코로나바이러스의 시중(市中) 감염이 확인되었다"라고 발표했습니다. 그러나 이에 대해 대만 외교부는 한국 정부에 "이것은 사실이 아니다"고 하면서 정정을 요청했습니다. 한일 관계와 비슷하게, 한국과 대만과의 관계도 다소 껄끄러운 면이 있는 것 같습니다.

<표 3-9> 대만의 사회적 결합

| 2013년 | | 2018년 | |
|---|---|---|---|
| 중국 | 1.85 | 중국 | 2.09 |
| 미국 | 1.73 | 말레이시아 | 1.82 |
| 말레이시아 | 1.62 | 미국 | 1.81 |
| 인도네시아 | 1.56 | 일본 | 1.75 |
| 한국 | 1.32 | 한국 | 1.45 |
| 싱가포르 | 1.31 | 인도네시아 | 1.39 |
| 일본 | 1.23 | 싱가포르 | 1.26 |
| 호주 | 1.22 | 호주 | 1.21 |
| 태국 | 1.21 | 베트남 | 1.20 |
| 필리핀 | 1.18 | 필리핀 | 1.20 |
| 베트남 | 1.15 | 태국 | 1.15 |
| 인도 | 1.13 | 인도 | 1.11 |
| 러시아 | 1.10 | 러시아 | 1.07 |
| 미얀마 | 1.09 | 미얀마 | 1.06 |
| 북한 | 1.03 | 북한 | 1.10 |

※ 출전: アジア学生調査第2·第3波調査

# 홍콩 ― 대만 / 중국

최근 홍콩에서는 정치의식에 눈을 뜬 젊은이들이 중국의 간섭에
저항하는 운동을 펼치고 있습니다. 그래서 2014년에는 "센트럴을 (평
화적으로) 점령하라"는 표어를 내걸고 '우산혁명'이라는 일련의 반정부
데모를 일으켰고, 2019년에는 범죄인 인도법 개정안에 반대하는 민주
화 운동을 일으켰습니다. 두 운동을 주도한 세력은 홍콩의 젊은 층입

### 〈표 3-10〉 홍콩의 대외 인식

| 2013년 | | 2018년 | |
|---|---|---|---|
| 대만 | 3.81 | 일본 | 3.99 |
| 한국 | 3.60 | 대만 | 3.85 |
| 일본 | 3.55 | 싱가포르 | 3.69 |
| 싱가포르 | 3.53 | 한국 | 3.63 |
| 호주 | 3.47 | 미국 | 3.62 |
| 미국 | 3.42 | 호주 | 3.57 |
| 태국 | 3.25 | 태국 | 3.36 |
| 말레이시아 | 3.16 | 말레이시아 | 3.26 |
| 인도네시아 | 3.11 | 미얀마 | 3.13 |
| 러시아 | 3.09 | 인도네시아 | 3.09 |
| 인도 | 3.03 | 베트남 | 3.07 |
| 베트남 | 3.00 | 러시아 | 3.05 |
| 미얀마 | 2.99 | 필리핀 | 2.99 |
| 중국 | 2.78 | 인도 | 2.92 |
| 필리핀 | 2.54 | 북한 | 2.50 |
| 북한 | 2.36 | 중국 | 2.46 |

※ 출전: アジア学生調査第2·第3波調査

니다.[34]

〈표 3-10〉은 홍콩의 대외 인식을 보여 주고 있습니다. 홍콩의 대외 인식이 다른 동아시아 국가와 크게 다른 점은 대만의 위치입니다. 2013년에 대만은 3.81점으로 가장 위에 있고, 2018년에는 3.85점으로

---

34  최근 홍콩인 연구자에 의하면, 그 후에는 주로 주택을 소유하고 있는 중년층이 운동에 참가하게 되었다고 합니다. 그들은 홍콩특별행정구 정부의 결정뿐 아니라, 평소 빈부 격차의 확대에 불만을 품고 있었는데, 시간이 지남에 따라 운동의 중핵이 된 것이라고 합니다(馮·葉·李 2019:64).

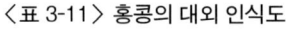

〈표 3-11〉 홍콩의 대외 인식도

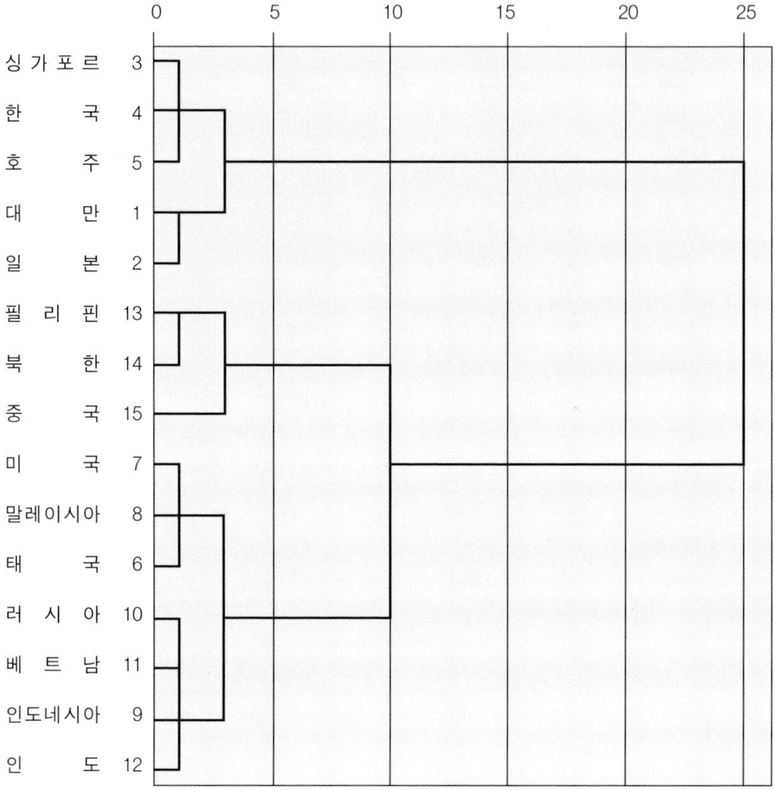

| | | 0 | 5 | 10 | 15 | 20 | 25 |
|---|---|---|---|---|---|---|---|
| 싱 가 포 르 | 3 | | | | | | |
| 한 국 | 4 | | | | | | |
| 호 주 | 5 | | | | | | |
| 대 만 | 1 | | | | | | |
| 일 본 | 2 | | | | | | |
| 필 리 핀 | 13 | | | | | | |
| 북 한 | 14 | | | | | | |
| 중 국 | 15 | | | | | | |
| 미 국 | 7 | | | | | | |
| 말레이시아 | 8 | | | | | | |
| 태 국 | 6 | | | | | | |
| 러 시 아 | 10 | | | | | | |
| 베 트 남 | 11 | | | | | | |
| 인도네시아 | 9 | | | | | | |
| 인 도 | 12 | | | | | | |

※ 출전: アジア学生調査第2·第3波調査

일본에 이어 2위입니다. 한국도 상위에 위치하고 있는데, 전반적으로 아시아의 민주주의 국가에 대해 높은 평가를 내리고 있습니다.[35]

35 홍콩은 중국의 일부이긴 하지만, 역사적·지정학적 이유에서 대륙과는 대외 인식이

반면, 중국의 위치는 매우 낮습니다. 아시다시피 홍콩은 최근 베이징에 있는 중국 정부와 사이가 좋지 않습니다. 이를 반영하듯 대외 인식 측면에서 중국은 최하단의 위치를 차지하고 있습니다.

홍콩은 대만, 일본, 싱가포르 그리고 한국, 호주, 미국 순으로 높은 평가를 내리고 있습니다. 홍콩은 싱가포르와 라이벌 관계이고, 양쪽 도시는 서로 많은 사람이 이동하고 있습니다. 그리고 홍콩도 다른 나라처럼, 싱가포르를 높게 평가하고 있습니다.

홍콩인의 대외 인식도를 보여 주는 것이 〈표 3-11〉입니다. 이 도식을 보면 홍콩인들의 적과 아군이 누구인지 잘 나타납니다. 일본과 대만에 대한 평가가 가장 높고, 중국, 북한, 필리핀에 대한 평가가 가장 낮습니다. 호주, 싱가포르, 한국은 전자와 같은 그룹을 형성하고 있고, 그 외의 국가가 또 하나의 그룹을 형성하고 있습니다.

〈표 3-12〉는 홍콩의 사회적 결합을 보여 줍니다. 이것을 보면, 홍콩인은 주요 이민처인 호주, 미국에 친구·지인이 많다는 것을 확인할 수 있습니다. 재미있는 것은 대만보다 중국 쪽에 친구·지인이 많다는 점입니다. 대만처럼 중국과의 사회적 결합이 강할지언정 국가 단위로서는 평가가 낮습니다. 접촉 가설이 들어맞지 않는다는 점도 대만과

크게 다릅니다. 그러므로 이 책에서도 홍콩을 독립적으로 설명하는 것입니다. 그러나 중국의 일부라는 이유로 다른 나라, 특히 동남아시아에서는 중국과 홍콩을 구별해서 질문해도, 많은 사람들이 중국의 영향과 홍콩의 영향을 제대로 구별하지 못했습니다. 그 때문에 아시아학생조사에서는 각 국가·지역에 대해 홍콩의 영향과 홍콩인과의 사회적 결합에 대해 질문을 하지 않았습니다.

<표 3-12> 홍콩의 사회적 결합

| 2013년 | | 2018년 | |
| --- | --- | --- | --- |
| 중국 | 2.40 | 중국 | 2.36 |
| 미국 | 1.82 | 대만 | 1.82 |
| 대만 | 1.79 | 미국 | 1.66 |
| 호주 | 1.78 | 호주 | 1.64 |
| 한국 | 1.51 | 일본 | 1.51 |
| 싱가포르 | 1.49 | 한국 | 1.49 |
| 말레이시아 | 1.41 | 싱가포르 | 1.44 |
| 일본 | 1.39 | 필리핀 | 1.32 |
| 필리핀 | 1.35 | 말레이시아 | 1.31 |
| 인도 | 1.33 | 인도 | 1.27 |
| 인도네시아 | 1.29 | 인도네시아 | 1.26 |
| 태국 | 1.22 | 태국 | 1.19 |
| 러시아 | 1.11 | 베트남 | 1.14 |
| 베트남 | 1.09 | 러시아 | 1.11 |
| 미얀마 | 1.08 | 미얀마 | 1.09 |
| 북한 | 1.03 | 북한 | 1.06 |

※ 출전: アジア学生調査第2·第3波調査


많이 닮았습니다.[36]


36 최근 대만의 젊은이들뿐 아니라 홍콩의 젊은이들도 중국으로부터의 독립을 지향
하는 움직임이 강하다고 하는데, 이에 관해서는 중국의 연구자들도 관심을 보이고
있습니다. 가령 홍콩과 가까운 광저우(廣州)시에 위치한 중산대학(中山大學)의 어
떤 연구자는 베이징, 광저우, 홍콩의 학생을 비교하면서, 홍콩인 학생이 탈 물질주
의적 가치관이 강하다고 분석하고 있습니다. 그러한 이유로 중국이 제공하는 경제
적인 인센티브에 좀처럼 호응하지 않으며, 정치적인 가치관이 베이징이나 광저우
의 학생들과 다르기도 해서 베이징의 중국 정부가 홍콩을 다루는 데 애를 먹을 것
으로 예상하고 있습니다(Pang and Jiang, 2019). 이와 같은 견해는 본서의 견해와
도 일치합니다.

# 일본 — 대만 / 북한

마지막으로, 일본의 상황을 알아봅시다. 일본에 대해서는 많은 조사가 이루어졌고, 결과를 확인하기도 수월합니다. 그래서 그다지 새로울 것이 없다고 생각할 수도 있습니다. 그러나 다른 나라와 비교한다면 일본 관련 조사에서도 새로운 것을 발견할 수 있습니다.

〈표 3-13〉은 일본의 대외 인식을 보여 주고 있습니다. 먼저 눈길을 끄는 것은 대만에 대한 높은 평가입니다. 대만에서도 일본을 예외적으로 높이 평가하고 있다는 것을 감안하면, 둘 사이의 관계는 끈끈

〈표 3-13〉 일본의 대외 인식

| 2013년 | | 2019년 | |
|---|---|---|---|
| 대만 | 4.02 | 호주 | 4.11 |
| 싱가포르 | 3.87 | 대만 | 4.08 |
| 호주 | 3.85 | 싱가포르 | 3.92 |
| 태국 | 3.82 | 태국 | 3.83 |
| 인도네시아 | 3.76 | 미국 | 3.78 |
| 말레이시아 | 3.73 | 인도 | 3.73 |
| 인도 | 3.70 | 인도네시아 | 3.71 |
| 필리핀 | 3.64 | 말레이시아 | 3.66 |
| 베트남 | 3.62 | 필리핀 | 3.64 |
| 미국 | 3.48 | 베트남 | 3.58 |
| 미얀마 | 3.42 | 미얀마 | 3.43 |
| 러시아 | 2.97 | 중국 | 3.28 |
| 한국 | 2.84 | 한국 | 3.24 |
| 중국 | 2.47 | 러시아 | 2.84 |
| 북한 | 1.63 | 북한 | 1.74 |

※ 출전: アジア学生調査第2·第3波調査

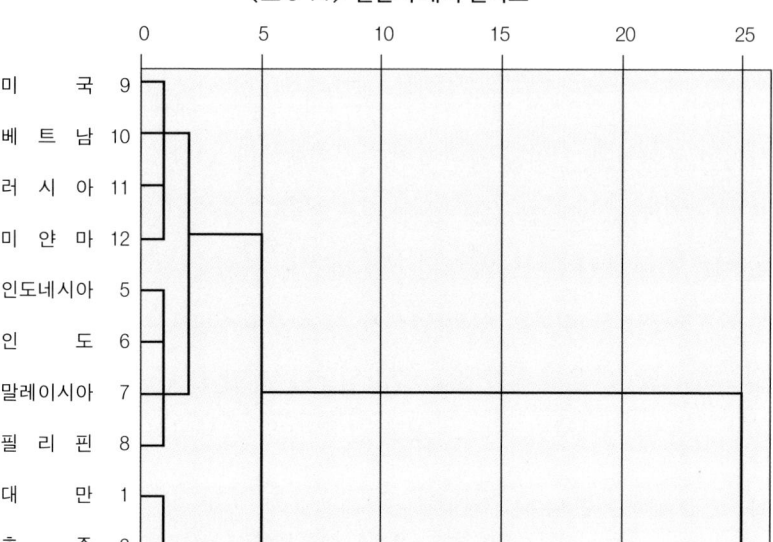

〈표 3-14〉 일본의 대외 인식도

※ 출전: アジア学生調査第2·第3波調査

하다고 할 수 있습니다. 한편 싱가포르, 호주와 같은 영어권 국가도 평가의 상단에 위치하고 있습니다. 반면 중국, 한국, 북한과 같은 동아시아 국가들은 하단에 위치하고 있습니다. 더욱이 러시아에 대한 평가는 낮아지고 있습니다. 이것은 일본에서 아직도 냉전적 사고가 강하게 남

아 있다는 것을 보여 줍니다. 단, 2013년과 2019년에는 약간의 변화가
보입니다. 한국, 중국의 점수가 각각 올라가고 있기 때문입니다.

한편, 북한의 점수는 1.63점과 1.74점으로 눈에 띄게 낮습니다.
〈표 3-14〉의 대외 인식도에서는 중국과 한국 그리고 북한이 하나의
그룹을 형성하고 있고, 그 외의 국가가 또 하나의 그룹을 형성하고 있
습니다.

마지막으로 〈표 3-15〉의 사회적 결합 상황을 봅시다. 일본의 학생
은 중국과 한국에 친구가 많습니다. 중국과 한국은 대외 인식 면에서
는 낮은 순위에 있지만, 사회적 결합의 측면에서는 일본과 강하게 연

〈표 3-15〉 일본의 사회적 결합

| 2013년 | | 2019년 | |
|---|---|---|---|
| 중국 | 2.04 | 중국 | 2.10 |
| 한국 | 1.87 | 한국 | 1.75 |
| 미국 | 1.68 | 미국 | 1.70 |
| 대만 | 1.38 | 대만 | 1.38 |
| 호주 | 1.31 | 호주 | 1.35 |
| 싱가포르 | 1.23 | 필리핀 | 1.31 |
| 태국 | 1.21 | 싱가포르 | 1.26 |
| 필리핀 | 1.20 | 인도 | 1.21 |
| 말레이시아 | 1.18 | 태국 | 1.20 |
| 러시아 | 1.16 | 말레이시아 | 1.17 |
| 인도네시아 | 1.15 | 러시아 | 1.14 |
| 인도 | 1.14 | 베트남 | 1.13 |
| 베트남 | 1.10 | 인도네시아 | 1.13 |
| 미얀마 | 1.04 | 북한 | 1.05 |
| 북한 | 1.03 | 미얀마 | 1.03 |

※ 출전: アジア学生調査第2·第3波調査

결되어 있습니다.

## 상호예기 가설의 검증1 — 변화의 동기화는 존재하는가

이상으로 동아시아의 국가·지역이 갖고 있는 대외 인식에 대해 살펴보았습니다. 제2장에서 다루었던 동남아시아 6개국과 합쳐서 총 11의 국가·지역을 다룬 셈입니다.

자, 그럼 이제부터 상호예기 가설을 검증해 보겠습니다. 상호예기 가설이란, 2개국 간의 평가가 서로 연동되는 것을 상정하는 사고를 가리킵니다. 어떤 식으로 연동되는지에 대해서는 2가지의 가능성이 있는데, 이를 각각 검증할 필요가 있습니다.

그중 하나는 시간의 변화에 따른 연동이고, 또 하나는 대외 인식의 위치와 일치하는 연동입니다.

우선 시간의 변화에 대해서 살펴보겠습니다. 그 전형적인 예는 어떤 사건이 벌어져서 A국과 B국이 서로 상대에 대해 나쁜 영향을 갖게 되는 경우입니다. 거꾸로 서로의 이미지가 개선되는 일이 벌어져서 상대에 대해 좋은 이미지를 갖게 되는 경우도 있습니다. 이것을 '변화의 동기화'라고 합니다. 아시아학생조사에서는 2008년, 2013년, 2018년 이상 3번에 걸쳐 조사하였는데, 여기서 우리는 2번의 변화를 볼 수 있습니다. 다만 제1차 조사의 대상국이 제2차 조사·제3차 조사와 비교해서 적다는 게 아쉬운 점입니다. 그래도 '변화의 동기화'는 확인할

<표 3-16> 2008년부터 2013년에 걸친 평가의 변화: 제1차·제2차 조사

| 평가대상 / 평가자 | 일본 | 한국 | 중국 | 베트남 | 필리핀 | 태국 | 싱가포르 |
|---|---|---|---|---|---|---|---|
| 일본 | | - | - | + | + | + | ± |
| 한국 | - | | | + | ± | + | ± |
| 중국 | - | - | | - | - | - | - |
| 베트남 | + | + | - | | + | + | + |
| 필리핀 | ± | + | | + | | ± | ± |
| 태국 | + | + | ± | + | + | | - |
| 싱가포르 | - | + | - | + | + | + | |

※ 제1차 조사의 점수와 제2차 조사의 점수에서 전자가 후자보다 0.1점 이상 높으면 -, 0.1점 이상 낮으면 +, 그 외에는 ±로 표기했음. <표 3-17>도 동일함.
※ 출전: アジア学生調査第1·第2波調査

수 있습니다.

제1차 조사와 제2차 조사에 걸친 변화를 보여 주는 것이 <표 3-16>이고, 제2차 조사와 제3차 조사에 걸친 변화를 보여 주는 것이 <표 3-17>입니다.

<표 3-16>를 살펴봅시다. 가령 일본 평가자가 평가 대상인 한국을 -(마이너스)로 평가했다는 것은 2008년부터 2013년에 걸쳐 일본의 한국 평가가 악화되었다는 것을 의미합니다. 또 한국 평가자가 평가 대상인 일본을 -로 평가했다는 것은 한국의 일본 평가가 악화되었다는 것을 의미합니다. 그러면 결국 상호예기 가설이 성립되는 셈입니다.

평가가 개선되는 것은 +(플러스), 평가가 악화되는 것은 -(마이너스)이고, 평가의 변화가 나타나지 않는 경우에는 ±(플러스 마이너스)로 표시했습니다. 평가자와 평가 대상이 각각 7개국이므로, 조사 결과를 조합하

〈표 3-17〉 2013년부터 2018년에 걸친 평가의 변화: 제2차·제3차 조사

| 평가대상 / 평가자 | 일본 | 한국 | 중국 | 대만 | 베트남 | 필리핀 | 태국 | 말레이시아 | 싱가포르 | 인도네시아 |
|---|---|---|---|---|---|---|---|---|---|---|
| 일본 | | + | + | ± | ± | ± | ± | ± | ± | ± |
| 한국 | + | | - | ± | ± | ± | ± | ± | - | + |
| 중국 | + | - | | - | + | + | ± | ± | ± | + |
| 대만 | + | + | - | | + | + | ± | ± | ± | + |
| 베트남 | - | + | + | + | | - | ± | - | ± | - |
| 필리핀 | + | ± | - | + | ± | | ± | ± | ± | ± |
| 태국 | ± | ± | - | + | | | | - | ± | |
| 말레이시아 | + | + | ± | ± | - | - | ± | | + | - |
| 싱가포르 | + | + | + | + | + | - | ± | ± | | + |
| 인도네시아 | ± | + | ± | + | ± | | | | + | |

※ 출전: アジア学生調査第2·第3波調査

면 모두 21개 조합이 나옵니다. 그 21개의 조합 중 ++, - -, ±±와 같이 변화가 일치하는 것이 15개, 일치하지 않은 것이 6개입니다. 21개 중에서 변화가 동기화된 것이 15개인 것입니다.

〈표 3-17〉도 같은 방식으로 보면 됩니다. 여기서 홍콩은 평가 대상에서 제외되었습니다. 그래서 일본부터 인도네시아까지 10개의 국가·지역이 평가자인 동시에 평가 대상이 되었습니다. 그리고 조사 결과를 조합하면 모두 45개 조합이 됩니다. 그 45개 중 '변화의 동기화'를 확인할 수 있는 것이 18개, 그렇지 않은 것이 27개입니다. 시기에 따라 상호예기 가설이 들어맞는 경우와 들어맞지 않는 경우가 있습니다.

# 동기화의 성립 조건

〈표 3-16〉에서 변화의 동기화가 나타나는 조합을 보면, 동기화의 성립 조건이 무엇인지 알 수 있습니다.

먼저 중요한 것은 평가자로서 중국의 움직임입니다. 평가자로서의 중국은 2008년부터 2013년에 걸쳐서 6개국 모두에 대해 평가를 낮추었습니다. 그 사이에 중국은 해양으로 진출해서 많은 국가·지역과 대립했습니다. 영향으로 이웃 나라에 대한 중국인 학생의 평가는 급속히 악화되었습니다. 물론 한국, 일본, 필리핀, 베트남 등의 이웃나라도 똑같이 중국에 대한 평가를 낮추었습니다.

또 이 시기에 베트남은 유엔 평화유지 활동에 참가하게 되었고, 외국인의 직접 투자를 위한 환경을 갖추었습니다. 그 결과 자국의 대외 이미지를 향상시키는 데 성공했고(중국은 제외), 실제로 베트남에 대한 이웃 나라들의 평가도 높아졌습니다. 이로 인해 베트남 학생의 주변국에 대한 평가도 높아졌습니다. 이처럼 어떤 사건을 여러 나라가 인지함으로써 상호예기 가설이 성립하는 경우가 있습니다.

한편, 〈표 3-17〉에서 많이 보이는 것처럼 상호예기 가설이 들어맞지 않는 경우도 있습니다. 가령 이 시기에 각국은 태국에 대해 ±의 평가를 내렸습니다. 즉, 거의 변화가 없다는 것입니다. 이처럼 특정 국가의 변화를 다른 나라가 인지하지 못하는 경우에는 상호예기 가설이 성립하지 않습니다.

2012년부터 2013년에 걸쳐서 해양 진출을 단행한 뒤, 중국은 필리핀 및 베트남과 마찰을 빚었습니다. 그 후, 중국에 대한 대응을 두고 아세안 국가들의 의견이 갈라졌습니다. 중국의 변화를 서로 다르게 인식했기 때문입니다. 이런 경우, 상호예기 가설은 부분적으로만 성립합니다.

결국, 상대의 이미지가 바뀔 만한 커다란 사건이 발생하지 않는 경우(혹은 발생해도 충격의 차이가 있는 경우)에는 '변화의 동기화'가 일어나지 않습니다.

## 상호예기 가설의 검증2 — 대외 인식도의 위치는 연동하는가

그리고 또 하나, 대외 인식도의 위치가 연동하는지에 대해 알아보겠습니다. 상호예기 가설의 제2버전을 검증하기 위해서는 대외 인식도의 상위 5개국을 '상', 중간 5개국을 '중', 하위 5개국을 '하'로 정했습니다. 그래서 국가·지역을 조합하여 서로 평가가 일치하는지를 알아보았습니다. 그 결과를 표시한 것이 〈표 3-18〉과 〈표 3-19〉입니다.

다음의 표를 보면 싱가포르가 독특하다는 것을 알 수 있습니다. 제2차 조사에서도, 제3차 조사에서도 싱가포르는 모든 나라로부터 '상' 평가를 받고 있습니다. 일본도 한국과 중국을 제외한 모든 나라로부터 '상' 평가를 받았습니다. 그 외 국가·지역의 경우, 평가자와 평가 대상자의 조합에 따라 여러 가지 패턴이 나타납니다.

여기서 중요한 것은 양국 간에 서로 같은 평가를 한 경우가 얼마나 되느냐하는 문제입니다. 제2차 조사 당시의 대외 인식도를 나타내고

<표 3-18> 대외 인식도의 위치: 제2차 조사

| 평가 대상 / 평가자 | 일본 | 한국 | 중국 | 대만 | 베트남 | 필리핀 | 태국 | 말레이시아 | 싱가포르 | 인도네시아 |
|---|---|---|---|---|---|---|---|---|---|---|
| 일본 | | 하 | 하 | 상 | 중 | 중 | 상 | 중 | 상 | 상 |
| 한국 | 하 | | 하 | 중 | 상 | 중 | 중 | 중 | 상 | 중 |
| 중국 | 하 | 중 | | 상 | 하 | 하 | 상 | 중 | 상 | 중 |
| 대만 | 상 | 하 | 하 | | 중 | 하 | 상 | 상 | 상 | 중 |
| 베트남 | 상 | 중 | 하 | 하 | | 하 | 중 | 중 | 상 | 중 |
| 필리핀 | 상 | 상 | 하 | 중 | 중 | | 상 | 중 | 상 | 중 |
| 태국 | 상 | 상 | 상 | 중 | 중 | 하 | | 중 | 상 | 중 |
| 말레이시아 | 상 | 상 | 상 | 중 | 하 | 중 | 중 | | 상 | 하 |
| 싱가포르 | 상 | 상 | 중 | 상 | 중 | 중 | 중 | 하 | | 하 |
| 인도네시아 | 상 | 상 | 중 | 중 | 하 | 중 | 상 | 하 | 상 | |

※ 자국 이외 15개 국가·지역에 부여한 대외 인식 점수를 3등분해서 그중 상위 5개국을 '상', 중위 5개국을 '중', 하위 5개국을 '하'로 분류했음. 또 15개국 중에는, 조사 대상국이 아닌 미국, 호주, 인도, 러시아, 북한도 포함되어 있음. 홍콩은 조사 대상지에 속하지만, 홍콩의 영향에 관해 다른 나라의 평가를 조사하지는 않았음. 그래서 이 표에는 홍콩을 포함시키지 않았음. 〈표 3-19〉도 동일함

※ 출전: アジア学生調査第2波調査

있는 〈표 3-18〉에서는 상, 중, 하로 일치하는 경우가 45개 조합 중 18 개입니다. 그중 7개가 상·상, 6개가 중·중, 5개가 하·하 조합입니다. 상· 상의 조합은 일본과 대만, 일본과 태국, 일본과 싱가포르, 일본과 인도 네시아, 한국과 싱가포르, 중국과 태국, 대만과 싱가포르 7개입니다. 중·중의 조합은 중국과 인도네시아, 대만과 인도네시아, 태국과 베트 남, 필리핀과 말레이시아, 말레이시아와 태국, 필리핀과 인도네시아 7 개입니다. 하·하 조합은 일본과 한국, 일본과 중국, 중국과 베트남, 필 리핀과 중국, 말레이시아와 인도네시아 5개입니다.

<表 3-19> 대외 인식도의 위치: 제3차 조사

| 평가자 \ 평가대상 | 일본 | 한국 | 중국 | 대만 | 베트남 | 필리핀 | 태국 | 말레이시아 | 싱가포르 | 인도네시아 |
|---|---|---|---|---|---|---|---|---|---|---|
| 일본 |  | 하 | 하 | 상 | 중 | 중 | 상 | 중 | 상 | 중 |
| 한국 | 하 |  | 하 | 상 | 상 | 중 | 중 | 중 | 상 | 중 |
| 중국 | 중 | 중 |  | 중 | 하 | 하 | 상 | 상 | 상 | 중 |
| 대만 | 상 | 중 | 하 |  | 하 | 하 | 중 | 상 | 상 | 중 |
| 베트남 | 상 | 상 | 하 | 중 |  | 하 | 중 | 중 | 상 | 하 |
| 필리핀 | 상 | 상 | 하 | 상 | 중 |  | 중 | 중 | 상 | 중 |
| 태국 | 상 | 상 | 상 | 상 | 중 | 하 |  | 중 | 상 | 중 |
| 말레이시아 | 상 | 상 | 상 | 중 | 중 | 하 | 중 |  | 상 | 하 |
| 싱가포르 | 상 | 상 | 중 | 상 | 중 | 하 | 중 | 하 |  | 하 |
| 인도네시아 | 상 | 상 | 상 | 중 | 중 | 하 | 중 | 하 | 상 |  |

※ 출전: アジア学生調査第3波調査

　　반면, 상대에 대한 평가가 상·하 서로 반대인 조합도 있습니다. 중국과 대만, 필리핀과 태국, 싱가포르와 말레이시아, 싱가포르와 인도네시아 4개입니다.

　　다음으로 <표 3-19>인 제3차 조사 결과를 보겠습니다. 이것은 <표 3-18>인 제2차 조사 결과와 꽤 중복됩니다. 45개 조합 중 대칭적인 평가가 나타나는 조합이 16개입니다. 상·하의 극단적인 비대칭성이 나타나는 것은 45개 조합 중 4개입니다.

　　구체적으로 보면, 상·상의 조합은 제2차 조사에서도 나타났던 일본과 대만, 일본과 태국, 일본과 싱가포르, 한국과 싱가포르, 중국과 태국, 대만과 싱가포르의 조합에 한국과 베트남, 중국과 말레이시아 조합이 추가되었습니다.

중·중의 조합은 4개로 줄었습니다. 베트남과 태국, 베트남과 말레이시아, 태국과 말레이시아, 태국과 인도네시아입니다. 모두 아세안 국가들입니다.

하·하의 조합은 4개입니다. 일본과 한국, 중국과 베트남, 말레이시아와 인도네시아, 필리핀과 중국입니다. 이들은 모두 제2차 조사에서도 하·하의 조합이었습니다.

## 상호 평가의 유형 ― 이웃 나라일수록 원만한 관계가 어렵다

이상의 결과를 보면, 몇 가지 흥미로운 부분을 깨닫게 됩니다.

첫째, 동아시아 역내 국가에서 상·상의 조합은 일본과 대만뿐입니다. 그리고 동남아시아에서는 상·상의 조합이 없습니다. 그 외에 나타나는 상·상의 조합은 모두 동아시아와 동남아시아 국가의 조합입니다. 이웃 나라보다는 조금 떨어진 국가·지역의 조합이 서로 높은 평가를 내릴 가능성이 높습니다. 이렇게 볼 때, 우리는 아세안+1이 기능하고 있다는 것을 알 수 있습니다.

둘째, 모든 국가·지역으로부터 높은 평가를 받고 있는 싱가포르에 관한 것입니다. 싱가포르는 한국, 일본, 대만과 같은 동아시아의 민주주의 국가에 대해서는 높은 평가를 내립니다. 그런 면에서 해당 국가들과 평가의 대칭성이 나타납니다. 하지만 인도네시아, 말레이시아와 같은 이웃 나라에 대해서는 높은 평가를 내리지 않습니다. 결과적으로 이 나라들과는 평가의 비대칭성이 나타납니다.

셋째, 제2장에서 확인한 것처럼, 아세안 회원국은 서로를 대략 중간 정도로 평가합니다. 그런 의미에서 아세안 회원국의 경우, 중·중의 조합이 많습니다.

가장 흥미로운 부분은 서로 반목하는 하·하 조합입니다. 구체적으로는 한국과 일본, 중국과 베트남, 말레이시아와 인도네시아입니다. 한국과 일본, 중국과 베트남, 말레이시아와 인도네시아는 서로 많은 동질성을 갖고 있는 이웃 나라입니다. 우리가 얼핏 보기에, 말레이시아는 인도네시아와 같은 이슬람권의 이웃 나라입니다. 그럼에도 서로 상대를 좋게 평가하지 않습니다. 그와 같은 맥락에서 동남아시아 사람들도 한국과 일본이 왜 서로 반목하는지 그 이유를 이해하기는 어렵습니다. 그 역사적 배경을 알지 못하면 말입니다. 또 사회주의 동맹국이었던 중국과 베트남의 관계도 좋지 않습니다.

하·하 조합을 살펴보면, 많은 공통점을 가진 이웃 나라와 사이좋게 지내는 것이 쉽지 않다는 것을 알 수 있습니다. 설령 인적 교류가 활발해져서 사회적 결합이 강해진다고 해도, 어떤 사건이 벌어지면 오해가 생기고 상대에 대한 평가가 악화되어, 그 상태가 일정하게 지속됩니다.

전반적으로 이웃 나라와의 관계는 잘 정리되는 것이 어렵기에, 정치인과 많은 지식인들의 지혜가 필요한 것 같습니다.

이상으로 제3장에서는 3개의 가설을 검증해 보았습니다. 그 결과 모든 국가·지역에 들어맞는 가설은 없었습니다. 그러므로 아시아의 2국 관계 속의 평가 및 심리를 세밀하게 파악하는 것이 필요합니다.

다음 장에서는 이제까지 파악한 부분을 토대로, 아직 소개하지 않은 데이터를 추가해서 각각의 국가·지역이 가진 국민감정의 특징을 심층적으로 알아보겠습니다.

제4장

# 아시아
## 각국·지역의
## 특징

언론 NPO는 2005년부터 중일여론조사를 실시했습니다. 중국과 일본의 국민에게 같은 질문을 해서 쌍방이 서로를 어떻게 평가하고 있는지를 시계열로 검토할 수 있는, 세계적으로 아주 특별한 조사입니다. 조사의 항목도 다양해서 결과를 보는 것만으로도 재미있지만, 그 가운데에서도 흥미있는 것은 양국 국민의 중일관계에 대한 평가입니다.

'현재의 중일관계에 대해서 어떻게 생각합니까?'라는 질문에 '좋다/좋은 편이다'라고 응답한 비율을 보면, 중국의 대도시에서 반일데모가 일어난 2005년이나, 센카쿠제도의 영유를 둘러싼 분쟁이 심각했던 2013년에 양국은 비슷한 수치를 나타내고 있습니다. 그러나 2010년의 데이터를 보면, 중국에서 중일관계를 좋다고 판단한 비율이 74.5%인 것에 비해 일본에서는 22.0%에 그쳤습니다. 2013년 이후의 평가에서도 차이가 보이는데, 2019년 시점에 중일관계를 긍정적으로 평가한 비율은 중국에서 34.3%를 차지한 것에 비해, 일본에서는 8.5%에 지나지 않았습니다.

이렇게 중일관계에 대한 평가가 엇갈리는 것은 양국의 국민감정 형성 방식이 다르기 때문입니다. 이 장에서는 역사적인 문맥도 파고들면서, 일본을 제외한 아시아 각국에서 나타나는 국민감정의 지역적 특성을 살펴보겠습니다.

# 베트남 — 추격자(catch-up)형의 대항적 내셔널리즘

먼저 베트남부터 봅시다.

'머리말'에서도 소개한 것처럼, 베트남은 중국의 군사적 발전뿐만 아니라 경제 발전도 경계하고 있습니다. 또 경제적 혜택 프레임이나 평화적 부상 프레임도 별로 받아들이지 않고 있습니다. 베트남은 중국과의 사회적 결합이 상대적으로 강하지만 중국이라는 국가에 대해서는 강한 경계심을 가지고 있습니다.

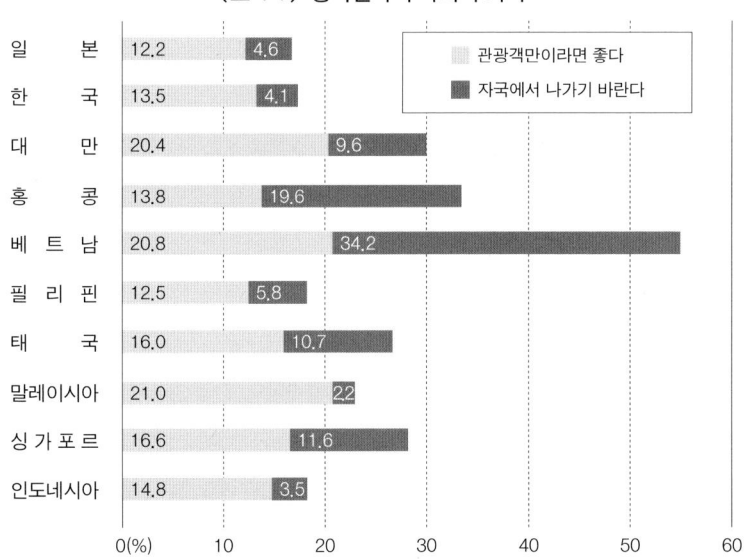

〈표 4-1〉중국인과의 사회적 거리

| | 관광객만이라면 좋다 | 자국에서 나가기 바란다 |
|---|---|---|
| 일　　본 | 12.2 | 4.6 |
| 한　　국 | 13.5 | 4.1 |
| 대　　만 | 20.4 | 9.6 |
| 홍　　콩 | 13.8 | 19.6 |
| 베 트 남 | 20.8 | 34.2 |
| 필 리 핀 | 12.5 | 5.8 |
| 태　　국 | 16.0 | 10.7 |
| 말레이시아 | 21.0 | 2.2 |
| 싱 가 포 르 | 16.6 | 11.6 |
| 인도네시아 | 14.8 | 3.5 |

※ 수치는 이하 7개의 응답 중, ⑥, ⑦을 선택한 비율을 나타냄. 중국인과 ①결혼해도 좋다, ②친구가 되어도 좋다, ③이웃이 되어도 좋다, ④직장의 동료가 되어도 좋다, ⑤자국의 영주자가 되어도 좋다, ⑥관광객이라면 좋다, ⑦자국에서 나가기 바란다. 말레이시아의 상세한 내용에 대해서는 〈표 4-6〉을 참조할 것.
※ 출전: アジア学生調査第2波調査

중국에 대한 베트남의 경계심은 개인 차원에서도 나타납니다. 〈표 4-1〉은 중국인과의 사회적 거리를 가시화하여 비교한 데이터입니다. 아시아학생조사 제2차 조사에서만 사용한 이 질문은 이 장의 후반에서 말레이시아(〈표 4-6〉)나 홍콩(〈표 4-14〉)을 다룰 때도 나오는데, 몇몇 나라의 사람들을 열거해서 응답자가 자신들과 얼마나 거리를 두고 싶은가에 대해 묻습니다. 그 중에서도 〈표 4-1〉은 아시아 역내에서 중국인과의 사회적 거리에 대해서 부정적인 응답이 어느 정도인가를 나타낸 것입니다.

'관광객만이라면 좋다'는 일시적인 체류자로서는 받아들이지만, 장기 체류자로서는 인정하지 않는다는 의미이고, '자국에서 나가기 바란다'는 바로 추방하고 싶다는 의미로 사회적 거리가 멀다는 응답이 됩니다. 베트남에서는 '관광객만이라면 좋다'가 20.8%, '자국에서 나가기 바란다'가 전체 중 3분의 1이 넘는 34.2%로 다른 나라를 크게 상회하고 있습니다. 베트남이 사회주의 국가이고 현재까지도 러시아를 높게 평가하고 있는 것을 생각하면, 중국에 대한 이러한 자세는 이해하기 어려운 측면이 있습니다.

〈표 4-2〉는 아시아학생조사의 제2차 조사에서 제3차 조사까지 10년간 이루어진 조사로 러시아의 영향에 대한 평가를 각 나라별로 시계열순으로 나타낸 것입니다. 중국은 들쑥날쑥하면서도 전체의 7할 정도가 러시아의 영향을 긍정적으로 평가하고 있습니다만, 베트남은 중국보다 더 러시아의 영향을 긍정적으로 보고 있습니다. 사회주의 체제를 유지하는 베트남이 중국에 대해 이렇게 엄격한 시선을 보내게 된

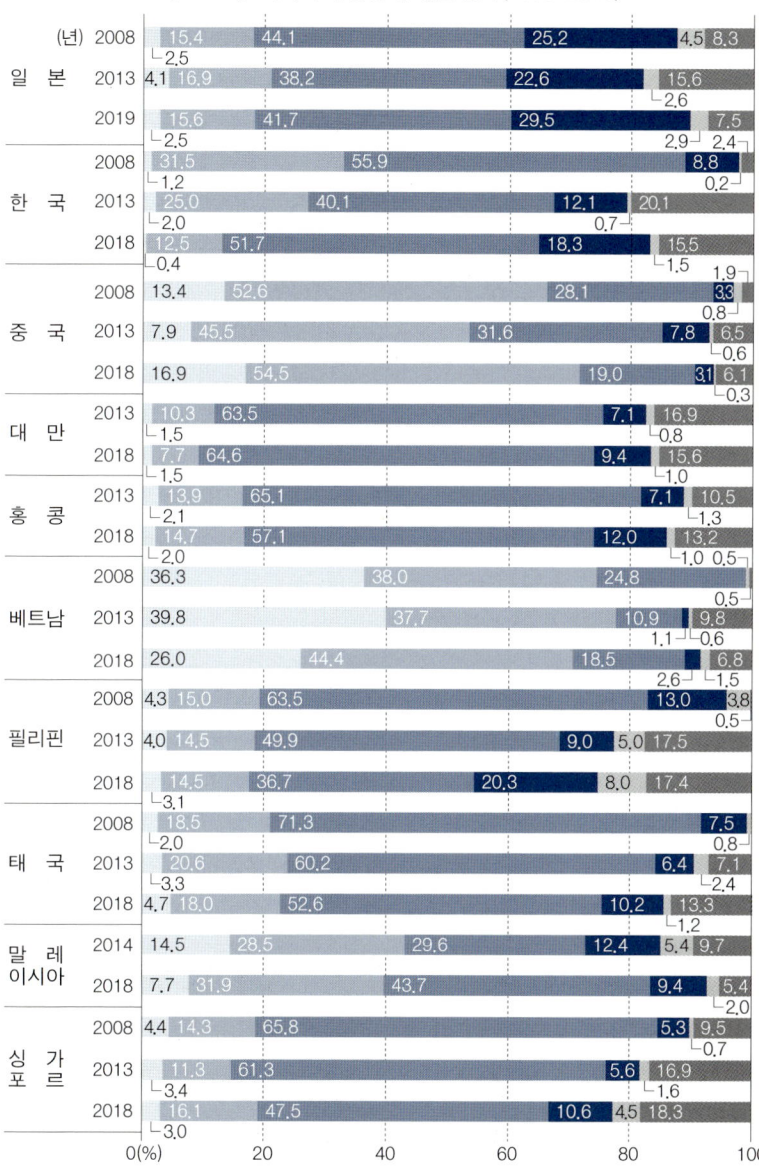

〈표 4-2〉 러시아의 영향에 대한 평가(2008~2019)

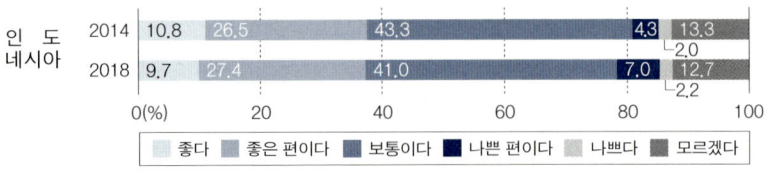

※ 출전: アジア学生調査第1·第2·第3波調査

이유는 무엇일까요? 심도 있는 분석을 위해서는 보다 상세한 데이터가 필요하지만, 필자는 크게 2가지 이유가 있다고 생각합니다. 첫째는 도이·모이(Doi Moi 쇄신을 뜻하는 슬로건) 정책에 의한 사회적 개방의 효과입니다. 제2장에서 설명한 바와 같이 베트남인이 좋은 인상을 가지고 있는 나라의 대부분은 미국, 일본, 싱가포르 등입니다. 유학을 희망하는 곳도 미국, 영국, 일본입니다. 이렇듯 발전한 지역에 대한 동경이나 이들 지역에 대한 긍정적인 감정이 조사 데이터에서 많이 나타나고 있습니다.

## 높아지는 대중 내셔널리즘

그렇다면 경제적으로 성장하고 있는 중국에 대해서는 긍정적인 평가를 가질 만도 한데, 결과는 왜 그렇지 않을까요? 여기에는 또 다른 중요한 요인, 즉 베트남의 내셔널리즘이 영향을 미치고 있습니다.

도 탕 하이(Do Thang Hai)의 분석(2018)에 따르면, 중국과 베트남 사이에는 캄보디아 내전 개입을 둘러싼 대립, 중국·베트남전쟁 등 일시적인 마찰은 있었지만, 이후에 양국은 기본적으로 양호한 관계를 유지했습니다. 그러나 해양주권을 둘러싼 분쟁에서 나타나듯이, 국력이 강해진 중국이 주변국에 물량 공세를 펼치자, 베트남은 중국의 태도에 환멸을 느끼고 거리를 두게 되었습니다.

이뿐만 아니라, 난사군도를 둘러싼 영유권 문제가 분출하면서 베트남은 중국과 경제적·문화적인 관계를 유지하면서도 정치·안보의 영역에서 강한 경계심을 갖게 되었습니다. 이것이 경제적으로 풍요로워진 젊은이들의 내셔널리즘 감정과 결부되면서, 반중 정서가 강화된 것입니다.

반중 정서는 베트남이 미국이나 일본으로 접근하고 있다는 것을 의미합니다. 특히 베트남은 선진국을 동경하고 있기에 미국·일본에 접근하는 것이 자연스럽습니다. 한편, 베트남의 미국·일본에의 접근은 중국을 더욱 자극해, 중국의 반베트남 감정을 더욱 강화시킵니다. 이로써 상호예기 가설이 성립할 수 있는 조건이 생겨나는 것입니다. 이와 같이 베트남은 냉전체제가 무너진 후에도 영토 분쟁이 없고, 사회적 결합도 약한 러시아에 대해서는 여전히 좋은 인상을 갖고 있습니다. 반면, 이익을 둘러싸고 대립하는 중국에 대해서는 경계심을 보입니다. 결국, 베트남의 사례는 포스트냉전 가설과 맞지 않는 전형적인 예입니다.


## 필리핀 — 미국 의존의 딜레마

필리핀으로 눈을 돌려보겠습니다.

필리핀의 경우에도 베트남과 마찬가지로 난사군도의 영유를 둘러싼 문제로 인해 대중 감정이 급속히 악화되고 있습니다. 2010년대 중반부터 중국에서 온 관광객이 필리핀에서 문제를 일으키고 있다는 소식이 빈번하게 보도되면서, 〈표 4-9〉처럼 '중국인 관광객의 증가는 유익한 것보다 해가 많다'라고 응답한 비율이 거의 과반수에 달하고 있습니다. 이는 홍콩, 말레이시아, 인도네시아와 맞먹을 정도로 높은 수치입니다.

소셜웨더스테이션(Social Wether Station)이 매년 4회에 걸쳐 실시하고 있는 여론조사에 따르면, 중국에 대한 신뢰는 조사를 개시한 1994년부터 2010년까지 오르락내리락하면서도 전체적으로는 상승하고 있었습니다. 그러나 2010년을 정점으로 떨어지기 시작해, 2016년에 한 번 회복하고(두테르테 대통령이 시진핑 국가주석과의 회담에서 남중국해의 문제를 보류하겠다고 발언한 효과라고 생각합니다), 2017년 이후에 다시 떨어지고 있습니다.

2019년 제3·4분기에 '신뢰한다'라고 응답한 비율에서 '신뢰하지 않는다'라고 응답한 비율을 뺀 점수는 33점으로 매우 낮은 수치입니다 (https://www.sws.org.ph/swsmain/artcldisppage/?artcsyscode=ART-20191120154783).

1994년에 시작한 소셜웨더스테이션의 조사에서 중국은 유일하게 마이너스 이미지에서 출발한 국가입니다. 냉전체제의 붕괴로 대중 이미지가 향상되기도 했지만, 영해 분쟁으로 인해 대중 평가가 높아지는 기회는 사라졌습니다. 대중 평가의 저하는 대미 평가의 상승과 관계가 있다고 생각합니다만(사실 베트남에서는 그러한 경향이 나타납니다), 필리핀의 경우에는 그렇게 단순하지 않습니다.

# 대미 의존의 이중심리

제2장에서도 지적한 바와 같이 필리핀은 미국과의 사회적 결합이 강한 나라입니다. 이는 미국에 필리핀 이민자들이 많이 살고 있다는 것과 필리핀에서 미국 음식이 인기가 많다는 것에서도 확인할 수 있습니다.[37] 미국과의 군사적인 연대관계가 강했던 것을 생각하면, 필리핀이 다른 나라보다 더 친미적이라고 해도 이상하지 않습니다. 그러나 〈표 2-4〉에서 본 것처럼, 필리핀의 대외 인식에서 미국은 중위권에 속해 있습니다. 긍정적인 비율은 2013년에 3.50점, 2018년에 3.30점으로 나타나고 있지만, 일본, 싱가포르, 한국만큼 상위권은 아닙니다.

사실, 필리핀에서는 미국 군사력의 필요성에 대해 소극적·수동적인 자세를 보입니다. 〈표 4-3〉은 '아시아의 안정을 위해서는 미국의 군사력이 중요하다'라는 질문에 대한 응답을 분석한 것입니다. 2008년, 필리핀에서는 긍정적인 답변의 비율이 45.5%로 과반수 이하입니다. 2018년에는 비율이 10% 상승합니다만, 다른 지역에 비하면 미국의 군사력에 대해 그다지 기대감이 없는 것 같습니다. 여기에는 역사적 문제가 얽혀 있습니다. 일본이나 한국과 마찬가지로 필리핀은 미군 기지를 둘러싸고 미국과 복잡한 관계를 유지하고 있고, 그것이 학생의

---

37 아시아 바로미터의 2006년 조사 결과에 따르면, 싱가포르에서는 서양식뿐만 아니라 아시아의 요리도 널리 퍼져 있습니다. 이에 비해 필리핀에서는 피자나 햄버거 등 미국의 패스트푸드가 세대를 불문하고 인기가 많지만, 한국의 김치, 베트남의 쌀국수, 태국의 똠양꿍은 인기가 없다는 특징이 있습니다(園田, 2009).

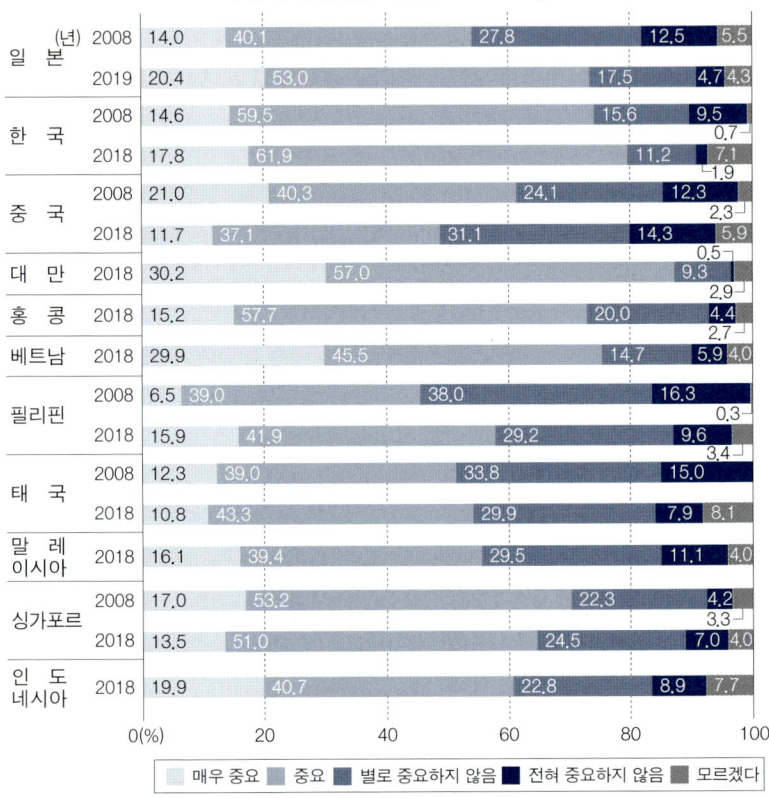

〈표 4-3〉 "아시아의 안정을 위해서는 미국의 군사력이 중요하다"라는
주장에 대한 찬반 여부(2008~2019)

| | (년) | 매우 중요 | 중요 | 별로 중요하지 않음 | 전혀 중요하지 않음 | 모르겠다 |
|---|---|---|---|---|---|---|
| 일 본 | 2008 | 14.0 | 40.1 | 27.8 | 12.5 | 5.5 |
| 일 본 | 2019 | 20.4 | 53.0 | 17.5 | 4.7 | 4.3 |
| 한 국 | 2008 | 14.6 | 59.5 | 15.6 | 9.5 | 0.7 |
| 한 국 | 2018 | 17.8 | 61.9 | 11.2 | 7.1 | 1.9 |
| 중 국 | 2008 | 21.0 | 40.3 | 24.1 | 12.3 | 2.3 |
| 중 국 | 2018 | 11.7 | 37.1 | 31.1 | 14.3 | 5.9 |
| 대 만 | 2018 | 30.2 | 57.0 | 9.3 | 0.5 | 2.9 |
| 홍 콩 | 2018 | 15.2 | 57.7 | 20.0 | 4.4 | 2.7 |
| 베트남 | 2018 | 29.9 | 45.5 | 14.7 | 5.9 | 4.0 |
| 필리핀 | 2008 | 6.5 | 39.0 | 38.0 | 16.3 | 0.3 |
| 필리핀 | 2018 | 15.9 | 41.9 | 29.2 | 9.6 | 3.4 |
| 태 국 | 2008 | 12.3 | 39.0 | 33.8 | 15.0 | |
| 태 국 | 2018 | 10.8 | 43.3 | 29.9 | 7.9 | 8.1 |
| 말 레 이시아 | 2018 | 16.1 | 39.4 | 29.5 | 11.1 | 4.0 |
| 싱가포르 | 2008 | 17.0 | 53.2 | 22.3 | 4.2 | 3.3 |
| 싱가포르 | 2018 | 13.5 | 51.0 | 24.5 | 7.0 | 4.0 |
| 인 도 네시아 | 2018 | 19.9 | 40.7 | 22.8 | 8.9 | 7.7 |

※ 출전: アジア学生調査 第1·第3波調査

대외 인식에도 부정적인 영향을 드리우고 있습니다.

　1947년에 군사기지협정, 1951년에 상호방위조약이 체결된 후, 미군
은 클라크 공군 기지(Clark Air Base)와 수빅베이 해군 기지(Subic Bay Naval
Base)를 거점으로 필리핀에서의 활동을 본격적으로 개시했습니다. 그

러나 동시에 필리핀의 국가 건설은 강한 반미 내셔널리즘을 낳았습니다. 미군 기지의 존재는 역설적으로 미국이 가진 폭력성을 상징할 뿐만 아니라, 사람들로 하여금 미국에 종속되었다는 것을 인식하게 했기 때문입니다.

## 정치적 편차와 포퓰리즘의 대두

냉전체제가 붕괴한 후인 1992년, 미군은 필리핀에서 전면 철수했습니다. 필리핀 정부가 군사기지협정에 대신할 조약에 조인했지만, 필리핀 상원이 조약의 비준을 거부했기 때문입니다. 한국과 일본에는 현재에도 미군 기지가 있지만, 필리핀에는 미군 기지가 없습니다.

미군이 철수하고 6년 후인 1998년에 필리핀은 미국과 방문군지위협정(VFA)을 체결했습니다. 이는 당시 중국의 남중국해 진출이 명확해지자 여기에 필리핀이 반응한 결과입니다. 이처럼 필리핀은 미군에 철수를 요구하면서도, 필요한 국면에서는 미국에 의존하는 이중적인 자세를 보이고 있습니다.

필리핀의 지식인에게 미국의 민주주의는 이상적이지만, 때에 따라서는 성가신 존재이기도 합니다. 게다가 〈표 1-2〉에서 본 대중 평가와 마찬가지로, 필리핀 국내에서는 대미 인식을 둘러싼 의견의 차이가 현저합니다. 그래서 친미파와 반미파가 정치적으로 대립하고 있습니다. 미국의 리버럴리즘이 후퇴하는 가운데 포퓰리즘이 힘을 얻어 대미관계가 국내 정치를 좌우하게 된 것입니다.

아시아학생조사의 제3차 조사에서는 두테르테 대통령을 신뢰하는가를 묻고 있는데, 필리핀 학생들의 응답 중 지지파가 16.8%, 비지지파가 72.0%, 모르겠다가 1.2%입니다. 다른 나라의 응답에 비해 '모르겠다'는 응답이 적고, 비지지파가 많았습니다. 필리핀 국내의 여론조사 결과와 비교해 보면, 엘리트 학생들이어서인지 반미, 반두테르테파가 많았는데, 이것은 국내 여론이 크게 갈라져 있었기 때문입니다.

이러한 상황에서 미국 정치가의 발언으로 필리핀 정치가 크게 흔들리는 일이 몇 번이나 있었습니다. 2020년에 들어서는 방문군지위협정의 파기와 보류로 의견이 갈라졌습니다. 그런데 파기해야 한다는 의견의 경우, 두테르테 정권의 반인권적인 자세를 비판한 미국에 대한 보복의 의미가 포함되어 있습니다. 이처럼 친미적인 감정을 가지면서 동시에 그것을 부정하는 심리적 메커니즘이 작동하고 있는 것입니다. 전후 일본의 반미감정을 이해하고 있는 분이라면 비교적 이해하기 쉬울 것이라고 생각합니다.[38]

---

38 전후의 일본에서는 미국을 '좋다'고 하는 사람이 다수입니다만, 미군 기지나 미일안보의 문제 등으로 인해 그 비율은 점차 감소하여 1970년대 중반에는 20% 이하가 되었습니다. 그러나 그 이후에는 '좋다'는 비율이 높아져 현재의 비율에 이르고 있습니다. 내각부에 의한 '외교에 관한 여론조사'에 따르면, 2019년 시점에서 미국에 '친밀함을 느낀다'고 응답한 사람의 비율은 78.7%로, '친밀함을 느끼지 않는다'는 응답 19.1%를 압도하고 있습니다. 반세기 전의 일본에서는 대미 관계를 둘러싸고 국론이 나뉘기도 했습니다. 현재의 젊은이들은 이를 상상하기 어려울 것입니다.

# 태국 - 중국은 믿음직한 파트너

태국에서는 말레이시아, 인도네시아와 마찬가지로 한국, 중국, 일본, 대만의 영향을 거의 비슷할 정도로 높게 평가하고 있습니다. 동아시아 국가들 사이에서는 어느 한 국가가 낮게 평가됩니다만, 태국, 말레이시아, 인도네시아 세 국가에서는 그렇지 않습니다. 베트남, 필리핀에서 대중 감정이 악화되고 있는 것과 비교해 태국에서 중국에 대한 평가가 높은 점은 특이합니다. 필리핀과 마찬가지로 태국도 아세안의 원가맹국으로서, 공산주의와의 대결이 국민국가 형성의 강한 동력이 되었기 때문입니다.

개혁개방 이후 1989년 6월 4일의 톈안먼사건(天安門事件)으로 서구 국가들로부터 격렬한 비난을 받은 중국은 보다 실리주의적인 경제 중심으로 아시아에 접근했습니다. 이로 인해 태국의 대중 인식은 바뀌게 됩니다. 경계해야 할 공산주의 국가라는 이미지가 점차 흐려지고, 중국을 경제적으로 성공하여 경제적인 기회를 많이 안겨 주는 믿음직한 파트너로 인식하게 된 것입니다.[39] 물론 여기에는 개발주의 노선을 취한 태국의 사정이 얽혀 있습니다. 예전에는 대중 인식의 변화에 대해 그다지 깊은 연구가 이루어지지 않았습니다만, 최근에는 팟타지 탕싱

---

39 언론 NPO에 의한 2019년 중일 공동 여론조사 결과에 따르면, 조사 대상이 된 일본인 중 52.0%는 중국을 표현하는 사회·정치 체제로서 '사회주의·공산주의'라고 응답했습니다. 이것은 과반수를 넘어선 것으로 다른 선택지를 압도하고 있습니다. 태국과 비교해 일본은 냉전체제의 사고방식에 강하게 얽매여 있는 것 같습니다.

뭉콩(Pattajit Tangsinmunkong)이 와세다 대학에 제출한 박사논문(2019)에서 왜 이러한 반전이 일어났는가를 설명하고 있습니다. 필자가 편집한 책에 기고해 준 케빈 휴이슨(2018)도 태국 국내 정치의 변화에 따른 대중 인식의 변화를 잘 설명하고 있습니다.

## 미국의 실책과 중국의 성공

태국의 대중 인식이 극적으로 좋아졌던 것은 1997년 아시아 금융 위기 이후의 일입니다. 이때 태국에서는 미국이 자기 나라를 배신했다는 실망감이 확산되었습니다. 그 결과, 태국에 손을 내민 중국과 일본을 믿음직한 파트너로 인식하기 시작했습니다. 2008년 리먼사태 때, 중국은 대규모의 예산을 투입해서 세계 경제의 견인차 역할을 했습니다. 리먼사태가 미국발이었다는 이유도 있어서 태국에서는 믿음직한 파트너로서 중국을 높이 평가하게 되었습니다. 미국에서 멀어진 것에는 정치적인 사정도 연결되어 있습니다. 태국은 정치 상황이 불안하기 때문에 군사정권이 자주 탄생하였는데, 군사 쿠데타가 일어날 때마다 미국이 개입하여 군사원조예산을 삭감해 왔습니다. 이러한 미국의 대응이 태국의 심리적인 이반을 낳은 것입니다.

중국에 대한 태국의 긍정적인 평가는 중국어 학습에 대한 강한 의욕에서도 찾아볼 수 있습니다. <표 4-4>는 "20년 후, 아이가 배우기를 바라는 언어는 무엇인가?"라는 질문에 대한 응답의 분석입니다. 모든 지역에서 영어를 가르치고 싶다는 응답이 지배적으로 나타나며, 그 점

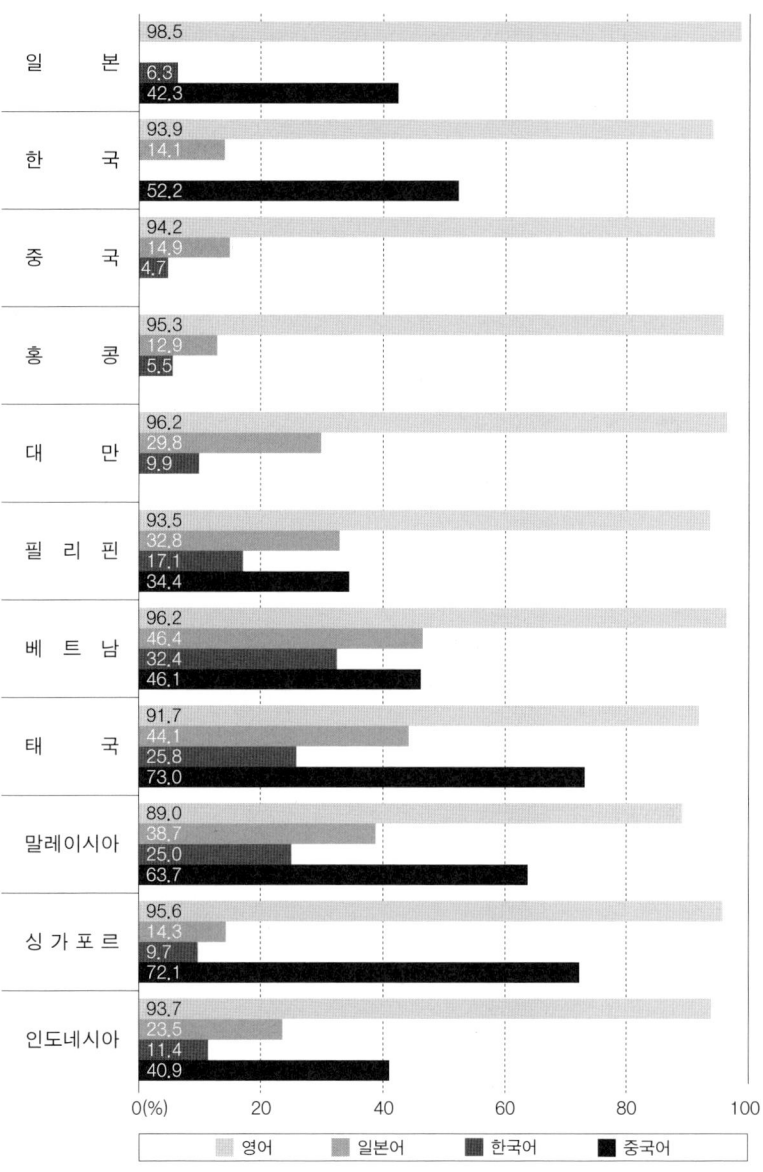

〈표 4-4〉 20년 후, 아이가 배우기를 바라는 언어(복수응답)

| | 영어 | 일본어 | 한국어 | 중국어 |
|---|---|---|---|---|
| 일 본 | 98.5 | 6.3 | | 42.3 |
| 한 국 | 93.9 | 14.1 | | 52.2 |
| 중 국 | 94.2 | 14.9 | | 4.7 |
| 홍 콩 | 95.3 | 12.9 | | 5.5 |
| 대 만 | 96.2 | 29.8 | | 9.9 |
| 필 리 핀 | 93.5 | 32.8 | 17.1 | 34.4 |
| 베 트 남 | 96.2 | 46.4 | 32.4 | 46.1 |
| 태 국 | 91.7 | 44.1 | 25.8 | 73.0 |
| 말레이시아 | 89.0 | 38.7 | 25.0 | 63.7 |
| 싱 가 포 르 | 95.6 | 14.3 | 9.7 | 72.1 |
| 인도네시아 | 93.7 | 23.5 | 11.4 | 40.9 |

영어　일본어　한국어　중국어

※ 출전: アジア学生調査第3波調査

에서는 아시아 국가 간에 별 차이가 없습니다. 한편 아이들이 중국어, 일본어, 한국어 등 아시아 지역의 주요 언어를 어느 정도 배우기를 원하는가에 주목해서 보면, 지역에 따라 차이가 보입니다. 동남아시아의 응답을 보면, '아이가 이렇게 많은 언어를 습득할 수 있을까?'라는 의문이 들지만 어찌되었든 동남아시아에서는 아시아 언어를 아이에게 가르치고 싶다고 생각하는 사람이 상당수 있습니다. 그중에서도 태국은 아이에게 중국어를 가르치고 싶다고 응답한 비율이 73.0%로 아시아 역내에서 가장 높은 수치를 보이고 있습니다.

## 태국 특유의 유연성

하지만 이야기는 여기서 끝나지 않습니다.

사실 태국 내에서 '중국어를 할 수 있다'고 응답한 학생의 비율은 다른 지역과 마찬가지로 그다지 높지 않습니다. 중국어가 '유창한 수준', '일상회화 수준'이라고 응답한 비율은 7% 정도로, 최근 10년 동안 그 비율이 상승하지 않았습니다(⟨표 4-5⟩ 참조). 전 인구의 12% 정도를 차지한다는 화교의 대부분은 태국화되어 중국 문화의 영향이 별로 남아 있지 않습니다. 화교는 정계와 재계에서 핵심적인 역할을 하게 되어 태국에 거의 완전하게 동화되었습니다. 이 점에서 이슬람 교도가 다수파인 말레이시아나 인도네시아와는 큰 차이가 있습니다. 이처럼 태국은 중국의 영향을 긍정적으로 평가하고, 아이들에게도 중국어를 학습시키고자 하는 의욕이 강하지만, 그러면서도 중국에 먹히지 않는 유연성

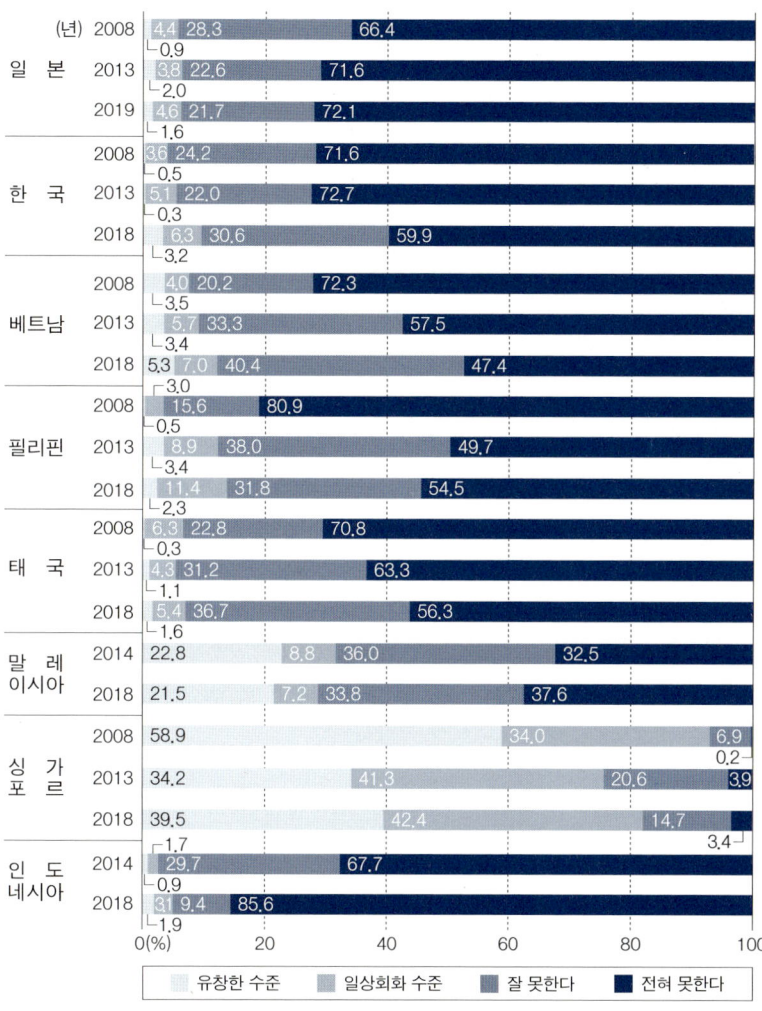

〈표 4-5〉 응답자의 중국어 능력(2008~2019)

| | | (년) | 유창한 수준 | 일상회화 수준 | 잘 못한다 | 전혀 못한다 |
|---|---|---|---|---|---|---|
| 일 본 | 2008 | | 4.4 | 28.3 | | 66.4 | 0.9 |
| | 2013 | | 3.8 | 22.6 | | 71.6 | 2.0 |
| | 2019 | | 4.6 | 21.7 | | 72.1 | 1.6 |
| 한 국 | 2008 | | 3.6 | 24.2 | | 71.6 | 0.5 |
| | 2013 | | 5.1 | 22.0 | | 72.7 | 0.3 |
| | 2018 | | 6.3 | 30.6 | | 59.9 | 3.2 |
| 베트남 | 2008 | | 4.0 | 20.2 | | 72.3 | 3.5 |
| | 2013 | | 5.7 | 33.3 | | 57.5 | 3.4 |
| | 2018 | 5.3 | 7.0 | 40.4 | | 47.4 | 3.0 |
| 필리핀 | 2008 | | 15.6 | 80.9 | | | 0.5 |
| | 2013 | | 8.9 | 38.0 | | 49.7 | 3.4 |
| | 2018 | | 11.4 | 31.8 | | 54.5 | 2.3 |
| 태 국 | 2008 | | 6.3 | 22.8 | | 70.8 | 0.3 |
| | 2013 | | 4.3 | 31.2 | | 63.3 | 1.1 |
| | 2018 | | 5.4 | 36.7 | | 56.3 | 1.6 |
| 말 레 이시아 | 2014 | 22.8 | | 8.8 | 36.0 | | 32.5 |
| | 2018 | 21.5 | | 7.2 | 33.8 | | 37.6 |
| 싱 가 포 르 | 2008 | 58.9 | | | 34.0 | | 6.9 / 0.2 |
| | 2013 | 34.2 | | | 41.3 | | 20.6 | 3.9 |
| | 2018 | 39.5 | | | 42.4 | | 14.7 | 3.4 |
| 인 도 네시아 | 2014 | | 29.7 | | 67.7 | | | 1.7 / 0.9 |
| | 2018 | 3.1 | 9.4 | 85.6 | | | 1.9 |

※ '모르겠다'는 응답은 제외하고 집계했음.
※ 출전: アジア学生調査第1·第2·第3波調査

을 갖추고 있습니다.[40] 이러한 점이 중국과의 관계에서 태국이 보여주는 고유의 특성입니다.

## 말레이시아 — 민족정치가 낳은 심리 메커니즘

다음으로 눈을 말레이시아로 돌려보겠습니다.

말레이시아에는 싱가포르 정도는 아니더라도 수준 높은 중국어 능력을 가진 학생들이 많은데, 이것도 화교의 영향입니다.

아시다시피 말레이시아는 이슬람 국가로서, 제2차 세계대전 후 영국으로부터 독립한 '신생국가'입니다. 더욱이 화교가 경제면에서 강한 힘을 발휘하고 있다는 점에서 인도네시아와 많이 닮아 있습니다. 말레이시아는 주로 이슬람교를 믿는 69%의 말레이계, 문화적으로 다른 23%의 화교, 7%의 인도계 등으로 구성되어 있는데, 그렇기 때문에 말레이시아의 국민감정에는 다음과 같은 2가지 특징이 나타납니다. 첫 번째는 미국·영국을 중심으로 한 국제질서와 관련해 중동처럼 적대적인 자세는 보이지 않지만, 그렇게 긴밀하게 연동되어 있지도 않습니다. 특히 9·11 이후 반이슬람적인 색채가 강해진 미국과는 거리를 두게 되었고, 대외 인식에서도 미국이 상위에 있지 않습니다.

---

40 태국화교연구의 전문가인 무라시마 에이지(村嶋英治)는 태국 사회가 화교를 받아들인 역사를 고찰했습니다. 그는 자신의 저술에서 능력이 탁월한 화교를 받아들여 그들을 철저히 동화시켜왔던 태국의 비혈통주의와 사회의 '경이로운 유연성'을 서술하고 있습니다(村嶋 2002:43).

두 번째는 서로 다른 민족집단으로 인해 일부 국민감정이 일부 다르게 나타난다는 것입니다. 충분히 예상할 수 있듯이 인도계는 인도의 영향을 높게 평가하고, 화교계는 중국의 영향을 높게 평가하는 경향을 보입니다.

화교와 비화교와의 차이는 사회적 거리의 차이에서도 나타나고 있습니다.

사회적 거리에 대해서는 15개 국가·지역을 목록화하여 이들 국가·지역 사람들과 어느 정도의 거리를 두고자 하는가라는 질문을 했습니다.

응답에서는 ① 결혼해도 좋다, ② 친구가 되어도 좋다, ③ 이웃이 되어도 좋다, ④ 직장 동료가 되어도 좋다, ⑤ 자국의 영주자가 되어도 좋다, ⑥ 관광객만이라면 좋다, ⑦ 자국에서 나가기 바란다 등 7개의 선택지를 준비하여 그 안에서 하나를 선택하도록 했습니다.

<표 4-6>은 모국어가 중국어라고 응답한 36명과 모국어가 중국어가 아니라고 응답한 150명을 각각 화교, 비화교로 그룹으로 나누어 중국인, 대만인과 어떠한 사회적 거리를 두는가를 나타내는 것입니다. 화교 그룹에서는 중국인, 대만인과 모두 '결혼해도 좋다'는 응답이 가장 많았습니다. 이렇게 사회적 거리가 가까운 사람들이 큰 그룹을 만들고, 그 외의 응답이 나뉘어지는 것이 화교 그룹의 특징입니다. 이에 비해 비화교 그룹에서는 대만인, 중국인에 대해 모두 '관광객만이라면 좋다'는 응답이 가장 많았습니다. 이것이 전체 5분의 1을 차지하고, 반면 둘 다 '친구가 되어도 좋다'는 응답은 13.3%였습니다. 비화교 중에서도 중국계의 수용에 관대한 그룹과 관대하지 않은 그룹이 병존하고

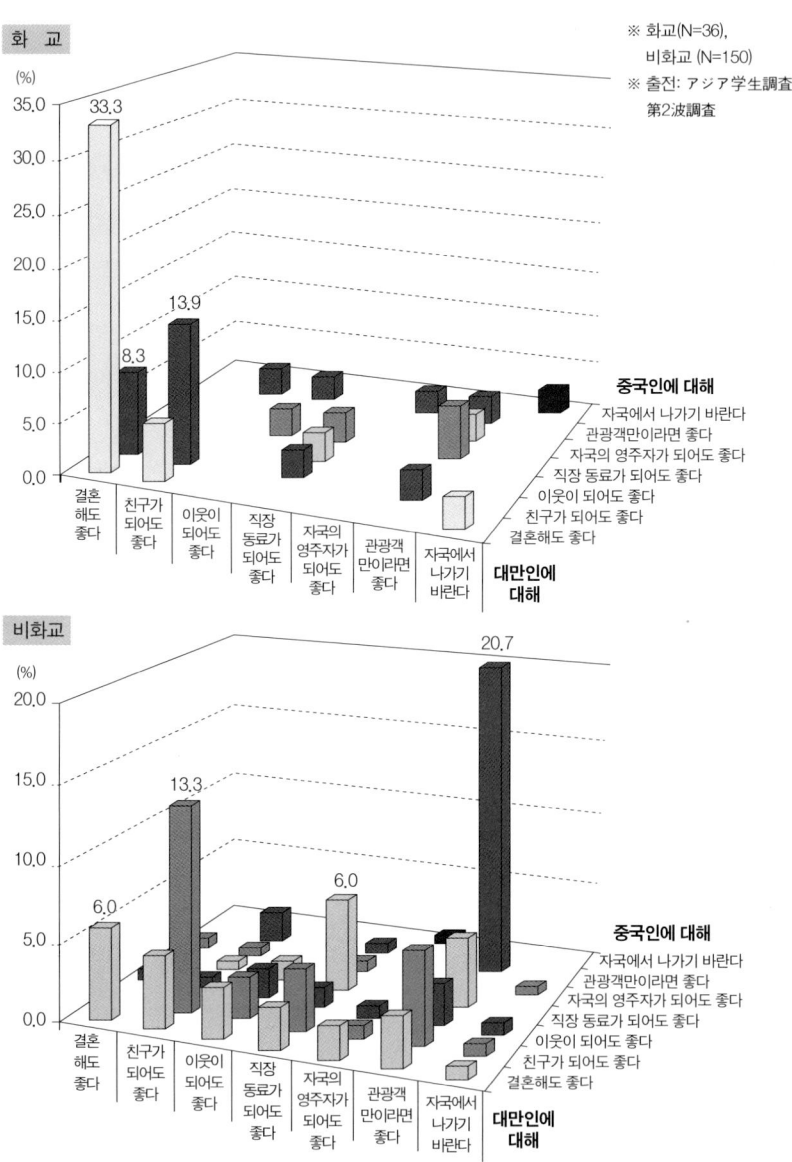

〈표 4-6〉 말레이시아에서 중국인·대만인과의 사회적 거리

※ 화교(N=36),
비화교 (N=150)
※ 출전: アジア学生調査
第2波調査

**화 교**

(%)

35.0
30.0
25.0
20.0
15.0
10.0
5.0
0.0

33.3
13.9
8.3

중국인에 대해
자국에서 나가기 바란다
관광객만이라면 좋다
자국의 영주자가 되어도 좋다
직장 동료가 되어도 좋다
이웃이 되어도 좋다
친구가 되어도 좋다
결혼해도 좋다

결혼해도 좋다 / 친구가 되어도 좋다 / 이웃이 되어도 좋다 / 직장 동료가 되어도 좋다 / 자국의 영주자가 되어도 좋다 / 관광객만이라면 좋다 / 자국에서 나가기 바란다

대만인에 대해

**비화교**

(%)

20.0
15.0
10.0
5.0
0.0

20.7
13.3
6.0
6.0

중국인에 대해
자국에서 나가기 바란다
관광객만이라면 좋다
자국의 영주자가 되어도 좋다
직장 동료가 되어도 좋다
이웃이 되어도 좋다
친구가 되어도 좋다
결혼해도 좋다

결혼해도 좋다 / 친구가 되어도 좋다 / 이웃이 되어도 좋다 / 직장 동료가 되어도 좋다 / 자국의 영주자가 되어도 좋다 / 관광객만이라면 좋다 / 자국에서 나가기 바란다

대만인에 대해

있다는 것을 알 수 있습니다.

　〈표 4-7〉은 중국과 대만의 영향에 대한 평가를 화교/비화교로 표시한 것입니다. 위가 중국에 대한 평가이고, 아래가 대만에 대한 평가입니다. 2014년과 2018년에 걸쳐 두 시점의 변화를 볼 수 있도록 했습니다. 이 그래프에서는 ① 화교에 비해 비화교 쪽에서는 대만의 영향을 '보통이다'라고 응답한 사람이 많았고, ② 화교, 비화교 모두 중국과 비교해 대만의 영향을 '보통이다'라고 응답한 사람이 많았습니다. 다수를 차지하고 있는 비화교들 사이에 '보통이다'라는 응답이 많은 것으로 보아, 결과적으로 대외 인식에서 대만이 중국보다 하위에 있다고 볼 수 있습니다. 이 때문에 대만 연구자를 실망시키는 조사 결과가 나오기도 합니다(제2장 참조).

## 싱가포르·인도네시아의 '특별한 관계'

　말레이시아의 국민감정에서 중국과의 관계 이외에 특징적인 것이 있다면, 싱가포르·인도네시아 등 이웃 국가와의 관계입니다. 예를 들어, 말레이시아와 싱가포르가 '이별한 부부'라면, 말레이시아와 인도네시아는 '형제'라고 해야 할까요?

　부인(싱가포르)은 남편(말레이시아)으로부터 독립했지만, 서로 상대를 잘 알고 있습니다. 주위에서 추켜세워 주는 부인을 보는 남편은 짜증이 나면서도 미련이 있습니다. 현명한 부인은 우수한 남성(한국이나 일본, 호주)에게 흥미가 있고 전 남편에게는 그다지 관심이 없어 보입니다. 하

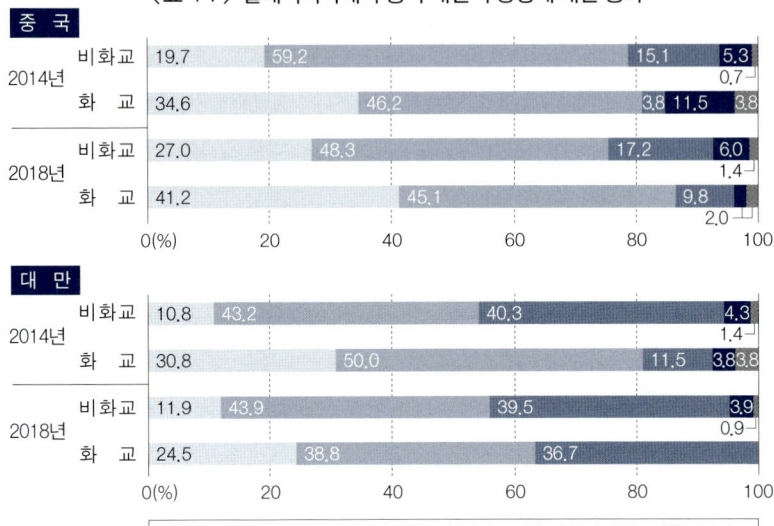

〈표 4-7〉 말레이시아에서 중국·대만의 영향에 대한 평가

**중 국**

2014년
- 비화교: 19.7 | 59.2 | 15.1 | 5.3 / 0.7
- 화 교: 34.6 | 46.2 | 3.8 | 11.5 | 3.8

2018년
- 비화교: 27.0 | 48.3 | 17.2 | 6.0 / 1.4
- 화 교: 41.2 | 45.1 | 9.8 | 2.0

**대 만**

2014년
- 비화교: 10.8 | 43.2 | 40.3 | 4.3 / 1.4
- 화 교: 30.8 | 50.0 | 11.5 | 3.8 3.8

2018년
- 비화교: 11.9 | 43.9 | 39.5 | 3.9 / 0.9
- 화 교: 24.5 | 38.8 | 36.7

범례: 좋다 / 좋은 편이다 / 보통이다 / 나쁜 편이다 / 나쁘다

※ 출전: アジア学生調査第2·第3波調査

지만 물이나 식량 등 생활에 필요한 물자를 전 남편에게 의존하지 않고는 살 수가 없습니다(어색한 비유일지 모르겠지만), 양국의 관계는 대략 이렇습니다. 한편 말레이시아와 인도네시아는 인종적, 언어적으로 많은 공통점을 가지고 있으면서도, 때로는 아주 작은 계기로 일방적인 싸움을 하는, 그래서 견원지간이 되기 쉬운 관계입니다. 제3차 조사를 실행했던 2017년, 말레이시아에서 동남아시아경기대회가 열렸습니다. 그런데 참가국을 소개하는 팸플릿에 인도네시아 국기의 위아래가 거꾸로 인쇄되는 사건이 일어났습니다. 이 문제가 보도된 후 말레이시아는 사죄했습니다만, 인도네시아의 분노는 가라앉지 않았습니다. 인도네

시아는 그렇게 가까운 관계인 말레이시아가 국기를 잘못 인쇄한 것은 악의가 있기 때문이라고 이해했던 것입니다. 이와 같은 오해는 자신들의 사정을 이해해야 한다는 높은 기대감 때문에 일어납니다. 기대에 어긋난 행동을 하면, 기대만큼 크게 실망하고 환멸에 이르게 되어 냉담한 관계가 계속되는 것입니다.

## 싱가포르 — 아시아와의 연대 모색

싱가포르는 인구가 567만 명으로, 750만 명인 홍콩과 곧잘 대비되는 도시국가입니다. 단, 중국의 주권 안에 들어가 있는 홍콩과 달리 싱가포르는 독립국가이기 때문에 국민감정도 홍콩과 크게 다릅니다. 대국에 둘러싸인 도시국가는 주권국가로서 외교적 수완에 의지해 살아남아야 합니다. 실제로 싱가포르는 아시아를 무대로 한 주요 국제회의에서 교묘하게 외교를 전개해왔습니다. 참고로 2002년부터 아시아안전보장회의(통칭 상그릴라·다이얼로그)가 싱가포르에서 개최되었습니다. 영국의 국제전략연구소(IISS)가 주최하는 회의가 왜 싱가포르에서 열렸을까요? 이것은 영어권이라는 이유도 있지만, 중국을 포함한 아시아의 모든 지역과 원만한 관계를 유지해 온 싱가포르의 지정학적 특징과 관련이 있습니다. 2018년에는 싱가포르에서 트럼프 대통령과 김정은 총서기의 북미정상회담이 싱가포르에서 열렸는데, 이것도 싱가포르가 북한과 국교를 맺고 있었기 때문입니다. 또 싱가포르는 앞에서 말한 것처럼 '성광계획'이라는 대만군과의 합동군사훈련을 실시하고 있습니다. 1990년에 중국과 국교를 맺으면서 대만과 단교를 했음에도 말입니다. 이렇게 싱가포르의 특징은 세계와의 관계, 특히 아시아와의 연대를 중시하는 정책과 크게 관련이 있습니다. 아시아학생조사 제1차 조사에서는 학생들에게 7개의 주요한 국가를 열거하고, 이 국가들을 방문한 일이 있는지 물었습니다. '해외에 간 적이 없다'고 답한 싱가포르 학생의 비율은 4.4%로 극히 낮은 숫자입니다(〈표 4-8〉 참조).

여기에는 ① 싱가포르가 해외에 나가기 쉬운 환경에 있다, ② 싱가포르의 1인당 GDP가 높다, ③ 대학 진학률이 상대적으로 낮다는 것을 들 수 있습니다. 참고로 싱가포르에서 대학생은 엘리트라는 것을 의미합니다. 어쨌든 다양한 요인이 있지만, 싱가포르는 해외와의 연관성이 다른 아시아 지역보다 훨씬 강합니다. 이것이 싱가포르의 특징입니다.[41]

## 강고한 정치 체제가 낳은 전방위 외교

싱가포르가 다른 동남아시아 국가들과 결정적으로 다른 특징이 또 있습니다. 그것은 싱가포르가 1965년에 말레이시아연방에서 추방당

---

41 2006년부터 2007년에 걸쳐 실시한 아시아 바로미터 조사에서도 같은 결과가 나왔습니다. '직장에서 외국인과 함께 일하고 있다', '인터넷이나 메일로 외국에 있는 지인과 자주 연락한다'에서 '해외에 가족·친족이 있다'까지 해외와의 접점에 관한 6개의 질문에 '그렇다'고 응답한 사람의 합계는 싱가포르가 271.1점으로, 말레이시아(120.4점), 필리핀(113.9점), 홍콩(112.5점) 등 제2그룹의 2배 이상입니다. 여기에서도 싱가포르가 해외와의 연결고리가 강하다는 것이 잘 나타납니다.

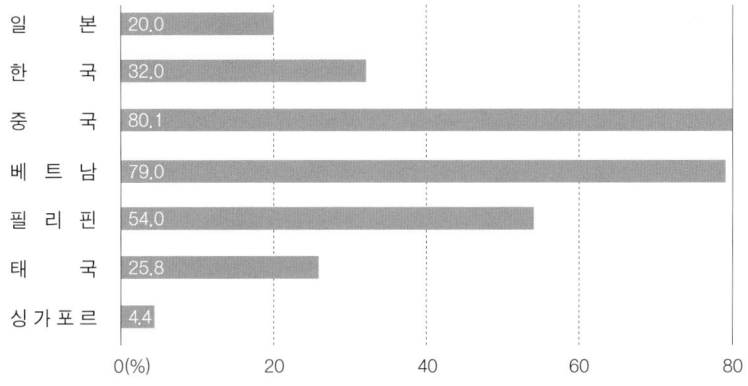

〈표 4-8〉 해외에 간 적이 없는 사람의 비율

| | 비율(%) |
|---|---|
| 일 본 | 20.0 |
| 한 국 | 32.0 |
| 중 국 | 80.1 |
| 베 트 남 | 79.0 |
| 필 리 핀 | 54.0 |
| 태 국 | 25.8 |
| 싱 가 포 르 | 4.4 |

※ 출전: アジア学生調査第1波調査

해서 분리 독립한 이래, 북한, 중국, 베트남 등 사회주의 국가들처럼 인민행동당이 계속 정권을 유지하고 있다는 점입니다. 필리핀, 태국, 말레이시아, 인도네시아는 선거를 통해서 정권이 교체되면서 민주주의의 제도적 취약함을 드러냈습니다. 그 결과, 스트롱맨(강한 정치가)을 요구하는 포퓰리즘이 대두해서 대외 관계가 국내 정치의 도구가 되고 있습니다. 싱가포르에서는 이러한 정치적 불안정성이 보이지 않습니다. 외교 문제는 자주 국내의 정치적 쟁점이 되어 안전보장상의 견해를 둘러싸고 분열을 낳습니다. 국제적으로 어떠한 파트너와의 관계를 우선할 것인가가 중요한 정치 문제가 되고, 그것이 국내의 정치 상황을 불안정하게 하는 것입니다. 그러나 싱가포르의 경우에는 인민행동당의 일당 지배가 견고하기 때문에, 전방위 외교가 현재까지 유지되고 있습니다. 그 결과, 전 아시아 지역에서 싱가포르의 영향력을 높게 평가하고 있는 것입니다. 더욱이 싱가포르 정부는 스스로가 서양과 주변국의 허브라는 인식을 강하게 가지고 있습니다. 앞에 언급했듯이 아시아안 전보장회의를 싱가포르에서 개최한 것도 싱가포르가 아시아와 서양을 연결하는 통로로서 스스로를 자리매김하고 있기 때문입니다.

그런데 이러한 싱가포르의 국가 전략이 국민의 의식에도 자리매김하고 있는지 주의 깊게 살펴볼 필요가 있습니다. 아세안 사무국이 2018년에 실시한 아세안 의식(ASEAN Awareness) 조사에서는 '아세안 시민으로서의 의식을 별로 느끼지 않는다'는 응답이 싱가포르에서 26%로 나타났습니다. 이것은 10개국 평균 14%를 크게 초과한 것으로, 역내에서 가장 높은 수치입니다(The ASEAN Secretariat 2019:15). 이 조사 결과에서 우리는 역내의 허브로 살아남으려는 싱가포르의 국가 전략과 국민들의 의식 사이에 괴리가 존재한다는 것을 알 수 있습니다.

## 인도네시아 — 중국과 중국인에 대한 다른 평가

인도네시아는 말레이시아와의 관계처럼 중국과도 복잡한 관계를 맺고 있습니다. 즉, 국가 차원에서는 말레이시아처럼 중국에 대해 긍정적인 평가를 하지만, 중국인에 대해서는 강한 경계심을 품고 있습니다.

여기에는 ① 역사적으로 화교가 경제를 좌지우지해 왔다, ② 1960년대의 반공적인 정치풍토 속에서 중국공산당의 영향을 민감하게 느껴왔다, ③ 국민의 대다수를 차지하는 무슬림으로서 화교의 문화를 받아들이기 어렵다 등의 이유가 있습니다.

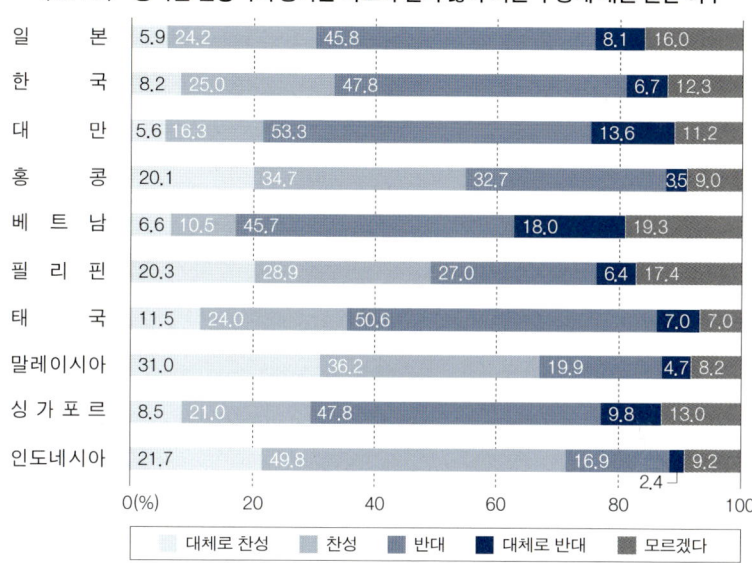

〈표 4-9〉 "중국인 관광객의 증가는 득보다 실이 많다"라는 주장에 대한 찬반 여부

| | 대체로 찬성 | 찬성 | 반대 | 대체로 반대 | 모르겠다 |
|---|---|---|---|---|---|
| 일 본 | 5.9 | 24.2 | 45.8 | 8.1 | 16.0 |
| 한 국 | 8.2 | 25.0 | 47.8 | 6.7 | 12.3 |
| 대 만 | 5.6 | 16.3 | 53.3 | 13.6 | 11.2 |
| 홍 콩 | 20.1 | 34.7 | 32.7 | 3.5 | 9.0 |
| 베 트 남 | 6.6 | 10.5 | 45.7 | 18.0 | 19.3 |
| 필 리 핀 | 20.3 | 28.9 | 27.0 | 6.4 | 17.4 |
| 태 국 | 11.5 | 24.0 | 50.6 | 7.0 | 7.0 |
| 말레이시아 | 31.0 | 36.2 | 19.9 | 4.7 | 8.2 |
| 싱 가 포 르 | 8.5 | 21.0 | 47.8 | 9.8 | 13.0 |
| 인도네시아 | 21.7 | 49.8 | 16.9 | 2.4 | 9.2 |

※ 출전: アジア学生調査第3波調査

〈표 4-9〉의 '중국인 관광객의 증가는 득보다 실이 많다'라는 말에 대한 조사에서도, 중국인에 대해 인도네시아가 갖는 경계심의 단면을 확인할 수 있습니다.

홍콩에서는 중국인 관광객이 급증하여 특정 상품의 매점이 일어나거나, 귀금속 상점이 마구잡이로 생겨나 일용품을 취급하는 상점이 사라지게 되는 등 많은 문제가 발생했습니다. 이러한 일이 중국인에 대한 심리적인 반발을 낳았는데, 동일한 심리 구조가 인도네시아에서도 나타나고 있습니다.

최근 인도네시아에서는 노동조합 간부들이 중국에서 불법노동자가 들어왔다는 것을 지적해서, 이것이 국정·지방선거에서 정치적인 문제가 되기도 했습니다. 또 2017년 자카르타 주지사 선거에서는 중국계 크리스트교도인 푸르나마(Basuki Tjahaja Purnama)가 승리했는데, 그는 코란을 모욕했다는 이유로 재판에 회부되었습니다. 그 후의 국정 선거에서도 후보자가 중국계인 경우, 갖가지 편견에 기초한 보도가 행해지고 있습니다. 태국처럼 인도네시아에서도 화교의 동화가 상당히 진행되었는데도 말입니다. 퓨리서치센터의 조사에서는 인도네시아가 중국을 긍정적으로 평가하고 있다는 점을 확인할 수 있지만, 동시에 중국인에 대해 뿌리 깊은 불신감이 있다는 것도 이해할 필요가 있습니다.

## 한국 – 민주화가 낳은 역설

이제부터는 동아시아로 눈을 돌려보겠습니다.

한국은 동남아시아에서는 그 영향력을 높이 평가받고 있지만, 동아시아 역내에서는 일본, 중국, 대만으로부터 비교적 혹독한 평가를 받고 있습니다.

한일 관계만 보면, 말레이시아와 인도네시아의 관계처럼 양국의 국민들은 상대국에 서로 많은 친구·지인을 가지고 있으면서도 대외 인식에서 서로를 낮은 위치에 두고 있습니다.

〈표 4-10〉은 한일의 수뇌에 대해 아시아 학생들이 어떻게 평가하고 있는가를 나타낸 것입니다. 동남아시아 국가에서는 문재인 대통령과 아베 신조 수상 모두 '신뢰할 수 있다'는 응답이 많은 데 비해, 한국

〈표 4-10〉 한·일 양국 지도자에 대한 신뢰도

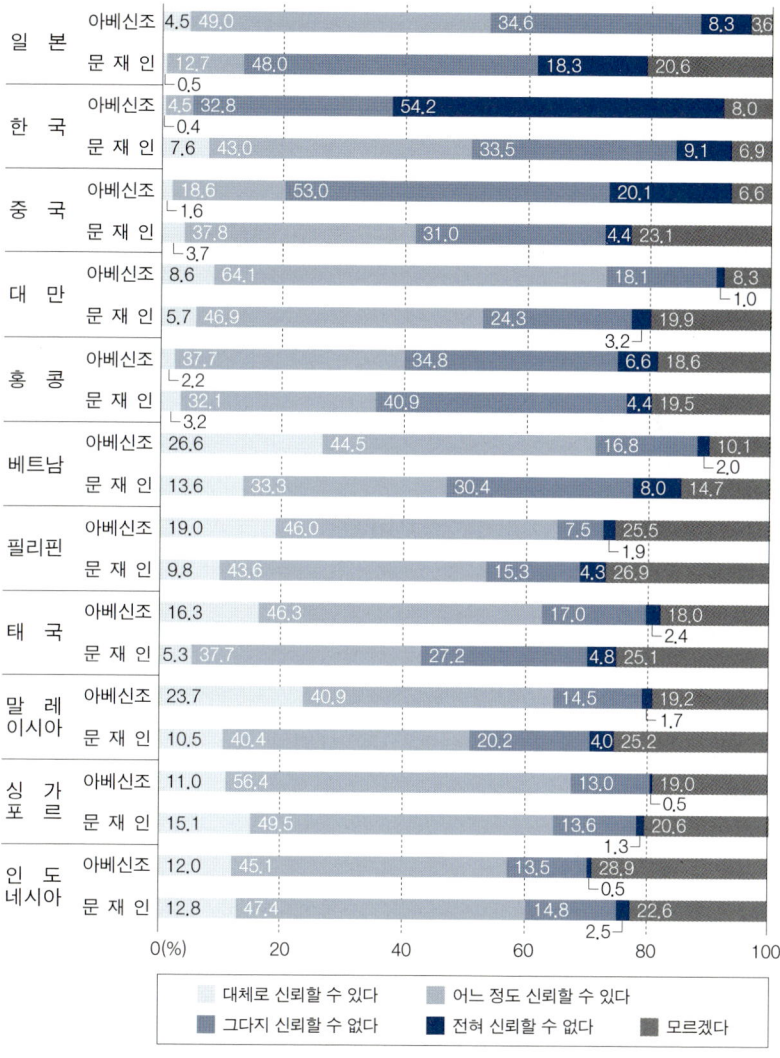

※ 출전: アジア学生調査第3波調査

과 일본에서는 자국의 지도자에 대해서는 의견이 나뉘고, 상대의 지도자에 대해서는 부정적인 견해가 지배적이었다는 점에서 일치합니다. 이러한 특징은 한일 두 나라에서만 나타나는 것으로 아시아의 다른 지역에서는 볼 수 없습니다.

한국의 국민감정을 생각할 때 중요한 것은, 자국에게 '중요한 타자' (북한, 중국, 일본)의 대부분이 동아시아 역내에 있다는 점입니다.[42] 또 한국은 1980년대 이후, 민주화와 세계화를 추진하는 가운데, '중요한 타자'에 대한 접근법을 획기적으로 바꾸었습니다. 그리고 그 접근법은 국가별로 다르게 적용되었습니다.


## 냉전체제의 붕괴가 가져온 변화

한국은 민주화가 진행되면서 일본에 대해 엄격한 평가를 하고 있습니다. 대만과 대조적입니다. 민주화는 탈식민지화의 특징을 가지고 있습니다. 그러므로 일본과 협력하면서 개발독재 체제를 만들어 온 민주화 이전의 정치체제에 대한 비판은 한국을 지배했던 일본에 대한 엄격한 평가로 이어지기 마련입니다. 더욱이 경제력을 기른 한국은 서울, 평창에서 올림픽을 개최하는 등 국제사회에서 착실하게 존재감을

---

42 중요한 타자(signigicant others)란, 조지 허버트 미드(George Herbert Mead, 1863~1931, 미국의 사회심리학자, 철학자)가 제창한 사회심리학의 개념으로 객아(me)를 통해 자아(I)를 형성할 때 중요한 역할을 하는 사람을 의미합니다. 이 책에서는 이 개념을 전용하여 국민감정을 형성할 때 중요한 역할을 하는 국가·지역을 가리키고 있습니다.

높이고 있습니다. 또 아시아 역내에서는 한류 붐이 일어나 한국 문화의 수용이 이루어지고 있습니다. 하지만 그럼에도 일본은 여전히 '내려다보는 시선'으로 한국을 대하고 있고, 이에 한국이 강한 반발을 보이고 있는 것입니다. 양국 간의 현안인 일본군 '위안부' 문제의 배후에는 이러한 국민감정이 있는 것입니다. 사실 2018년 후반부터 2019년 제1·4분기에 걸쳐 아산정책연구원이 시행한 여론조사 결과, 김정은 총서기와의 남북정상회담이 성사되면서 일시적이지만 북한에 대한 이미지가 향상되어, 미국, 중국, 북한, 일본 4개국 가운데 일본이 가장 낮은 평가를 받은 일도 있었습니다(The Asan Institute for Policy Studies 2019:8). 한편, 냉전체제의 붕괴는 한국과 중국의 거리를 좁혔습니다. 전후 한국은 중국을 북한의 후견인을 자임하는 공산주의 국가로 인식했습니다. 그래서 경계의 대상이었지요. 더욱이 한국은 한국전쟁에서 중공군, 즉 '중국 의용군'과 싸우기까지 했고 그 기억은 너무나도 선명했습니다.

그러나 냉전체제가 무너진 후 중국과 국교를 수립한 한국은 대중관계를 경제를 축으로 한 윈윈 관계로 인식하게 되었습니다.

1997년 아시아 금융위기, 2008년 리먼사태로 미국의 영향력이 후퇴하면서, 한국은 중국을 경제 부흥을 지원하는 든든한 파트너로 인식하게 되었습니다. 그 과정은 태국, 인도네시아의 상황과 매우 비슷합니다. 그래서 중국어 열풍이 불었고, 많은 학생이 중국으로 유학을 떠나기도 했습니다. 그 결과, 중국에서도 많은 유학생과 관광객들이 한국을 방문하면서, 중국 돈 없는 대학 경영이나 관광 산업을 운영할 수 없을 정도가 되었습니다. 이것이 큰 리스크를 내포하고 있다는 것을 최근까지도 한국은 별로 인식하지 못했습니다. 전후 70년이었던 2015년, 베이징에서 열린 중국인민항일전쟁·세계 반파시즘전쟁승리 70주년기념식전에 박근혜 대통령이 국빈으로 초대받아 시진핑 국가주석과 나란히 식전에 참가한 모습은 한중 간의 밀월관계를 상징하는 것이었습니다.

## 국민감정의 국내 정치화

하지만 한국은 2016년부터 2017년에 있었던 사드(THAAD) 미사일의 배치와 관련해 중국으로부터 예기치 않은 반발을 사게 되었습니다. 사드를 주한미군에 배치하는 문제에 대해 중국은 강한 불쾌감을 표시했고, 중국 내에서는 한국 제품에 대한 불매운동이 이루어졌습니다. 또한, 중국인 관광객도 크게 줄어 한국은 경제적으로 큰 타격을 받게 되었습니다. 2018년에 실시한 제3차 조사에서 대중 인식이 냉담해진 것은 이와 같이 안보상의 불안이 높아졌기 때문입니다. 한국에 대한 중국 정부의 제재 조치는 한중 관계가 새로운 차원으로 돌입했다는 것을 한국 사람들에게 다소 거친 형태로 전한 셈이 되었지요. 동남아시아는 한국에 대해서는 호의적으로 평가하는 반면, 북한에 대해서는 적대적인 이미지를 가지고 있습니다. 그렇기 때문에 한국이 '조국 통일'을 목표로 북한에 다가가고자 하더라도 아시아의 주변국들은 그 상황을 이해하기 어렵습니다. 한편, 한국 내에서는 북한을 고립시켜야 하는가,

중국·일본과의 관계를 어떻게 이어나가야 하는가 등의 외교 방침이 국내 정치에 긴장감을 불어넣는 큰 요인이 되고 있습니다. 미국에서는 민주당을 지지하는지, 공화당을 지지하는지에 따라 대외 인식이 바뀌는데, 이와 같은 현상은 한국이나 대만에서도 찾아볼 수 있습니다. 한국에서 진보 정당을 지지하는 사람들은 대북포용정책을 지지하고 중국과의 협력을 중시합니다. 또 대만에서 국민당을 지지하는 사람은 중국과의 협조정책을 지지하고, 민진당을 지지하는 사람은 중국과의 대결·이반을 지향합니다. 냉전체제가 완전히 붕괴되지 않은 동아시아의 상황으로 인해 민주화를 달성한 한국과 대만에서는 '적성국'과의 관계를 둘러싸고 국민감정의 국내 정치화가 진행되고 있다고 볼 수 있습니다.

## 중국 — 점점 강해지는 대국 의식

주변국과 주변 지역이 평가하는 중국에 대해서는 이미 상당한 지면을 할애해서 설명한 바 있습니다. 여기서는 중국 자신의 대외 인식에 집중하여 중국 내에서 시행한 최근의 조사 결과를 통해 그 특징과 변화를 살펴보겠습니다.[43] 그렇다면 중국 사람들은 중국을 어떤 나라

---

43  책 마지막 부분의 부록 ②에서도 설명하고 있습니다만, 2000년대 중반 이후, 중국 내에서 다양한 여론 조사가 이루어졌고, 결과도 공개되었습니다. 그러나 2010년대 중반 이후 조사 결과를 수집한 서적의 출판이 취소되면서, 속보를 통해 그것도 결과의 일부만 웹에 공개되었습니다. 따라서 그 조사 과정이 어느 정도 신뢰할 가치가 있는가, 특정한 질문에 대한 조사를 계속했는가 등에 주의해야만 하는 상황입니다.

라고 생각하고 있을까요? 각종 조사 결과에서는 '대국 의식'과 '낙관주의'라는 2개의 키워드가 나오고 있습니다. 환구여정조사중심이 시행한 「중국인이 본 세계」라는 제목의 여론 조사에서 '당신은 중국이 이미 세계적인 수준의 대국이 되었다고 생각합니까?'라는 질문에 대해 '그렇다'라고 답한 사람의 비율은 조사를 시작한 2006년에는 20.0%였지만, 2014년에는 34.9%로 15포인트나 상승했습니다(環球輿情調査中心 2015:18). 흥미로운 점은 같은 환구여정조사중심이 실시한 「중국국가발전민중예기조사」의 2014년 데이터에서는 스스로를 대국이라고 하는 인식과 여전히 개발도상국이라고 하는 인식이 공존하고 있다는 것입니다. 그래서 "중국의 세계적 지위는 현재 어떠하다고 생각합니까?"라는 질문에 대해 "세계에서 영향력을 가진 초강대국"이라고 응답한 사람이 21.1%, '아시아에서 영향력을 가진 지역대국'이라고 응답한 사람이 25.3%, '비교적 영향력을 가진 대국'이라고 응답한 사람이 36.5%로서, 어떠한 형태로든 대국이라고 인식하고 있는 사람이 80%를 넘습니다. 그리고 "당신은 중국이 현재 어떠한 국가라고 생각합니까?"라는 질문에 대해서는 '개발도상국'이라고 응답한 사람이 81.3%나 됩니다(環球輿情調査中心 2015:230-231). 이렇게 모순된 응답이 나온 데에는, 응답자가 ① 정부의 공식 견해에서 중국은 개발도상국이라고 나와 있기 때문에 '정확한 응답'을 선택했다, ② 성장이 멈추지 않았다는 점에서 선진국(중국어로는 '발달국가'라고 표기)이라고 생각하지 않는다, ③ 국가 수준에서는 대국이지만 1인당 GDP에서는 선진국이라고는 할 수 없다고 생각한다 등의 이유가 있습니다. 한편, 우리는 아래의 여론조사 결과에서 '낙관주의'적인 측면을 엿볼 수 있습니다.

첫째, 퓨리서치센터의 Global Atitudes Survey에서 "자국의 방침에 만족하고 있는가?"라는 질문에 대한 응답을 보면, 조사를 시작한 2002년에는 '만족하고 있다'는 응답이 48%였던 것에 비해, 2016년 시점에서는 86%가 되었습니다. 대체로 당·정부에 대한 긍정적인 평가가 두드러집니다.

둘째, 앞에서 언급한 「중국국가발전 민중예기조사」(2014년)의 결과에 따르면, "평화적인 부상이 실현되어 중국이 세계적인 강국이 될 것으로 생각하십니까?"라는 질문에 대해 '가능성이 극히 낮다'고 한 응답은 4.8%에 그쳤고, '이미 세계적인 강국이 되었다'(9.4%), '가능성이 높다'(50.1%)는 등의 응답이 다수를 차지하는 등 미래를 낙관하고 있습니다(環球輿情調査中心 2025:231).

셋째, 마찬가지로 「중국인이 본 세계」(2019)의 조사결과에서는 "중국의 국제적인 이미지가 어떻게 변했다고 생각하십니까?"라는 질문에 대해, 69.7%의 응답자가 '좋아졌다'라고 응답하고 있습니다(環球輿情 "中國人看世界" 年度調査:七成國認爲 "中國形象在變好", 『環球時報』 2019년 12월 29일자).

이러한 낙관주의의 배후에는 생활 수준이 착실하게 향상되고 있는 것에 대한 긍정적인 평가가 있고, 그러한 정책을 실현한 당·정부에 대한 신뢰가 있습니다. 중국이 '일대일로'와 같은 해외 프로젝트에 대규모의 재정 지출을 할 수 있는 것도 중국인들의 이러한 인식이 있기 때문입니다(園田 2018).

## 동남아시아에 대한 무관심

대국 의식이 높아지자 중국 사람들의 눈은 다른 대국을 향하게 되었습니다.

환구여정조사중심의 「중국인이 본 세계」 조사에 따르면, "가장 중요한 2개국 간 관계는 어디입니까?"라는 질문에 대해 '미중 관계'가 2006년에 78.0%에서 2019년에는 82.1%로 가장 높은 비중을 차지했습니다. 또 "주변국 가운데 어떤 나라와의 관계가 가장 중요합니까"라는 질문에 대해서는 2009년부터 일관되게 '중러 관계'가 가장 높은 비중을 차지했습니다.

'중일 관계'에 대해서 보면, 조사를 시작한 2006년에는 60.2%가 가장 중요한 2개국 간 관계라고 응답했지만, 2009년에는 '중러 관계'가 이를 앞질렀고, 2019년 시점에는 '중일 관계'라는 응답이 39.8%로 13년 사이에 20포인트나 떨어졌습니다(環球輿情 "中國人看世界" 年度調查:七成國認爲 "中國形象在變好", 『環球時報』 2019년 12월 29일자). 동남아시아나 한반도에 대한 중국의 관심은 일본보다 낮아, 아시아 국가들의 중국에 대한 높은 관심도와는 대조적인 결과를 보입니다.

아시아학생조사에서도 중국인 학생의 아시아, 특히 동남아시아에 대한 관심이 낮다는 결과가 나왔습니다.

〈표 4-11〉은 〈표 0-3〉의 결과를 얻었을 때 사용한 질문에 대해 제3차 조사에서 중국인 학생이 선택한 국가·지역의 수를 다른 나라의 그것과 비교한 그래프입니다. 중국인 학생이 아시아라고 생각한 국

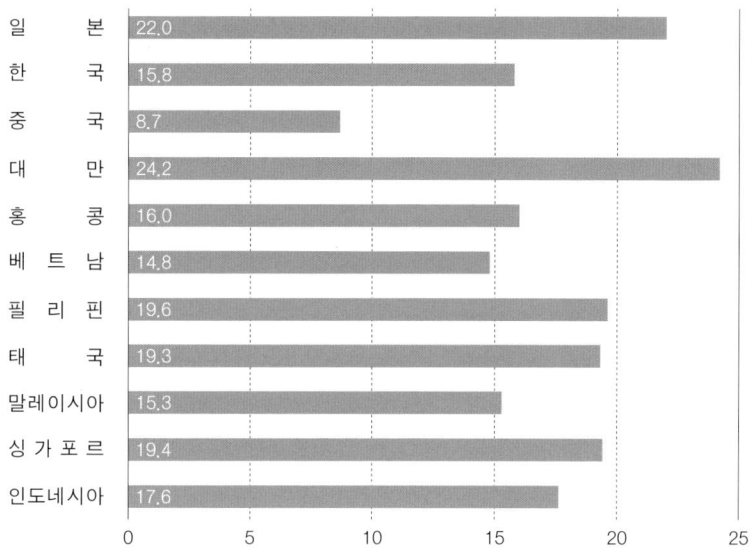

〈표 4-11〉 아시아의 이미지에 포함된 국가·지역의 수

| | |
|---|---|
| 일　　　본 | 22.0 |
| 한　　　국 | 15.8 |
| 중　　　국 | 8.7 |
| 대　　　만 | 24.2 |
| 홍　　　콩 | 16.0 |
| 베　트　남 | 14.8 |
| 필　리　핀 | 19.6 |
| 태　　　국 | 19.3 |
| 말레이시아 | 15.3 |
| 싱가포르 | 19.4 |
| 인도네시아 | 17.6 |

※ 출전: アジア学生調査第3波調査

가·지역의 수는 8.7로 일본의 3분의 1정도밖에 안 되는데, 이 경향은 제1차 조사 시점부터 변하지 않았습니다.

　그럼, 중국인은 아시아라는 말을 듣고 구체적으로 어떠한 나라·지역을 떠올릴까요? 제3차 조사에 따르면, 중국(97.6%), 일본(83.3%), 한국(69.1%), 인도(66.4%), 홍콩(61.5%), 대만(58.0%), 싱가포르(57.9%)이며, 많은 동남아시아 국가들이 빠져 있습니다.[44]

---

44　주지하다시피 중국은 대만을 중국의 일부라고 생각하고, '하나의 중국' 정책을 펴고 있습니다. 중국인 학생 중에서 중국을 아시아라고 생각하고 있는 학생의 비율은 97.6%이지만, 대만은 58.0%입니다. 이것은 대만이 중국과 다른 정체성을 가진다고

중국의 지식인과 얘기를 하다 보면, 일본이나 서구를 언급하는 경우는 있지만, 주변국 특히 동남아시아에 대해 깊은 지식을 드러내는 경우는 거의 없었습니다. 자기 나라가 떠오르기를 바라는 마음과 이미 대국이 되었다는 마음이 위와 같은 동남아시아 경시 현상을 낳았다고 생각합니다.

## 대만 ─ 강렬한 승인 욕구

1980년대 이후 대만에서는 민주화와 더불어 대만인 스스로가 미래를 결정해야한다는 의식이 강해졌습니다. 그 결과, 중국과의 심리적인 거리가 멀어졌습니다. 대만인의 아이덴티티가 강해진 나머지, 젊은 세대 중에는 자신을 '중국인'이라고 생각하는 사람이 거의 없습니다.

또 한국의 민주화와 탈식민지화가 일본과의 거리를 멀어지게 하는 효과가 있었다고 한다면, 대만에서는 반대로 일본과의 거리를 좁게 하는 효과가 있었습니다.

이러한 변화의 방향이 달라서인지, 한국에 대한 대만의 평가는 높지 않습니다. 양국이 일본의 식민지였음에도 개발독재체제하에서 경제 성장을 이루고 1980년대에 민주화했다는 공통점을 생각하면 한국에 대한 대만의 낮은 평가는 이해하기 어렵습니다.

생각하는 학생이 적지 않다는 것을 시사하고 있습니다. 이것은 중국의 공식 견해와 사람들의 의식에 차이가 있다는 것을 나타내는 전형적인 사례입니다.

그 원인에 대해서는 필자 나름대로 3개의 가설을 제시했는데, 그중 가장 중요한 것은 한국이 1992년 대만과 단교한 이후 중국과 밀착한 것입니다. 1971년 중화인민공화국이 국제연합의 가맹국이 되고 게다가 상임이사국까지 되자, 많은 국가들이 대만에 단교를 선언하여 대만은 그 존재를 인정받지 못하게 되었습니다. 한편으로 중국도 '하나의 중국'이라는 원칙 아래 대만이 국가로 인정받지 못하게 압력을 가했습니다. 현재는 경제 성장을 배경으로 중국과의 물량경쟁에서 패배한 나라들이 많아, 대만을 정식 국가로 인정한 나라는 극히 소수입니다.

　　이렇게 가혹한 국제환경 속에서 대만은 국제사회로부터의 승인을 더욱 강렬히 원하게 되었습니다.

　　전후 대만해협이 '봉쇄'되어 서서히 외성인(外省人, 중국본토 출신자)의 발언권이 약해지는 가운데, 대만은 민주화를 달성했고, 이후 국민들은 스스로 목소리를 낼 수 있게 되었습니다. 그 결과 중국과의 거리가 멀어지게 되었는데, 이는 인적 교류·경제적 교류를 통해 대만을 합병하려는 중국에 있어 예상 밖의 사태였습니다.

　　어찌 되었든 국제사회에서 승인을 받겠다는 강한 욕구를 가지고 있던 대만으로서는 한국 정부의 태도를 용납하기 어려웠을 것입니다.

　　아이러니하게도 한국에 대한 대만의 감정이 나빠진 결과, 대만의 한국에 대한 평가와 북한에 대한 평가의 차이는 크게 좁혀졌습니다. 사회주의와는 관계가 없는 대만이 사회주의 중국과 비슷한 관점으로 한반도를 바라보게 된 것입니다.

　　〈표 4-12〉는 아시아 국가들이 한국과 북한을 어떻게 평가하는지

에 대한 차이를 보여주고 있습니다. 제1차부터 제3차에 걸쳐 한국의 영향에 주어진 5점을 주고, 북한의 영향에 5점을 준 다음, 한국의 점수에서 북한의 점수를 뺀 점수를 나타내고 있습니다. 여기서 한국과 북한에 대한 중국과 대만의 평가가 큰 차이가 없다는 것을 알 수 있습니다.

## '프론티어'로서의 동남아시아

국가로서 행동하는 것과는 별개로 대만의 사회 변화는 아시아, 특히 동남아시아와의 관계를 크게 변화시켰습니다. 대만에서는 간호 복지사, 계절 노동자, 배우자로 많은 동남아시아의 이민자들이 들어오고 있습니다. 특히 2019년 대만에서는 약 3만 7,000명의 베트남 노동자를 받아들여 일본에 버금가는 숫자가 되었습니다. 매년 대만에서는 7,000명에서 8,000명의 동남아시아 국적의 주민이 결혼하는데, 그 8할 이상이 여성입니다(中華民國內政部戶政司全球資訊網 https://www.ris.gov.tw/app/portal/346).

대만의 동남아시아에 대한 투자도 늘어났습니다. 대중 투자의 정치적 리스크가 높아지고 중국 국내의 물가가 상승하면서, 동남아시아와의 경제적 유대가 강해진 것입니다. 그러나 대만에서는 싱가포르와 말레이시아에 대한 평가는 높지만, 다른 지역 그중에서도 필리핀이나 베트남에 대한 평가는 높지 않습니다. 이러한 상황은 중국과의 대립 관계가 계속되는 한 국제사회에서 대만의 인지도를 높이는 데 마이너스가 될 것입니다.

## 〈표 4-12〉 한국과 북한에 대한 평가의 차이

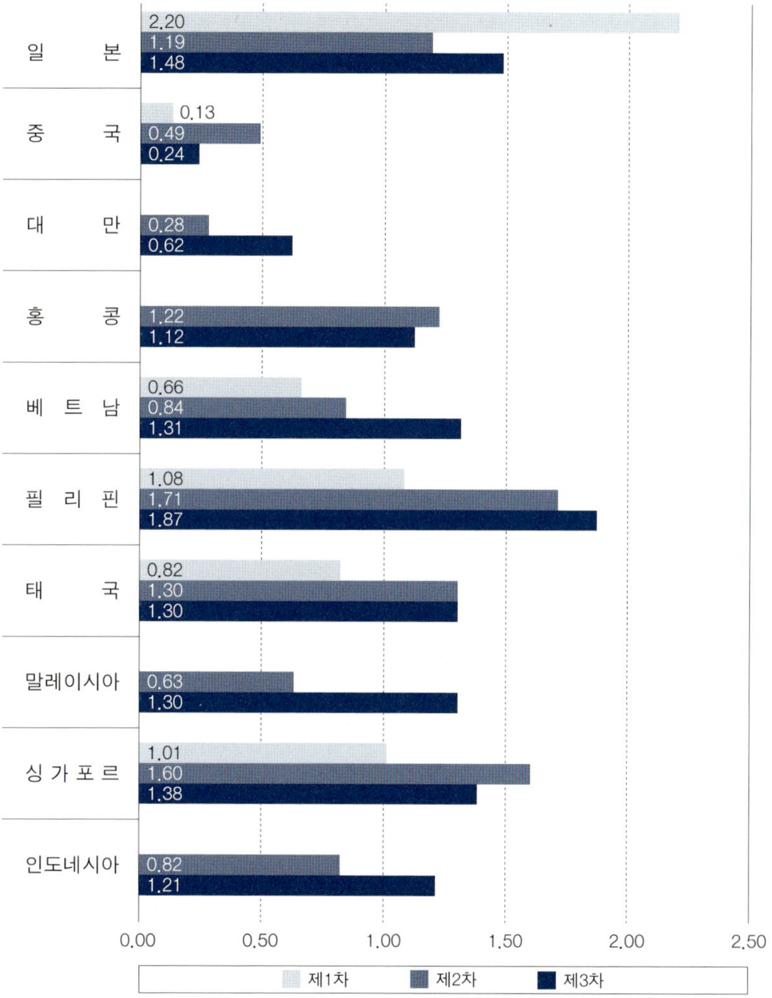

| 국가 | 제1차 | 제2차 | 제3차 |
|------|------|------|------|
| 일 본 | 2.20 | 1.19 | 1.48 |
| 중 국 | 0.13 | 0.49 | 0.24 |
| 대 만 | | 0.28 | 0.62 |
| 홍 콩 | | 1.22 | 1.12 |
| 베 트 남 | 0.66 | 0.84 | 1.31 |
| 필 리 핀 | 1.08 | 1.71 | 1.87 |
| 태 국 | 0.82 | 1.30 | 1.30 |
| 말레이시아 | | 0.63 | 1.30 |
| 싱 가 포 르 | 1.01 | 1.60 | 1.38 |
| 인도네시아 | | 0.82 | 1.21 |

제1차    제2차    제3차

※ 한국에 5점, 북한에 5점, 각각 영향력에 점수를 주고, 한국의 점수에서 북한의 점수를 빼서 최종 점수를 냈음. 점
  수가 플러스이면 한국에 대한 평가가 높고 북한에 대한 평가가 낮다는 것을 나타냄.

※ 출전: アジア学生調査第1·第2·第3波調査

2016년 차이잉원(蔡英文) 정권은 신남향정책을 발표하며 동남아시아 국가들과 우호적인 관계를 맺기 시작했습니다. 그것은 대만의 정치가나 지식인이 동남아시아와의 관계를 재정립해야 한다고 느끼고 있기 때문입니다.

1990년대 리덩후이(李登輝) 정권에서 추진한 남향정책이 대중 투자 리스크를 분산시킨다는 정치·경제의 논리에 따라 진행되었다면, 현재의 신남향정책은 오히려 사회·외교의 논리에 따라 진행되고 있습니다.

## 홍콩 — 고도의 자치를 지향하는 탈이민사회

홍콩인이 가지고 있는 중국에 대한 경계심과 대만에 대한 친근감에 대해서는 제3장에서 다루었습니다. 또 중국의 대외 인식이 홍콩과 크게 다르다는 점에 대해서도 이미 살펴보았습니다.

홍콩이 중국과 다른 점은 대외 인식만이 아닙니다. 자신들의 장래에 대한 평가 또한 중국과 크게 다릅니다. 아시아학생조사의 제2차 조사에서는 "당신은 중국(홍콩)의 미래를 낙관하고 있습니까?, 아니면 비관하고 있습니까?"라는 질문이 있습니다. 중국인 학생들은 중국의 장래를 '매우 낙관하고 있다'가 14.9%, '낙관하고 있다'가 67%로 합해서 8할 이상의 학생이 낙관하고 있습니다. 이에 비해 홍콩 학생들은 홍콩의 미래를 '매우 낙관하고 있다', '낙관하고 있다'라고 답한 사람이 23.3%로 4분의 1에도 미치지 못합니다. 홍콩인이 비관적인 이유에는 베이징 정부와 관련이 있다는 것은 지적할 필요도 없겠지요.

그렇지만 홍콩인이 항상 베이징 정부를 엄격한 눈으로 보았던 것은 아닙니다.

홍콩대학민의연구계획(香港大學民意研究計劃. 현재는 홍콩민의연구소로 업무가 이관되어 있습니다)이 진행한 여론 조사에 따르면, 조사를 개시한 1997년 시점에서 베이징 정부에 대한 홍콩 시민의 평가는 특별히 좋지도, 나쁘지도 않았습니다.

이후 베이징 정부가 홍콩에 '특별한 배려'를 해 준 사실도 있었기 때문에, 2009년 11월 조사에서는 베이징 정부에 '호의를 가지고 있다'고 응답한 사람의 비율에서 '반감을 가지고 있다'고 응답한 사람의 비율을 뺀 수치가 28포인트까지 상승했습니다(香港民意研究所 https://www.pori.hk/pop-poll/government/v003).

그런데 이후 베이징 정부에 대한 평가는 나빠집니다. 상세한 서술은 구라다·장(倉田徹·張イクマン, 『香港, 中国と向き合う自由都市』, 岩波新書, 2015)에게 맡기겠지만, 홍콩인으로서 독자적인 아이덴티티를 가진 젊은이들을 중심으로 베이징 정부의 동화정책에 대한 반발이 일면서, 다양한 사회운동이 일어나기 시작했습니다. 2014년의 우산혁명이나 2019년의 범죄인 인도법 개정 반대 운동도 이러한 흐름의 연장선에 있습니다.

2020년 1월의 조사에서는 베이징 정부에 '호감을 갖고 있다'고 응답한 사람의 비율에서 '반감을 갖고 있다'고 응답한 사람의 비율을 뺀 수치가 마이너스 36.3%까지 나왔습니다.

홍콩대학민의연구계획의 여론조사를 분석하면 몇 가지 흥미로운 경향을 읽을 수 있습니다. 그중 하나가 대만과 일본에 대한 평가 수치가 상승한 것입니다.

　베이징 정부에 대한 평가가 가장 높았던 2009년 11월의 조사 시점에서 대만에 대해 호감을 갖고 있는 사람의 비율(24.4%)과 반감을 갖고 있는 사람의 비율(21.8%)은 비교적 팽팽했습니다. 그것이 2020년 1월 조사에서는 전자(55%)가 후자(18.2%)를 크게 넘었습니다. 2009년 조사에서는 일본에 대해 반감을 갖고 있는 사람(32.9%)이 호감을 갖고 있는 사람(27.1%)을 넘었었는데, 2020년 1월 조사에서는 호감을 갖고 있는 사람(45.8%)이 반감을 갖고 있는 사람(17.2%)을 넘는 등 수치가 역전된 것입니다.

　이 사이에 다음 조사 대상이었던 미국, 영국, 독일, 프랑스, 호주 정부에 대한 평가가 거의 변하지 않았다는 점을 생각하면, 베이징 정부에 대한 인식의 변화가 대만이나 일본에 대한 인식의 변화와 연동되어 있다는 것을 알 수 있습니다. 베이징 정부에 대한 반발이 마찬가지로 중국에 반발하는 일본이나 대만에 대한 친근감을 낳은 것입니다.

## 탈이민사회와 필리핀

　홍콩의 대외 인식을 생각할 때, 또 하나의 중요한 타자는 바로 필리핀입니다.

　필리핀은 많은 나라에 이민을 보내고 있습니다. 아시아 역내에서는 특히 홍콩에 많은 이민자들이 나가 있습니다. 그 대다수는 여성이며, 간호 복지사나 가정부로 일하고 있습니다.

〈표 4-13〉은 아시아 지역들이 필리핀의 영향을 어떻게 평가해 왔는가를 시기별로 비교한 결과를 나타낸 것입니다.

　동남아시아의 대부분 지역에서 '좋다', '좋은 편이다'라는 답이 많은 것에 비해 난사군도의 영유권 문제와 관련 있는 중국과 어선 습격 사건이 있었던 대만은 필리핀을 좋게 보고 있지 않습니다.

　필리핀에 대한 홍콩의 평가도 그렇게 높지 않은데요. 홍콩이 중국이나 대만처럼 영해를 둘러싼 문제를 가지고 있기 때문은 아닙니다. 〈표 4-14〉는 필리핀 사람과의 사회적 거리를 지역별로 비교한 그래프입니다. 홍콩인은 외국인과의 사회적 거리를 두지 않는 편이지만, 필리핀은 예외입니다. '관광객만이라면 좋다'고 응답한 사람이 23.9%, '자국에서 나가기 바란다'고 응답한 사람이 11.4%로 다른 지역보다 배외주의적인 경향이 강하게 보입니다.

　홍콩은 이민에 의해 형성되었고, 현재도 이민에 의해 성립되고 있는 사회입니다. 그러나 중국대륙으로부터 온 이민자의 제2세대, 제3세대가 사회의 중핵을 차지하고 탈이민사회화가 진행되면서(즉, 독자적인 아이덴티티와 고도의 자치를 요구하는), 홍콩의 젊은이들은 특정 이민자들이 급증하는 현상을 위협으로 보고 있는 듯 합니다.

　돈을 벌기 위해 홍콩으로 온 많은 필리핀 여성들이 매주 일요일마다 홍콩섬 센트럴에 모이면서 사회적으로 문제가 되었기 때문에(2014년 이전에 '센트럴 점령 운동'이 있었습니다), 홍콩에서는 특히 필리핀인의 이미지가 나쁩니다.

　2020년에 들어 코로나가 세계적으로 확산되자, 특정한 이민 집단의

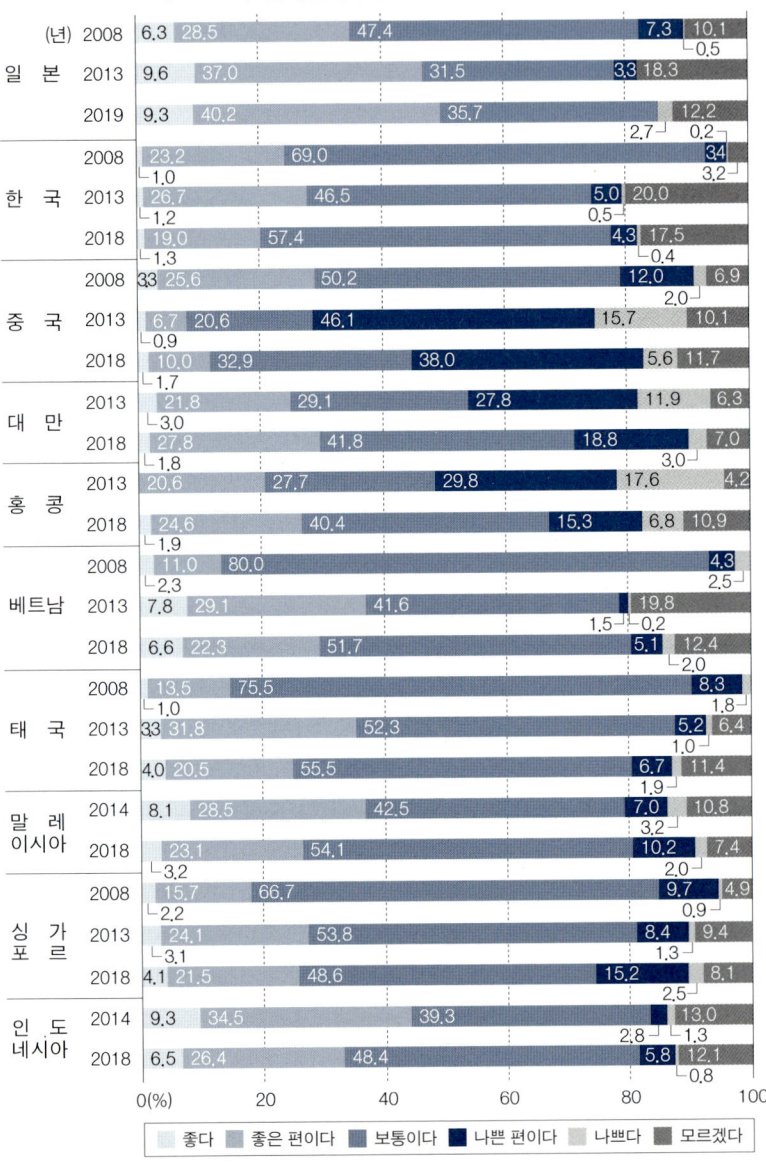

〈표 4-13〉 필리핀의 영향에 대한 평가(2008~2019)

| | | 좋다 | 좋은 편이다 | 보통이다 | 나쁜 편이다 | 나쁘다 | 모르겠다 |
|---|---|---|---|---|---|---|---|

일 본
- 2008: 6.3 / 28.5 / 47.4 / 7.3 / 10.1 / 0.5
- 2013: 9.6 / 37.0 / 31.5 / 3.3 / 18.3
- 2019: 9.3 / 40.2 / 35.7 / 2.7 / 0.2 / 12.2

한 국
- 2008: 23.2 / 69.0 / 1.0 / 3.4 / 3.2
- 2013: 26.7 / 46.5 / 1.2 / 5.0 / 20.0 / 0.5
- 2018: 19.0 / 57.4 / 1.3 / 4.3 / 17.5 / 0.4

중 국
- 2008: 3.3 / 25.6 / 50.2 / 12.0 / 2.0 / 6.9
- 2013: 6.7 / 20.6 / 46.1 / 0.9 / 15.7 / 10.1
- 2018: 10.0 / 32.9 / 38.0 / 1.7 / 5.6 / 11.7

대 만
- 2013: 21.8 / 29.1 / 27.8 / 3.0 / 11.9 / 6.3
- 2018: 27.8 / 41.8 / 18.8 / 1.8 / 3.0 / 7.0

홍 콩
- 2013: 20.6 / 27.7 / 29.8 / 17.6 / 4.2
- 2018: 24.6 / 40.4 / 15.3 / 1.9 / 6.8 / 10.9

베트남
- 2008: 11.0 / 80.0 / 2.3 / 4.3 / 2.5
- 2013: 7.8 / 29.1 / 41.6 / 1.5 / 0.2 / 19.8
- 2018: 6.6 / 22.3 / 51.7 / 5.1 / 2.0 / 12.4

태 국
- 2008: 13.5 / 75.0 / 1.0 / 8.3 / 1.8
- 2013: 3.3 / 31.8 / 52.3 / 1.0 / 5.2 / 6.4
- 2018: 4.0 / 20.5 / 55.5 / 1.9 / 6.7 / 11.4

말레이시아
- 2014: 8.1 / 28.5 / 42.5 / 3.2 / 7.0 / 10.8
- 2018: 23.1 / 54.1 / 3.2 / 10.2 / 2.0 / 7.4

싱가포르
- 2008: 15.7 / 66.7 / 2.2 / 9.7 / 0.9 / 4.9
- 2013: 24.1 / 53.8 / 3.1 / 8.4 / 1.3 / 9.4
- 2018: 4.1 / 21.5 / 48.6 / 15.2 / 2.5 / 8.1

인도네시아
- 2014: 9.3 / 34.5 / 39.3 / 2.8 / 1.3 / 13.0
- 2018: 6.5 / 26.4 / 48.4 / 5.8 / 0.8 / 12.1

※ 출전: アジア学生調査第1・第2・第3波調査

<표 4-14> 필리핀인과의 사회적 거리

| | 관광객이라면 좋다 | 자국에서 나가기 바란다 |
|---|---|---|
| 일 본 | 4.6 | 0.2 |
| 한 국 | 10.8 | 1.4 |
| 중 국 | 23.5 | 6.8 |
| 홍 콩 | 23.9 | 11.3 |
| 대 만 | 15.5 | 6.1 |
| 베 트 남 | 26.5 | 2.7 |
| 태 국 | 17.0 | 7.5 |
| 싱 가 포 르 | 14.5 | 3.8 |
| 인도네시아 | 16.8 | 3.8 |

0(%)  10  20  30  40

※ 수치는 이하 7개의 응답 가운데 ⑥, ⑦을 선택한 사람의 비율을 나타냄. 필리핀과 ① 결혼해도 좋다, ② 친구가 되어도 좋다, ③ 이웃이 되어도 좋다, ④ 직장 동료가 되어도 좋다, ⑤ 자국의 영주자가 되어도 좋다, ⑥ 관광객 이라면 좋다, ⑦ 자국에서 나가기 바란다
※ 출전: アジア学生調査第2波調査

열악한 노동·생활 환경에서 감염이 확산되었습니다. 싱가포르에서는 방글라데시 이민자들이 많이 감염되었는데, 이것이 방글라데시인에 대한 부정적인 이미지를 확산시킬 수도 있습니다(「焦点: シンガポールのコロナ対策に '穴', 外国人労働者に感染拡大」, ロイター電, 2020년 4월 19일).

세계화가 진행될수록 아시아 역내에서 사람의 이동도 급증하고 있습니다. 관광이나 유학, 취업이나 결혼 등 이동의 계기나 동기는 다양한데, 이러한 이민이 증가하면서 어떻게 대외 인식을 변화시킬 것인가, 또 코로나가 어떠한 영향을 끼칠 것인가에 대해서는 주의가 필요합니다.

지금까지 아시아 각지에서 나타난 국민감정의 특징을 소개했습니다.

최근 각국의 상세한 분석은 지역연구가 담당했습니다. 지역연구는 각각의 국가·지역의 특징을 분석하는 것은 잘하지만, 국가를 아우르는 분석은 어렵습니다. 한편 사회조사는 국가를 아우르는 데이터를 취하여 비교하는 것은 잘하지만, 개별적인 문맥을 깊이 연구하는 것은 역부족이었습니다.

직감적으로는 이해할 수 있어도 파악하기에는 어려운 국민감정을 논의할 때, 우리는 사회조사를 이용하여 각각의 사회가 가진 특징을 대략적으로 이해해야겠지만, 심도 있는 논의를 위해서는 각각의 역사나 정치의 형태를 깊이 이해하는 것이 중요합니다. 그렇게 함으로써 우리는 지역연구에서 나타나기 쉬운 일국기술주의로부터, 사회과학이 빠지기 쉬운 가설검증주의로부터 자유로워질 수 있을 것입니다.

다음 장에서는 아시아의 대외 인식을 생각할 때 중요한 플레이어인 미국에 초점을 맞춰 보고자 합니다.

제5장

# 숨겨진 주인공 미국
## — 미중 마찰과 아시아의 반응

사회학자 요시미 슌야(吉見俊哉)는 전후 일본의 사회 인식을 이해하는 중요한 키워드로 '친미'를 들고 있습니다. 그리고 1970년대 중반 이후 '반미'라는 대항 구도가 현실성을 잃어가는 가운데 나타났던 일본과 다른 아시아 국가와의 차이점에 대해 다음과 같이 서술하고 있습니다.

> 70년대 말 이후, 일본의 거의 70%가 '미국'에 계속 호감을 가지고 있었다. 그것은 확실히 매우 안정적인 친미 사회의 모습이었다. 이 안정성은 군사독재정권하에서 강제된 '친미' 사회였던 한국이나 대만, 필리핀에서 독재 체제가 무너진 후 반미 의식이 점차 강해지고 있었던 것과는 대조적이었다.

　　지금까지는 아시아 역내의 국민감정을 추적해 왔습니다. 이 장에서는 아시아의 국민감정을 논의할 때 '어둠의 주인공'으로 등장하는 미국을 다루겠습니다. [45]

---

45　단, 미국에서는 조사를 하지 않았기 때문에 미국이 아시아를 어떻게 보고 있는지에 대한 주제는 다루지 않습니다. 미국의 아시아 인식에 대해서는 벤자민 페이지 등의 연구(Page, et al. 2009)나 미중 상호인식을 다룬 크리스토퍼 헤릭 등의 연구(Herricl, Gai, and Subramaniam 2016) 등을 참조하시기 바랍니다.

# 미국의 영향 — 정치·경제·문화

아시아의 국제 질서에서 미국이 메인플레이어라는 점에 대해서는 이견이 없을 것입니다(佐橋亮編, 『冷戰後の東アジア秩序：秩序形成をめぐる各国の構想』, 剄草書房, 2020.).

정치면에서 민주주의, 경제면에서 시장경제, 문화면에서 미국적인 생활 양식 등 미국은 많은 면에서 아시아에 영향을 주고, 아시아 역내의 관계를 변화시켜 왔습니다. 단 미국의 정치·경제·문화가 어떻게 아시아 지역과 연결되고, 수용되거나 반발을 일으켰는지에 대해서는 각 국가·지역의 역사나 기억에 따라 다릅니다.

예를 들면, 미군 기지의 유무에 따라 달라집니다. 일본과 한국에는 현재까지도 미군 기지가 있고, 필리핀에는 이전에 미군 기지가 있었기 때문에 많은 기억이 축적되어 있습니다. 하지만 그 외의 다른 나라는 그러한 경험이 없습니다. 미국과의 전쟁에 대해서도 마찬가지입니다. 한국전쟁에서는 중국과 북한이, 베트남전쟁에서는 베트남이 각각 미국과 전쟁을 했지만, 다른 지역은 전후 미국의 핵우산 안에 있었습니다.

경제 관계에서도 경험은 다양합니다. 미국은 아시아·태평양전쟁 후에 서방 진영에 편입한 국가들에게 지원을 단행했습니다. 그러나 해당 국가들이 경제력을 갖추게 되면서 그 관계도 삐걱거립니다. 1960년대에는 일본이, 1970년대에는 아시아의 '4마리의 용'이라 불렸던 한국, 대만, 홍콩, 싱가포르가, 1990년대 이후에는 중국이 약진하여 2010년대 후반부터는 미중 무역 마찰이 심각해져 현재에 이르고 있습니다.

## 미중 간의 패권 다툼 ― 패권이행 프레임의 수용

현재, 세계의 관심은 미중 관계에 집중되어 있습니다. 미국은 중국의 부상을 문제 삼고 있고, '아메리카 퍼스트'를 주장하는 트럼프 정권은 전면적인 '미중 전쟁'에 돌입할 듯한 기세로 중국을 대했습니다. 미중이 서로 대립각을 세우는 가운데, 아시아 역내의 다른 국가들은 미중을 어떠한 눈으로 보고 있을까요?

미중 관계에 대해서는 아시아학생조사에서 패권이행 프레임의 수용("아시아에서의 영향력이 미국에서 중국으로 이행될 것이다"라는 주장)에 대한 의견을 물어 보았습니다. <표 5-1>이 그 결과입니다.

패권이행의 가능성에 대해서 가장 부정적이었던 것은 제2차 조사시점의 일본인데 찬성이 33.1%, 반대가 53.3%로 반대가 찬성을 넘었습니다. 그러나 이것도 제3차 조사시점에서는 찬성이 55.5%, 반대가 35.3%로 역전하여 다른 아시아 지역과 비슷한 응답이 나타나기 시작했습니다.

중국인이 경제를 좌지우지하면서 존재감이 커진 만큼 동남아시아에서 중국의 영향력을 높게 평가하는 경향은 이해할 수 있습니다. 그런데 흥미로운 것은 대만, 홍콩입니다. 젊은이들에 의한 반중 운동이 일어난 이들 지역에서도 패권이행 프레임을 수용하는 학생이 많았습니다. 특히 대만에서는 제2차에서 제3차로 갈수록 수치가 낮아지고 있지만, 제3차 시점에서 70% 이상이 패권이행 프레임을 수용하고 있습니다.

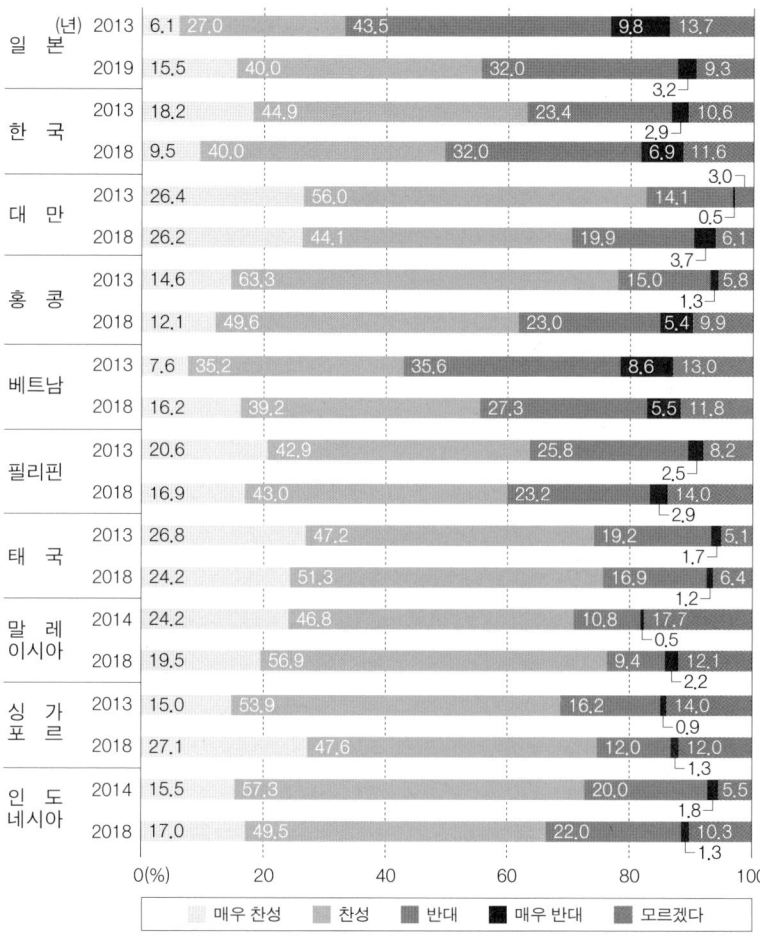

〈표 5-1〉 "아시아에서의 영향력이 미국에서 중국으로 이행될 것이다."라는
주장에 대한 찬반 여부(2013~2019)

| 국가 | (년) | 매우 찬성 | 찬성 | 반대 | 매우 반대 | 모르겠다 |
|---|---|---|---|---|---|---|
| 일 본 | 2013 | 6.1 | 27.0 | 43.5 | 9.8 | 13.7 |
| | 2019 | 15.5 | 40.0 | 32.0 | 3.2 | 9.3 |
| 한 국 | 2013 | 18.2 | 44.9 | 23.4 | 2.9 | 10.6 |
| | 2018 | 9.5 | 40.0 | 32.0 | 6.9 | 11.6 |
| 대 만 | 2013 | 26.4 | 56.0 | 14.1 | 0.5 | 3.0 |
| | 2018 | 26.2 | 44.1 | 19.9 | 3.7 | 6.1 |
| 홍 콩 | 2013 | 14.6 | 63.3 | 15.0 | 1.3 | 5.8 |
| | 2018 | 12.1 | 49.6 | 23.0 | 5.4 | 9.9 |
| 베트남 | 2013 | 7.6 | 35.2 | 35.6 | 8.6 | 13.0 |
| | 2018 | 16.2 | 39.2 | 27.3 | 5.5 | 11.8 |
| 필리핀 | 2013 | 20.6 | 42.9 | 25.8 | 2.5 | 8.2 |
| | 2018 | 16.9 | 43.0 | 23.2 | 2.9 | 14.0 |
| 태 국 | 2013 | 26.8 | 47.2 | 19.2 | 1.7 | 5.1 |
| | 2018 | 24.2 | 51.3 | 16.9 | 1.2 | 6.4 |
| 말 레 이시아 | 2014 | 24.2 | 46.8 | 10.8 | 0.5 | 17.7 |
| | 2018 | 19.5 | 56.9 | 9.4 | 2.2 | 12.1 |
| 싱 가 포 르 | 2013 | 15.0 | 53.9 | 16.2 | 0.9 | 14.0 |
| | 2018 | 27.1 | 47.6 | 12.0 | 1.3 | 12.0 |
| 인 도 네시아 | 2014 | 15.5 | 57.3 | 20.0 | 1.8 | 5.5 |
| | 2018 | 17.0 | 49.5 | 22.0 | 1.3 | 10.3 |

0(%)   20   40   60   80   100

■ 매우 찬성   ■ 찬성   ■ 반대   ■ 매우 반대   ■ 모르겠다

※ 출전: アジア学生調査第2·第3波調査

그만큼 중국의 영향력을 체감하고 있는 것이겠지요.

만약 학생들이 예상하는 것처럼 중국의 영향력이 미국의 영향력을 능가하게 된다면, 미중의 패권 경쟁은 적어도 아시아 역내에서는 중국의 승리로 끝날 것입니다.

## 미국에 대한 평가는 달라졌을까

그럼 실제로 그렇게 될까요? 도대체 미국을 어떻게 이해하고 있는 것일까요? 몇 개의 그래프를 보면서 확인하겠습니다.

아시아학생조사에서도 미국에 대한 질문 항목이 많았습니다. 우리가 입수한 1차 데이터 중 퓨리서치센터의 조사는 매우 편리하고 장기간 진행되었다는 점에서 좋았습니다. 수도 워싱턴에 사무실이 있는 이 센터는 미국의 존재감에 강한 관심을 가지고 있고, 많은 나라에 미국의 존재감이나 리더십에 대한 의견을 구하고 있습니다.

<표 5-2>는 이 책에서 다루는 대상으로 하고 있는 아시아 역내에 한정하여, 2002년부터 2019년까지 17년간에 걸친 미국에 대한 평가를 나타내는 것입니다. 제2장의 <표 1-1>에 있는 중국에 대한 평가와 대조해 보면 좋을 것입니다.

비록 <표 5-2>에서 변화하고 있지만, 미국에 대한 아시아 역내의 평가는 비교적 안정되어 있는 것을 알 수 있습니다. 특히 긍정적인 평가를 하고 있는 국가는 필리핀입니다. 미국과의 복잡한 역사 관계 때문에 엘리트 학생들 중에는 반미파가 많은 것과 달리, 일반 시민은 2002년에 90%에서 2019년에 80%로 10포인트 낮아졌음에도 계속 긍정적인 평가를 하고 있습니다. 한국이나 일본에서도 일관되게 비교적

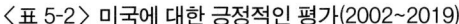

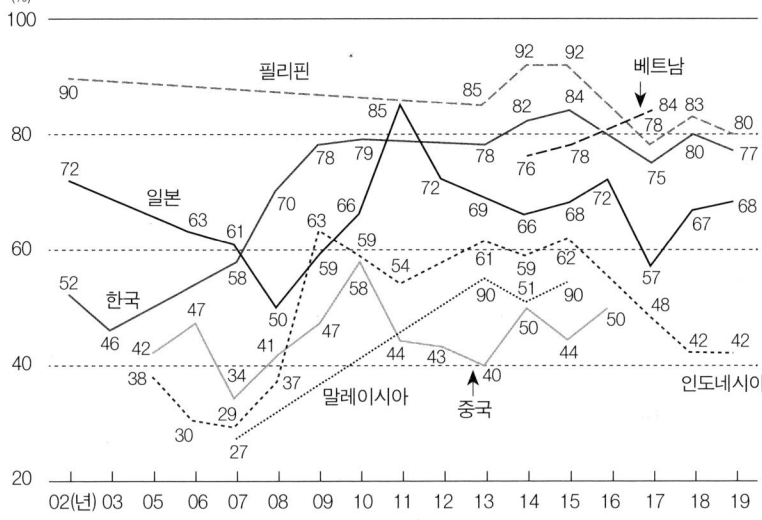

〈표 5-2〉 미국에 대한 긍정적인 평가(2002~2019)

※ 수치는 '매우 긍정적', '긍정적'이라고 응답한 자의 비율을 합한 것임
※ 출전: 퓨리서치센터 Global Attitudes Survey

높은 평가가 이루어지고 있습니다. 미국에 대해서 비교적 엄격한 평가를 하고 있는 국가는 중국, 말레이시아, 인도네시아입니다.

다음의 〈표 5-3〉은 아시아학생조사에서 진행한 미국에 대한 평가입니다. 퓨리서치센터의 조사에서는 제외되었던 대만, 홍콩, 싱가포르가 포함되어 있지만, 결과는 비슷합니다. 아시아학생조사에서 중국에 대한 평가는 이 책 〈표 1-7〉에 나타나 있으니 비교하시기 바랍니다.

중국에서는 2013년부터 2018년에 걸쳐 미국의 영향을 부정적으로 평가하고 있습니다. 특히 2018년에는 미국의 영향을 '좋다', '좋은 편이다'라고 응답한 사람이 22% 정도로 타국에 비해 나쁘다는 것이 눈에

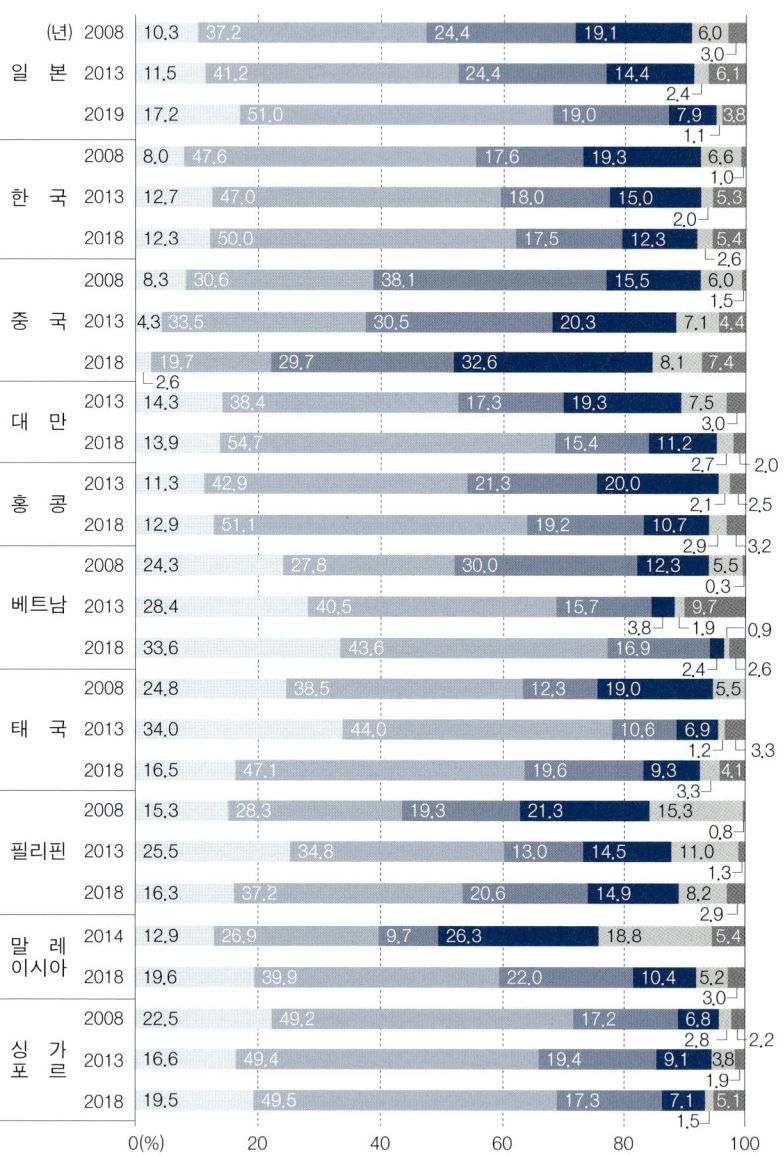

〈표 5-3〉 미국의 영향력에 대한 평가(2008~2019)

| | (년) | | | | | |
|---|---|---|---|---|---|---|
| 일 본 | 2008 | 10.3 | 37.2 | 24.4 | 19.1 | 6.0 / 3.0 |
| | 2013 | 11.5 | 41.2 | 24.4 | 14.4 | 6.1 / 2.4 |
| | 2019 | 17.2 | 51.0 | 19.0 | 7.9 | 3.8 / 1.1 |
| 한 국 | 2008 | 8.0 | 47.6 | 17.6 | 19.3 | 6.6 / 1.0 |
| | 2013 | 12.7 | 47.0 | 18.0 | 15.0 | 5.3 / 2.0 |
| | 2018 | 12.3 | 50.0 | 17.5 | 12.3 | 5.4 / 2.6 |
| 중 국 | 2008 | 8.3 | 30.6 | 38.1 | 15.5 | 6.0 / 1.5 |
| | 2013 | 4.3 | 33.5 | 30.5 | 20.3 | 7.1 / 4.4 |
| | 2018 | 19.7 | 29.7 | 32.6 | 8.1 | 7.4 / 2.6 |
| 대 만 | 2013 | 14.3 | 38.4 | 17.3 | 19.3 | 7.5 / 3.0 |
| | 2018 | 13.9 | 54.7 | 15.4 | 11.2 | 2.7 / 2.0 |
| 홍 콩 | 2013 | 11.3 | 42.9 | 21.3 | 20.0 | 2.1 / 2.5 |
| | 2018 | 12.9 | 51.1 | 19.2 | 10.7 | 2.9 / 3.2 |
| 베트남 | 2008 | 24.3 | 27.8 | 30.0 | 12.3 | 5.5 / 0.3 |
| | 2013 | 28.4 | 40.5 | 15.7 | 9.7 / 3.8 | 1.9 / 0.9 |
| | 2018 | 33.6 | 43.6 | 16.9 | 2.4 | 2.6 |
| 태 국 | 2008 | 24.8 | 38.5 | 12.3 | 19.0 | 5.5 |
| | 2013 | 34.0 | 44.0 | 10.6 | 6.9 / 1.2 | 3.3 |
| | 2018 | 16.5 | 47.1 | 19.6 | 9.3 | 4.1 / 3.3 |
| 필리핀 | 2008 | 15.3 | 28.3 | 19.3 | 21.3 | 15.3 / 0.8 |
| | 2013 | 25.5 | 34.8 | 13.0 | 14.5 | 11.0 / 1.3 |
| | 2018 | 16.3 | 37.2 | 20.6 | 14.9 | 8.2 / 2.9 |
| 말 레 이시아 | 2014 | 12.9 | 26.9 | 9.7 | 26.3 | 18.8 / 5.4 |
| | 2018 | 19.6 | 39.9 | 22.0 | 10.4 | 5.2 / 3.0 |
| 싱 가 포 르 | 2008 | 22.5 | 49.2 | 17.2 | 6.8 | 2.8 / 2.2 |
| | 2013 | 16.6 | 49.4 | 19.4 | 9.1 | 3.8 / 1.9 |
| | 2018 | 19.5 | 49.5 | 17.3 | 7.1 | 5.1 / 1.5 |

0(%)  20  40  60  80  100

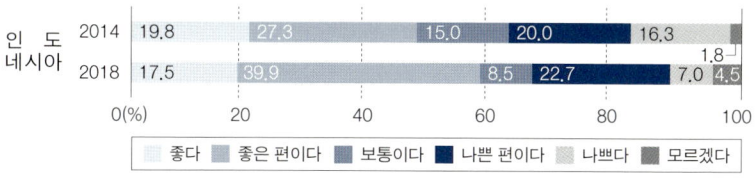

| 인 도<br>네시아 | 2014 | 19.8 | 27.3 | 15.0 | 20.0 | 16.3 | | 1.8 |
| | 2018 | 17.5 | 39.9 | 8.5 | 22.7 | 7.0 | 4.5 | |

0(%)    20    40    60    80    100

좋다 · 좋은 편이다 · 보통이다 · 나쁜 편이다 · 나쁘다 · 모르겠다

※ 출전: アジア学生調査第1·第2·第3波調査

띕니다. 이것도 현재의 미중 마찰을 생각하면 충분히 이해할 수 있습니다.

## 미중에 대한 평가의 차이

미중에 대한 평가 차이는 퓨리서치센터의 데이터와 아시아학생조사 데이터를 사용했습니다. 그것을 연도별, 국가·지역별로 나타낸 것이 각각 〈표 5-4〉, 〈표 5-5〉입니다.

〈표 5-4〉는 퓨리서치센터의 데이터입니다. 미국에 대한 견해를 '매우 긍정적'이라고 응답한 사람에게 4점, '긍정적'이라고 응답한 사람에게 3점, '부정적'이라고 응답한 사람에게 2점, '매우 부정적'이라고 응답한 사람에게 각각 1점을 주었습니다. 그리고 그렇게 계산한 점수에서 중국에 대한 평가를 같은 방식으로 점수화한 다음, 뺐습니다.

〈표 5-5〉는 3개 시점에 걸친 아시아학생조사입니다. 〈표 5-4〉와 마찬가지로 미국이 자국에 주는 영향에 대해 '좋다'라고 응답한 사람에게 5점, '좋은 편이다'라고 응답한 사람에게 4점, '보통이다'라고 응답한 사람에게 3점, '나쁜 편이다'라고 응답한 사람에게 2점, '나쁘다'라고 응

## 〈표 5-4〉 각 국가별로 본 미중에 대한 평가의 차이(2005~2018)

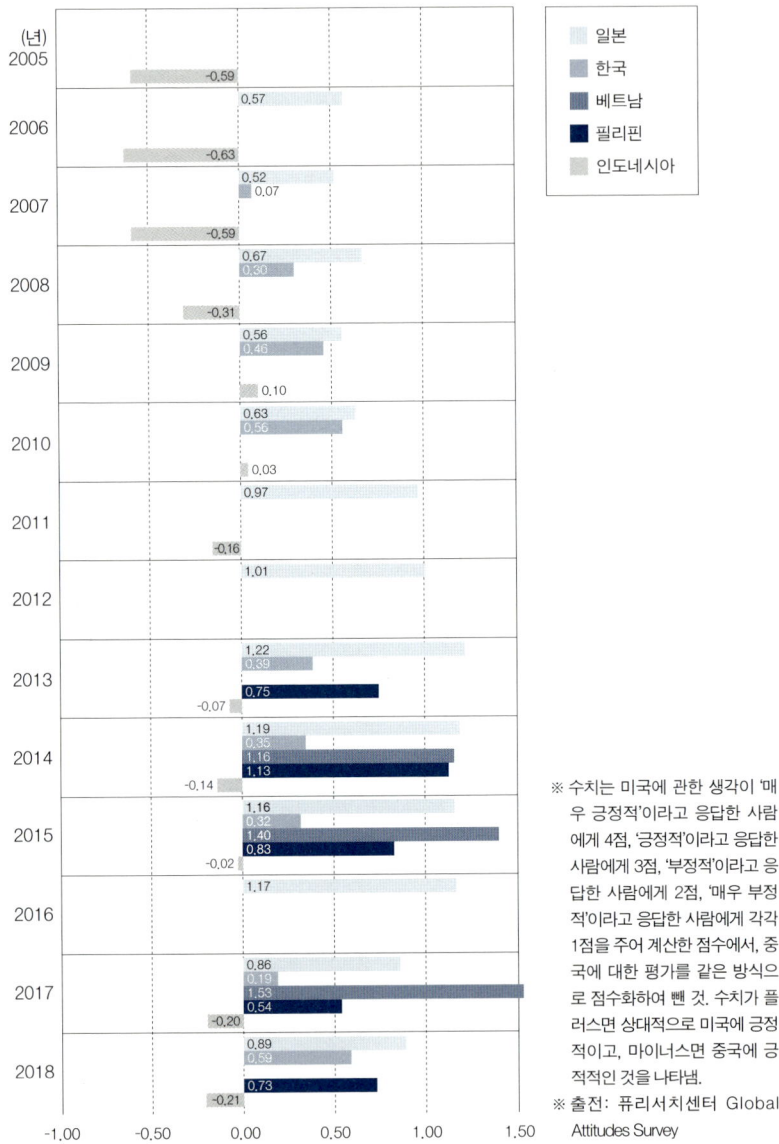

(년)

2005    -0.59

2006    0.57     -0.63

2007    0.52   0.07     -0.59

2008    0.67   0.30     -0.31

2009    0.56   0.46     0.10

2010    0.63   0.56     0.03

2011    0.97     -0.16

2012    1.01

2013    1.22   0.39   0.75     -0.07

2014    1.19   0.35   1.16   1.13     -0.14

2015    1.16   0.32   1.40   0.83     -0.02

2016    1.17

2017    0.86   0.19   1.53   0.54     -0.20

2018    0.89   0.59   0.73     -0.21

-1.00    -0.50    0.00    0.50    1.00    1.50

일본
한국
베트남
필리핀
인도네시아

※ 수치는 미국에 관한 생각이 '매우 긍정적'이라고 응답한 사람에게 4점, '긍정적'이라고 응답한 사람에게 3점, '부정적'이라고 응답한 사람에게 2점, '매우 부정적'이라고 응답한 사람에게 각각 1점을 주어 계산한 점수에서, 중국에 대한 평가를 같은 방식으로 점수화하여 뺀 것. 수치가 플러스면 상대적으로 미국에 긍정적이고, 마이너스면 중국에 긍정적인 것을 나타냄.
※ 출전: 퓨리서치센터 Global Attitudes Survey

## 〈표 5-5〉 각 국가·지역별로 본 미중에 대한 평가의 차이

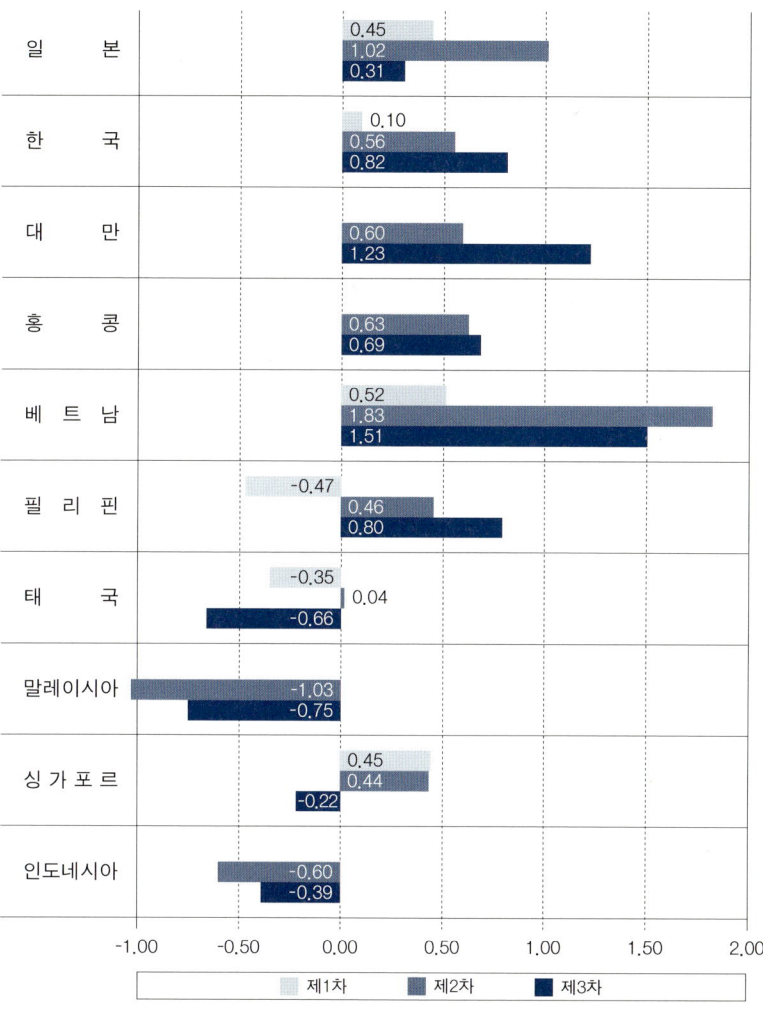

※ 수치는 미국이 자국에 주는 영향에 대해 '좋다'라고 응답한 사람에게 5점, '좋은 편이다'라고 응답한 사람에게 4점, '보통이다'고 응답한 사람에게 3점, '나쁜 편이다'라고 응답한 사람에게 2점, '나쁘다'라고 응답한 사람에게 1점을 주어 계산한 점수에서, 중국이 자국에 주는 영향을 같은 방식으로 계산한 점수를 뺀 것. 수치가 플러스면 상대적으로 미국에 긍정적이고, 마이너스면 상대적으로 중국에 긍정적인 것을 나타냄.

※ 출전: アジア学生調査第1·第2·第3波調査

답한 사람에게 1점을 주었고, 계산한 점수에서 중국이 자국에 주는 영향을 같은 방식으로 계산한 점수를 뺀 수치를 나타낸 것입니다.

둘 다 수치가 플러스면 상대적으로 미국에 긍정적이고, 마이너스면 상대적으로 중국에 긍정적인 것을 나타내고 있습니다.

〈표 5-4〉에서 한국, 일본, 베트남, 필리핀이 일관되게 미국을 높이 평가하고 있는 것에 비해, 인도네시아는 그 반대라는 것을 알 수 있습니다. 또 〈표 5-5〉에서는 한국, 일본, 대만, 홍콩, 베트남이 일관되게 미국을 높이 평가하고 있고, 필리핀을 경계로 그 경향이 바뀌고 있음을 알 수 있습니다.

## 정치적으로 분단된 아시아 — 트럼프와 시진핑 비교

이러한 평가의 차이는 각 국가·지역의 정치의식과 연관이 깊습니다.

〈표 4-10〉에서 한일의 지도자에 대한 신뢰도를 비교한 것처럼 〈표 5-6〉에서는 미중의 지도자에 대한 신뢰도를 비교했습니다.

아시아 국가들이 미국의 영향에 대해 대체로 높게 평가하고 있을지언정, 트럼프라는 개인 정치가를 꼭 신뢰하는 것은 아닙니다. 그러나 시진핑과 트럼프 중 어느 쪽을 신뢰하고 있는가에 대한 질문에는 〈표 5-5〉와 비슷한 특징을 볼 수 있습니다.

한국, 일본, 대만, 홍콩에서 트럼프에 대한 신뢰도는 그다지 높지 않지만, 그 이상으로 시진핑에 대한 신뢰도도 낮습니다. 베트남의 경우 그 차이가 현저하게 나타나는데, 시진핑보다 트럼프의 신뢰도가 높았

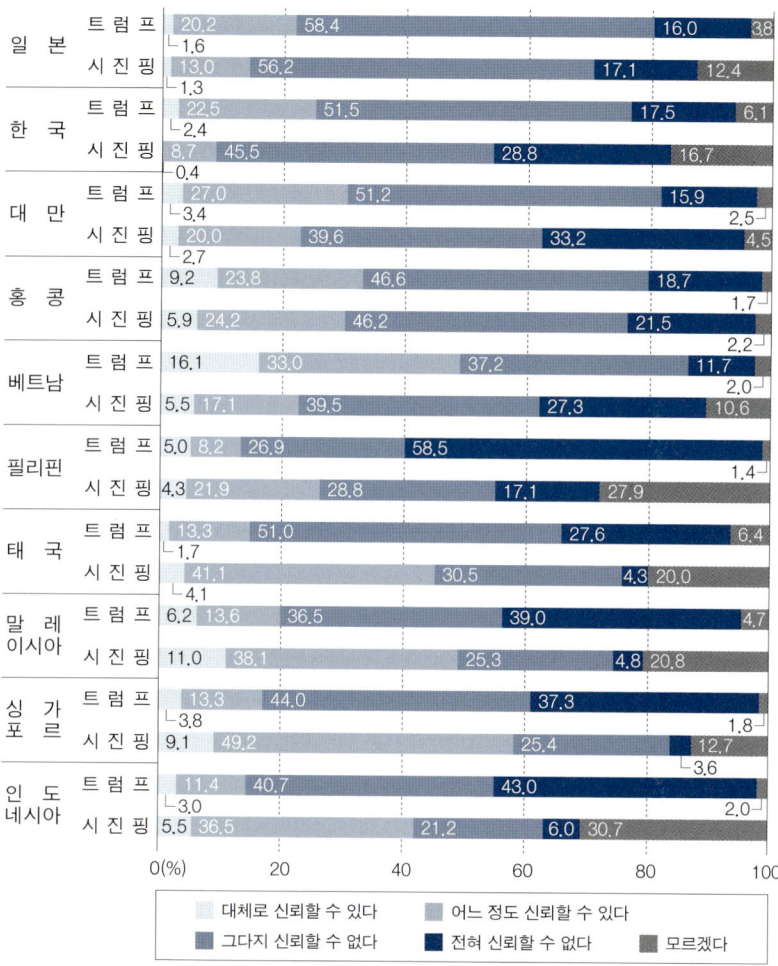

〈표 5-6〉 미·중 양국 지도자에 대한 신뢰도

| | | 대체로 신뢰할 수 있다 | 어느 정도 신뢰할 수 있다 | 그다지 신뢰할 수 없다 | 전혀 신뢰할 수 없다 | 모르겠다 |
|---|---|---|---|---|---|---|
| 일본 | 트럼프 | 20.2 | 58.4 | 1.6 | 16.0 | 3.8 |
| | 시진핑 | 13.0 | 56.2 | 1.3 | 17.1 | 12.4 |
| 한국 | 트럼프 | 22.5 | 51.5 | 2.4 | 17.5 | 6.1 |
| | 시진핑 | 8.7 | 45.5 | 0.4 | 28.8 | 16.7 |
| 대만 | 트럼프 | 27.0 | 51.2 | 3.4 | 15.9 | 2.5 |
| | 시진핑 | 20.0 | 39.6 | 2.7 | 33.2 | 4.5 |
| 홍콩 | 트럼프 | 9.2 | 23.8 | 46.6 | 18.7 | 1.7 |
| | 시진핑 | 5.9 | 24.2 | 46.2 | 21.5 | 2.2 |
| 베트남 | 트럼프 | 16.1 | 33.0 | 37.2 | 11.7 | 2.0 |
| | 시진핑 | 5.5 | 17.1 | 39.5 | 27.3 | 10.6 |
| 필리핀 | 트럼프 | 5.0 | 8.2 | 26.9 | 58.5 | 1.4 |
| | 시진핑 | 4.3 | 21.9 | 28.8 | 17.1 | 27.9 |
| 태국 | 트럼프 | 13.3 | 51.0 | 1.7 | 27.6 | 6.4 |
| | 시진핑 | 41.1 | 30.5 | 4.1 | 4.3 | 20.0 |
| 말레이시아 | 트럼프 | 6.2 | 13.6 | 36.5 | 39.0 | 4.7 |
| | 시진핑 | 11.0 | 38.1 | 25.3 | 4.8 | 20.8 |
| 싱가포르 | 트럼프 | 13.3 | 44.0 | 3.8 | 37.3 | 1.8 |
| | 시진핑 | 9.1 | 49.2 | 25.4 | 12.7 | 3.6 |
| 인도네시아 | 트럼프 | 11.4 | 40.7 | 3.0 | 43.0 | 2.0 |
| | 시진핑 | 5.5 | 36.5 | 21.2 | 6.0 | 30.7 |

※ 출전: アジア学生調査第3波調査

습니다.

　필리핀의 경우, 트럼프에 대한 신뢰도가 매우 낮기 때문에 결과적으로 시진핑에 대한 신뢰도가 높아졌습니다. 태국, 말레이시아, 싱가포르, 인도네시아에서는 시진핑에 대한 신뢰도가 트럼프에 대한 신뢰도를 압도하고 있습니다.

누가 지도자인가에 따라 이 점수는 변하지만,[46] 어느 쪽이든 2018년의 제3차 조사가 진행된 단계에서는 아시아가 상대적으로 미국의 지도자를 신뢰하고 있는 국가군과 중국의 지도자를 신뢰하고 있는 국가군으로 나누어져 있습니다.

## 안전보장과 미국과의 거리

안전보장 또한 아시아를 양분시키는 원인이 되고 있습니다.

〈표 5-7〉은 아시아학생조사 제3차 조사에만 사용한 질문으로 '중국과 군사적 충돌이 벌어지는 경우, 미국의 군사력 사용을 희망한다'에 대한 찬반의 분포를 나타내고 있습니다. 이 그래프에서는 트럼프에 대한 신뢰도가 시진핑에 대한 신뢰도를 웃도는 베트남에서조차 '매우 반대'가 13.3%, '반대'가 32.1%로 찬성을 넘었습니다.

반면, 중국의 주권 범위이면서 인민해방군이 주둔하고 있는 홍콩은 미국의 군사적인 개입에 '매우 찬성', '찬성'이 전체의 80%를 넘고 있습

---

46 사실, 하버드대학의 토니 사이치(Tony Saich) 등이 2014년에 진행한 조사에서는 당시의 오바마 대통령이 태국, 말레이시아, 싱가포르, 인도네시아에서도 시진핑보다 높게 평가되고 있었습니다(https://ash.harvard.edu/files/survey-global-perceptions-international-leaders-world-powers.pdf).

〈표 5-7〉 "중국과 군사적 충돌이 벌어지는 경우, 미국의 군사력 사용을 희망한다"라는
의견에 대한 찬반 여부

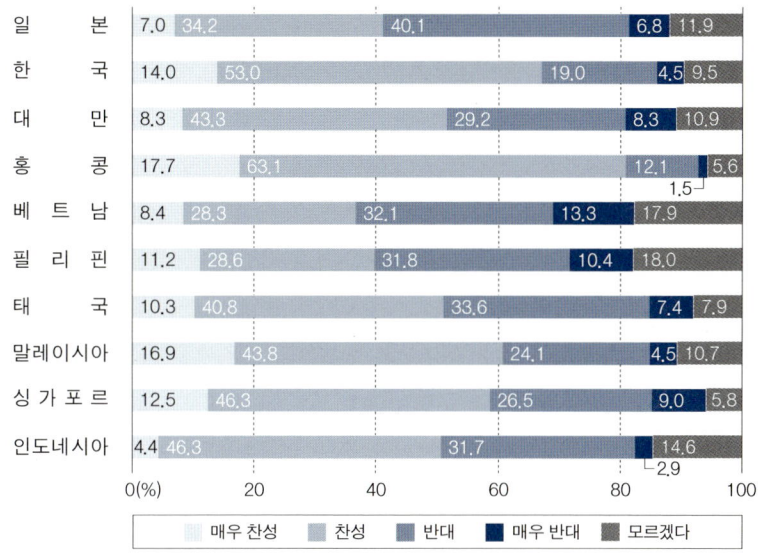

| | 매우 찬성 | 찬성 | 반대 | 매우 반대 | 모르겠다 |
|---|---|---|---|---|---|
| 일 본 | 7.0 | 34.2 | 40.1 | 6.8 | 11.9 |
| 한 국 | 14.0 | 53.0 | 19.0 | 4.5 | 9.5 |
| 대 만 | 8.3 | 43.3 | 29.2 | 8.3 | 10.9 |
| 홍 콩 | 17.7 | 63.1 | 12.1 | 1.5 | 5.6 |
| 베 트 남 | 8.4 | 28.3 | 32.1 | 13.3 | 17.9 |
| 필 리 핀 | 11.2 | 28.6 | 31.8 | 10.4 | 18.0 |
| 태 국 | 10.3 | 40.8 | 33.6 | 7.4 | 7.9 |
| 말레이시아 | 16.9 | 43.8 | 24.1 | 4.5 | 10.7 |
| 싱 가 포 르 | 12.5 | 46.3 | 26.5 | 9.0 | 5.8 |
| 인도네시아 | 4.4 | 46.3 | 31.7 | 2.9 | 14.6 |

※ 출전: アジア学生調査第3波調査

니다. 2019년에 범죄인 인도법 조례개정 반대 운동이 일어났을 때, 학생들은 홍콩의 상황을 세계에 알리기 위해 미국 의회에 도움을 요청했습니다. 집회에서 많은 학생들이 미국의 성조기를 들었던 장면을 텔레비전에서 본 독자도 적지 않을 것입니다. 대만의 경우, 중국과의 '내전 상태'에 있지만, 대만 내에서 미국의 군사 개입을 바라는 사람은 겨우 절반을 넘는 정도이며 대체로 의견이 나뉘곤 합니다.

그럼 결과적으로 아시아 각국은 미국인과의 사회적 거리를 어떻게 생각하고 있을까요? 그것을 정리한 것이 〈표 5-8〉입니다.

미국의 영향을 마이너스로 평가하고 있는 중국에서, 미국인이 '자

〈표 5-8〉 미국인과의 사회적 거리

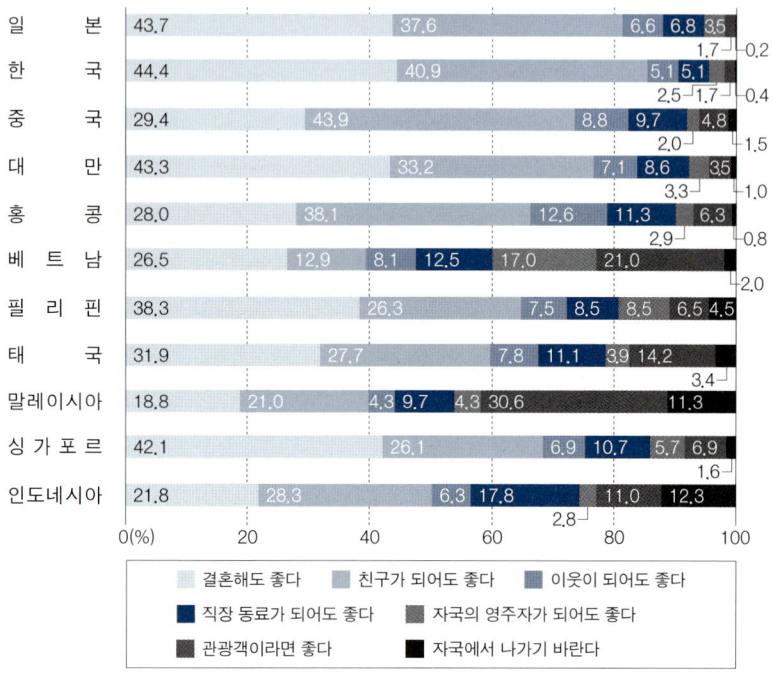

| 국가 | 결혼해도 좋다 | 친구가 되어도 좋다 | 이웃이 되어도 좋다 | 직장 동료가 되어도 좋다 | 자국의 영주자가 되어도 좋다 | 관광객이라면 좋다 | 자국에서 나가기 바란다 |
|---|---|---|---|---|---|---|---|
| 일 본 | 43.7 | 37.6 | 6.6 | 6.8 | 3.5 | 1.7 | 0.2 |
| 한 국 | 44.4 | 40.9 | 5.1 | 5.1 | 2.5 | 1.7 | 0.4 |
| 중 국 | 29.4 | 43.9 | 8.8 | 9.7 | 4.8 | 2.0 | 1.5 |
| 대 만 | 43.3 | 33.2 | 7.1 | 8.6 | 3.5 | 3.3 | 1.0 |
| 홍 콩 | 28.0 | 38.1 | 12.6 | 11.3 | 6.3 | 2.9 | 0.8 |
| 베 트 남 | 26.5 | 12.9 | 8.1 | 12.5 | 17.0 | 21.0 | 2.0 |
| 필 리 핀 | 38.3 | 26.3 | 7.5 | 8.5 | 8.5 | 6.5 | 4.5 |
| 태 국 | 31.9 | 27.7 | 7.8 | 11.1 | 3.9 | 14.2 | 3.4 |
| 말레이시아 | 18.8 | 21.0 | 4.3 | 9.7 | 4.3 | 30.6 | 11.3 |
| 싱가포르 | 42.1 | 26.1 | 6.9 | 10.7 | 5.7 | 6.9 | 1.6 |
| 인도네시아 | 21.8 | 28.3 | 6.3 | 17.8 | 2.8 | 11.0 | 12.3 |

**범례:** 결혼해도 좋다 / 친구가 되어도 좋다 / 이웃이 되어도 좋다 / 직장 동료가 되어도 좋다 / 자국의 영주자가 되어도 좋다 / 관광객이라면 좋다 / 자국에서 나가기 바란다

※ 출전: アジア学生調査第2波調査

국에서 나가기 바란다'고 생각하고 있는 사람이 1.5%에 그친다는 것은 의외입니다. 일본이나 한국, 대만과 같은 동아시아의 국가·지역은 '결혼해도 좋다'는 응답이 40%를 넘는 등 미국인과의 사회적 거리를 대체로 가깝게 느끼고 있는 듯합니다.

한편 미국의 영향을 긍정적으로 보고 있는 베트남에서는 '관광객만이라면 좋다'라는 응답이 21.0%였고, 말레이시아에서는 30.6%였습니다. 대체로 동남아시아 쪽은 미국과는 사회적 거리가 있는 듯합니다.

안전보장의 영역에서 아시아 역내 국가들과 미국의 거리는 보시다 시피 다양합니다.

## 미국 문화의 압도적인 영향력

그럼 미국과의 문화적인 연결에 대해서는 어떨까요?

이미 〈표 2-14〉를 통해 동남아시아에서는 미국·영국·호주로의 유학을 강하게 바라고 있다는 것을 보았습니다만, 아시아에서는 미국으로의 유학을 희망하는 경향이 현저하게 높습니다.

또 미국이 가진 대중문화나 기업의 매력도 아시아에서는 독보적입니다. 다음에 나오는 〈표 5-9〉와 〈표 5-11〉은 중국 애니메이션이나 드라마를 시청하는 빈도와 중국 노래를 듣는 빈도를 나타내며, 〈표 5-10〉과 〈표 5-12〉는 미국 애니메이션이나 드라마를 시청하는 빈도와 미국 노래를 듣는 빈도를 각 국가·지역별로 나타내고 있습니다. 조사는 두 시기에 진행되었는데 결과는 큰 차이가 없어 최신 데이터만 집계했습니다.

이 그래프에서 ① 중국어권(중국, 대만, 홍콩, 싱가포르)인지, 그렇지 않은지에 따라 중국 애니메이션이나 드라마의 시청 빈도 및 중국 노래를 듣는 빈도가 크게 다르다는 것, ② 애니메이션과 드라마의 경우, 동남아시아와 동아시아의 차이가 있지만 대체로 널리 받아들여지고 있다

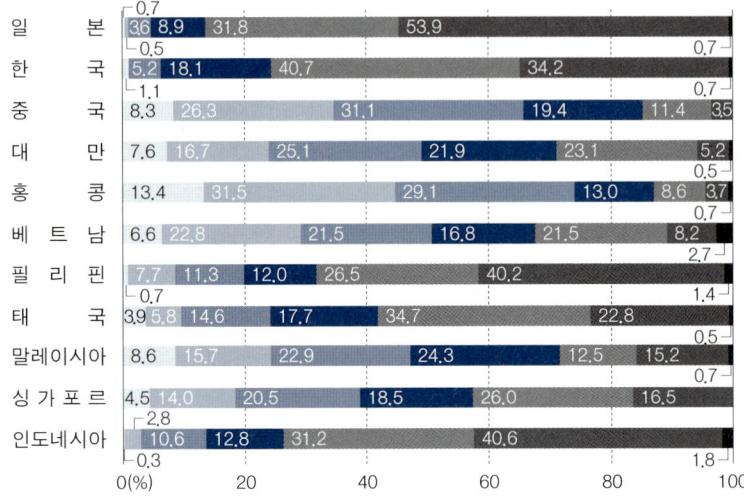

〈표 5-9〉 중국 애니메이션 혹은 드라마를 시청하는 빈도

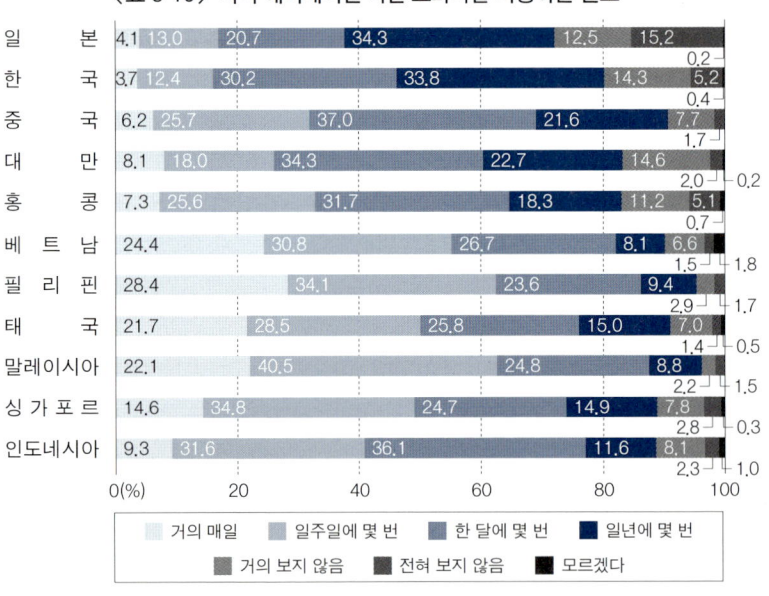

〈표 5-10〉 미국 애니메이션 혹은 드라마를 시청하는 빈도

범례: 거의 매일 / 일주일에 몇 번 / 한 달에 몇 번 / 일년에 몇 번 / 거의 보지 않음 / 전혀 보지 않음 / 모르겠다

※ 출전: アジア学生調査第3波調査

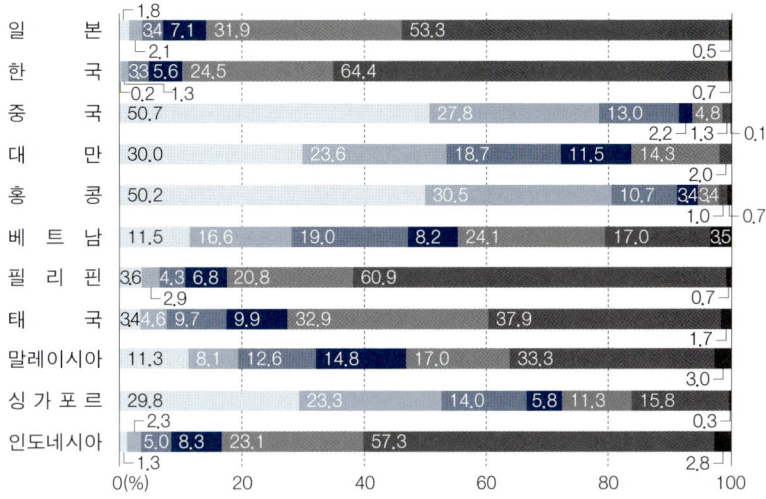

〈표 5-11〉 중국 노래를 듣는 빈도

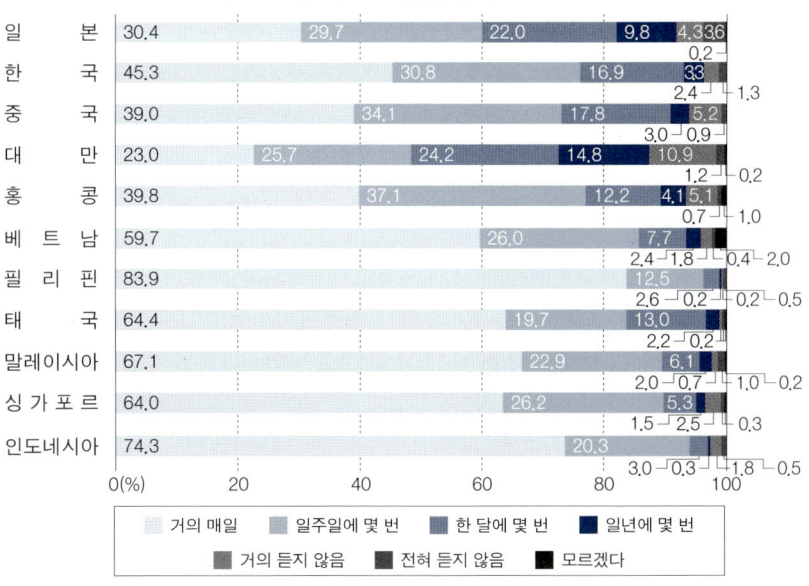

〈표 5-12〉 미국 노래를 듣는 빈도

범례: 거의 매일 / 일주일에 몇 번 / 한 달에 몇 번 / 일년에 몇 번 / 거의 듣지 않음 / 전혀 듣지 않음 / 모르겠음

※ 출전: アジア学生調査第3波調査

는 것을 알 수 있습니다.[47]

사실 이 조사는 아시아학생조사의 제1차 조사에서만 진행한 것입니다. '미국의 소프트파워가 너무 강해서 아시아는 대항할 수 없다'는 문구에 찬성하는 사람의 비율을 보면, 한국의 경우 44.6%로 과반을 넘지 않았지만, 그 외의 국가(일본, 중국, 필리핀, 태국, 싱가포르)에서는 이미 과반수에 달하고 있습니다.

마지막으로 미국 기업에 대한 평가입니다. 제2장에 있는 〈표 2-15〉와 제6장에 있는 〈표 6-2〉를 같이 보면 아시겠지만, 중국계 기업의 국가·지역에서는 미국계 기업으로 취직을 희망하는 사람이 15% 정도인 것에 비해, 중국계 기업에 취직을 희망하는 사람은 거의 없습니다.

이처럼 유학, 대중문화, 취직이라는 모든 점에서 미국의 매력은 중국을 압도하고 있습니다.


## 패권이행 프레임과 현실의 괴리

이러한 결과들을 보고, 아시아의 학생들은 정말로 패권이행이 이루어진다고 생각하고 있는지 궁금해졌습니다. 중국의 영향력이 정말 커지고 있다고 생각한다면 유학이나 대중문화, 취직과 같이 실익이라는 측면에서 중국에 대한 평가가 향상되어야 하기 때문입니다.

---

47  물론, 중국어와 영어의 차이는 반드시 중국과 미국의 차이를 의미하지는 않습니다. 그 점에서 주의가 필요합니다.

그러나 아시아학생조사의 데이터만 보면, 최근 10년 사이 아시아의 학생들은 유학이나 취직 장소로 중국을 생각하지 않았고, 중국의 대중문화를 수용하는 식의 변화도 없었습니다. 더욱이 패권이행에 있어 중요한 언어 역시 영어가 중국어를 압도하는 상황 그대로입니다.

제4장의 〈표 4-4〉에 "20년 후 아이가 배우길 바라는 언어는 무엇입니까?"라는 질문에 대한 응답에서, 영어를 선택한 비율과 중국어를 선택한 비율을 비교해보면 전자가 압도적입니다. 이뿐만 아니라 응답자의 중국어 능력(〈표 4-5〉참고)도 영어 능력에 비해 압도적으로 낮았으며, 이는 최근 10년 사이에 거의 변화가 없습니다.

아시아학생조사 결과, 모든 나라·지역에서 "중국이 부상함에 따라 중국어를 할 수 있는 사람이 증가할 것이다"라는 문구에 찬성하는 비율이 제2차 조사, 제3차 조사에서 모두 과반수를 점하고 있지만 중국어 능력은 향상되지 않고 있습니다.

거기다 유학지를 결정하는 기준으로서 '영어로 배울 수 있다는 것'이 '매우 중요', '어느 정도 중요'라고 응답한 사람은 최근 10년 사이에 계속 90% 정도인 것에 비해, '영어 이외(중국어 포함)의 언어를 배울 수 있다는 것'이 '매우 중요', '어느 정도 중요'라고 응답한 사람은 과반수를 넘지 못합니다.

근대 이후, 영어는 사실상 세계 공통언어로 기능했고, 많은 나라가 영어를 공용어로 삼았습니다. 이러한 역사적인 과정 때문인지 아시아의 장래를 짊어지고 갈 젊은이들은 중국의 영향이 커질 것을 예상하면서도, 막상 행동으로 옮기려는 생각은 없는 듯합니다.

## 이상적인 경제 발전의 모델은?

유학이나 언어 교육이 아니어도 정치 운영이나 경제 건설의 방식의 모델로서 특정 국가가 영향력을 강화할 수도 있습니다.

그럼 아시아 역내의 학생들은 어떤 나라를 경제 발전의 모델이라고 생각하고 있을까요? 만약 중국을 이상적인 경제 발전의 모델이라고 생각한다면 중국의 패권이 자연스럽게 받아들여질 것이고, 미국을 이상적인 경제 발전의 모델이라고 생각한다면 중국의 패권은 '그림의 떡'이 되겠지요.

아시아학생조사 제3차 조사에서는 14개 국가·지역을 뽑아 그 가운데 "어떤 나라가 자국의 경제 발전 모델이 될 것인가"라고 질문을 했습니다. 그 결과에 대해서는 몇 개의 매체를 통해 간단하게 보고할 기회

〈표 5-13〉 경제발전 모델이 되는 국가

| 모델이 되는 국가 | 호주 | 캐나다 | 중국 | EU | 프랑스 | 독일 | 일본 | 러시아 |
|---|---|---|---|---|---|---|---|---|
| 일본 | 2.3 | 1.8 | 13.1 | 6.7 | 1.2 | 5.1 | 9.4 | 0.5 |
| 한국 | 1.6 | 3.8 | 2.7 | 4.3 | 0.4 | 15.9 | 2.7 | |
| 중국 | 0.3 | 0.7 | 2.9 | 7.5 | 0.4 | 2.6 | 2.6 | |
| 대만 | 1.2 | 2.7 | 4.5 | 7.7 | 0.2 | 9.7 | 9.7 | 0.2 |
| 홍콩 | 1.3 | 2.8 | 4.8 | 4.1 | 0.3 | 3.6 | 4.8 | 0.5 |
| 베트남 | 3.2 | 3.2 | 6.1 | 6.6 | 0.3 | 2.7 | 17.5 | 0.5 |
| 필리핀 | 1.2 | 5.1 | 3.7 | 2.9 | 0.2 | 2.0 | 32.0 | |
| 태국 | 1.0 | 2.5 | 13.3 | 5.8 | 0.3 | 4.8 | 23.8 | |
| 말레이시아 | 4.6 | 3.8 | 23.2 | 2.2 | 0.5 | 2.5 | 27.5 | |
| 싱가포르 | 1.3 | 4.2 | 4.7 | 2.9 | | 4.9 | 9.4 | |
| 인도네시아 | 0.8 | 0.6 | 23.8 | 9.7 | 0.8 | 3.0 | 10.5 | 0.6 |

※ 주기: 가장 높은 평가를 받은 국가·지역은 짙은 색으로, 10% 이상을 기록한 국가·지역은 옅은 색으로 표시했음.

가 있었습니다만(園田 2019a; 園田 2020), 여기서는 차근차근 상세히 수치를 살펴보도록 하겠습니다(〈표 5-13〉 참조).

먼저 경제 발전의 모델로 가장 손꼽힌 국가·지역에 대해서는 응답이 나뉘었습니다. 미국이 제1위를 차지한 나라는 일본(21.0%), 한국(19.2%), 대만(25.2%), 홍콩(53.8%), 베트남(38.7%)입니다. 놀라운 것은 중국 학생도 미국을 경제 발전 모델 국가로 선택했고, 그 비율이 67.8%나 되어 다른 지역을 제쳤다는 것입니다.

일본을 가장 이상적인 모델로 생각하고 있는 나라는 필리핀(32.0%), 태국(23.8%), 말레이시아(27.5%)입니다. 중국을 이상적인 경제 발전의 모델이라고 뽑은 나라는 인도네시아(23.8%) 뿐인데, 2위인 미국과의 차이는 근소합니다.

다음으로 각각의 국가·지역에서 수집한 응답의 분포를 보면, 중국

(단위 : %)

| 싱가포르 | 한국 | 스웨덴 | 스위스 | 영국 | 미국 | 기타 | 없음 | 모름 |
|---|---|---|---|---|---|---|---|---|
| 16.4 | 0.9 | 11.1 | 1.8 | 1.4 | 21.0 | 0.7 | 1.8 | 4.8 |
| 4.7 | 10.3 | 13.2 | 3.6 | 0.7 | 19.2 | 2.2 | 2.2 | 12.5 |
| 1.3 | | 2.4 | 6.3 | 3.9 | 67.8 | 0.5 | 0.5 | 0.4 |
| 10.2 | 2.7 | 9.7 | 7.0 | 3.5 | 25.2 | 2.0 | 1.0 | 2.5 |
| 6.9 | 0.3 | 4.6 | 4.8 | 5.8 | 53.8 | 0.5 | 0.5 | 0.8 |
| 12.2 | 2.1 | 2.7 | 1.6 | 1.3 | 38.7 | 0.5 | 0.3 | 0.5 |
| 19.8 | 3.4 | 5.9 | 5.6 | 3.2 | 9.0 | 3.7 | 0.2 | 2.0 |
| 11.0 | 4.3 | 3.5 | 8.3 | 4.5 | 13.5 | 1.0 | | 2.5 |
| 8.4 | 7.4 | 1.6 | 2.2 | 2.2 | 9.0 | 1.1 | 2.5 | 1.4 |
| 31.2 | 0.8 | 3.4 | 11.9 | 1.0 | 17.1 | 2.9 | 0.8 | 3.6 |
| 7.8 | 3.0 | 1.9 | 4.4 | 6.6 | 23.0 | 1.4 | 0.6 | 1.4 |

※ 출전: アジア学生調査第3波調査

을 제외하고는 응답이 제각각입니다. 10% 이상의 응답을 보면, 일본
에서는 싱가포르, 중국, 스웨덴을 꼽았고, 한국에서는 독일, 스웨덴, 한
국을 꼽았으며, 대만에서는 싱가포르를, 베트남에서는 일본과 싱가포
르를, 필리핀에서는 싱가포르를, 태국에서는 미국, 중국, 싱가포르를
꼽았습니다. 그리고 말레이시아에서는 중국을 꼽았으며 싱가포르에
서는 미국과 스위스를, 인도네시아에서는 미국과 일본을 꼽는 등 완전
히 다르게 나타납니다.

가장 중요한 것은 경제모델로 미국보다 중국이 이상적이라고 응답
한 사람의 비율이 높은 나라는 인도네시아 뿐이라는 것입니다. 더구나
그 차이는 0.8%이며, 무엇보다도 중국에서 자기 나라를 경제 발전의
모델이라고 생각하는 사람이 2.9%에 지나지 않는다는 사실입니다. 중
국이 아시아 경제 발전의 모델이 되는 것은 어려울 듯합니다.


## 아시아는 미국과 중국을 제로섬으로 보지 않는다

미국과 중국에 대한 아시아 각국·지역의 평가를 비교하며 소개했
습니다만, 이것은 미중 마찰이 격화하는 가운데 '미국인가, 중국인가'
라는 생각에서 출발합니다.

그럼 아시아의 국민감정은 미국과 중국 중 한 나라를 선택해야 한
다고 생각하고 있을까요? 기존의 조사 데이터를 통해 우리는 '미중 전
쟁'이라는 발상과 실제 현실이 다르다는 것을 확인할 수 있었습니다.

〈표 5-14〉는 퓨리서치센터의 데이터를 이용해서, 응답자의 중국

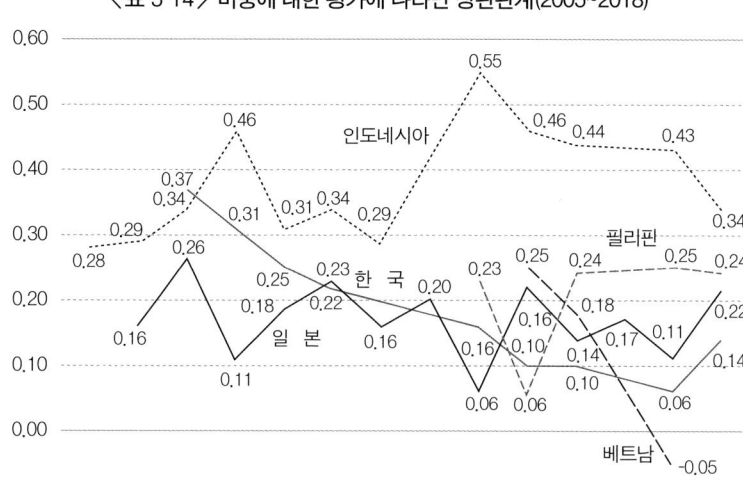

〈표 5-14〉 미중에 대한 평가에 나타난 상관관계(2005~2018)

※ 수치는 피어슨의 상관계수 수치가 높아질수록 미중에 대한 평가의 상관이 높은 것을 나타내고 있음. 1차 데이터
는 2018년까지만 이용할 수 있어서 2019년의 수치는 입수하지 못했음.
※ 출전: 퓨리서치센터 Global Attitudes Survey

에 대한 평가(4점)와 미국에 대한 평가(4점) 사이의 상관계수를 시계열순
으로 표시하고 있습니다. 상관계수의 절대치가 높을수록 양자의 점수
에는 연관성이 있다는 것인데, 수치가 플러스면 미중에 대한 평가의
방향성이 같다는 것(미국에 대한 평가가 높아질수록 중국에 대한 평가도 높아진다는
것)을 의미합니다.

베트남에서는 4년 사이에 수치가 일정하게 낮아져 2017년에는 마
이너스가 되는데, 이는 곧 베트남 사람들이 서서히 미중을 저울질하기
시작했다는 것을 말해줍니다. 비슷한 경향을 보이는 나라가 한국인데,
역시 상관계수 수치가 서서히 낮아지고 있습니다.

그러나 그 외의 지역에서는 높아졌다 낮아졌다를 계속 반복하면서도 플러스를 유지하고 있습니다. 이는 미국과 중국, 둘 중 하나를 반드시 선택해야 한다고 생각하지 않기 때문인데, 아시아학생조사에서도 동일한 결과를 얻을 수 있었습니다. 미중 마찰의 영향이 아시아 역내에 퍼지는 가운데, 이러한 특징은 아무리 강조해도 지나치지 않습니다.[48]

이제까지 중국의 부상에 따른 미중 갈등이 아시아에서 어떻게 받아들여지고 있는지에 대해 각 국가·지역별로 살펴보았습니다. 5장의 내용을 정리하면 다음과 같습니다.

첫째, 각 국가·지역에서는 미국의 패권이 쇠퇴하고 중국이 부상하고 있다는 것을 강하게 의식하고 있습니다.

둘째, 정치, 안전보장과 관련해서 미국과 중국 중, 어떤 나라를 지지할 것인가에 대해서는 각 국가·지역별로 의견이 나뉩니다.

셋째, 유학, 취업, 대중문화 수용, 언어의 편리성 등 구체적인 이익과 관련된 행동에서는 미국의 영향력이 중국을 압도하고 있습니다.

중국의 영향력이 커지고 있음을 인식하면서도, 그것을 위한 준비는

---

48  2020년 3월 싱가포르의 리셴룽(Lee Hsien Loong) 수상은 코로나의 책임을 서로 전가하는 미중을 비난하면서, 트럼프 대통령에게 "신속하게 미국의 지도력을 발휘하십시오. 그렇지 않으면 다른 국가들의 신뢰를 잃게 될 것입니다."라고 경고했습니다. 싱가포르 정부는 전방위 외교를 견지함으로써 스스로의 국익을 지키고자 하고 있습니다. 그리고 그 연장선상에서 미국과 중국, 둘 중 하나를 선택하는 것이 아니라 양자의 협조를 촉진하고자 한 것입니다(https://www.scmp.com/news/asia/southeast-asia/article/3077479/coronavirus-singapore-pm-calls-end-us-china-blame-game).

하지 않는 셈입니다. 그렇다면 실제로는 패권이행이 일어나지 않을 가능성도 있습니다. 왜 이렇게 모순적인 현상이 나타날까요? 중국의 대국화를 사실로 알고 있으면서도, 자신의 생활과는 관련되지 않는다고 생각하는 학생이 많기 때문이라고 할 수 있습니다.

국민감정은 다양한 요인에 의해 형성·유지·변용되어왔습니다. 경제적인 이익이나 정치적인 이념, 인위적인 접촉이 가져오는 효과, 생활양식이나 문화에 대한 동경 혹은 반발, 안전보장상의 판단이나 선택, 과거의 기억이나 자국에서 받은 교육, 국제적인 사건이나 그 사건을 설명하는 프레임 등 다양한 요인이 국민감정에 영향을 미치고 있는 것입니다.

제5장에서는 미국에 대한 평가가 지역에 따라 복잡한 음영으로 나타난다는 것을 확인했습니다. 다음 장에서는 일본에 대한 평가와 관련된 내용을 다루겠습니다.

제6장

# 일본에 대한 시선
## — 아시아의 일본 평가
## 일본의 아시아 평가

'쿨 재팬(Cool Japan)'이란 말이 퍼진지도 웬만큼 시간이 흘렀습니다. 그 결과, 일본의 매력이 긍정적으로 평가받고 있고, 이를 이용한 대외 정책도 나오게 되었습니다.

일본 밖에서는 일본을 어떻게 보고, 어떻게 평가하고 있을까요? 전후 일본연구에서 많은 연구자나 조사기관들이 이 질문을 다루었습니다. 텔레비전 프로그램 편성표만 봐도 '밖에서 본 일본'이라는 문제가 일본인에게 인기가 있다는 것을 알 수 있습니다.

이 장에서는 지금까지 각 국가·지역의 대외 인식을 검토할 때 다루었던 일본에 대한 평가를 정리하면서 그 특징을 확인해보도록 하겠습니다. 동시에 일본의 매력을 설명하는 과정에서 영향력이 있는 문화나 사상 등 소프트파워 가설의 타당성을 검증해 보겠습니다.[49]

---

49  필자가 아는 범위에서 일본의 대중문화와 국가 이미지를 주제로 한 실증연구 가운데 가장 뛰어난 성과는 이시이·고하루·와타나베(石井健一·小針進·渡邊聰, 『日中韓の相互イメージとポピュラー文化:国家ブランディング政策の展開』, 明石書店, 2019) 등의 연구입니다. 이시이 등은 2012년부터 2014년에 걸쳐 한국, 대만, 홍콩에서 실시한 인터넷조사 데이터를 이용하여 일본에 대한 이미지와 대중문화 수용과의 관계를 비교·분석해서 이 책과 비슷한 결론을 냈습니다. 이 책은 이시이 등이 다루지 못했던 동남아시아도 다루고 있습니다.

# 일본에 대한 지적 관심 — 언어·전통문화에서 대중문화로

얼마전부터 필자는 직장에서 국제종합일본학(Global Japan Studies)이라는 연구 영역을 추진하는 역할을 해왔습니다. 대학의 세계화를 추진하고 해외에서 많은 학생을 모집하기 위해서는 일본의 매력을 적극적으로 알려야 한다고 느꼈고, 일본 국내에서 어떠한 연구가 진행되고 있는가를 적극적으로 발언할 필요가 있다고 생각했기 때문입니다. 동시에 일본 국내와 해외에서 일본연구에 대한 '대화'를 촉진함으로써 양자 간에 어떤 차이가 있는지를 알아보고, 그 차이를 축으로 어떠한 연구를 진행해야 하는지를 고민해왔습니다(http://gjs.ioc.u-tokyo.ac.jp/ja/).

그 결과 몇 가지 재미있는 점을 알게 되었는데, 그중 하나는 해외에서 진행된 일본연구의 내용이 시기에 따라 다르다는 것입니다. 이러한 현상은 모든 국가·지역에서 비슷하게 나타납니다.

근대에 들어서자, 일본연구는 언어나 문화에 대한 관심에서 일본의 전통문화를 이해하고자 하는 연구자에 의해 추진되었습니다. 그리고 전후의 고도성장기에는 일본의 경제 구조 및 이를 지탱하는 정치 체제에 대한 것으로 관심이 확장되었습니다. 일본의 제조업이 세계적으로 주목받고 과학 기술이 인정받게 되자, 그 배후에 있는 제도나 정책, 사람들의 심리로 관심이 확대된 셈입니다. 이후에는 만화나 애니메이션의 영향력이 강해져서, 일본의 문화 상품이 주목을 받게 되었습니다. 특히 젊은 연구자의 관심이 이러한 대중문화로 옮겨갔습니다. 연구가 축적될수록 일본에 대한 관심도 다양해지고 있는 상황입니다. 이것이

해외 일본연구의 상황입니다.

유학생을 받아들이는 업무를 담당해왔던 저의 경험도 그와 같습니다. 옛날에는 일본의 정치나 경제를 공부하고자 하는 학생이 대다수였다면, 최근에는 어릴 때부터 일본의 애니메이션이나 만화를 접했다는 이유로 일본으로 유학 온 학생이 늘어났음을 실감하고 있습니다.

미국의 일본 연구자인 퍼트리샤 스테인호프(Patricia Steinhoff)는 1989년과 2012년에 박사학위 취득자를 대상으로 미국 내 일본연구의 영역을 조사했습니다. 그 결과, 정치학, 경제학은 줄어들고, 역사학, 국제연구가 늘어나고 있다는 것을 알게 되었습니다(Steinhoff, 2013: 37). 미국 다음으로 '일본연구 대국'인 중국, 일본연구학회의 역사가 반세기 이상이나 되는 인도네시아에서도 비슷한 경향이 나타납니다.

## 매력을 측정하는 3가지 척도 — 중국과 한국 외의 높은 평가

도대체 일본의 매력은 어떻게 측정할 수 있을까요? "일본에 가고 싶다", "일본의 상품이나 서비스, 지식 등을 흡수하고 싶다"라는 욕망을 조사하면 될까요? 문제는 이것을 어떻게 가시화할 것인가입니다.

이 장에서는 일본에 대한 해외의 평가와 일본계 기업에 대한 취직 희망의 유무, 일본 유학 희망의 유무라는 3가지 척도로 일본의 매력을 측정하겠습니다. 한국과 중국은 일본에 대해 엄격한 평가를 하고 있지만, 그 외의 지역에서는 긍정적인 평가가 많이 보입니다. 또 '모르겠다'는 응답은 모든 지역에서 7% 이상을 보입니다. 제4장의 〈표 4-2〉(러시

## 〈표 6-1〉 일본의 영향에 대한 평가(2008~2018)

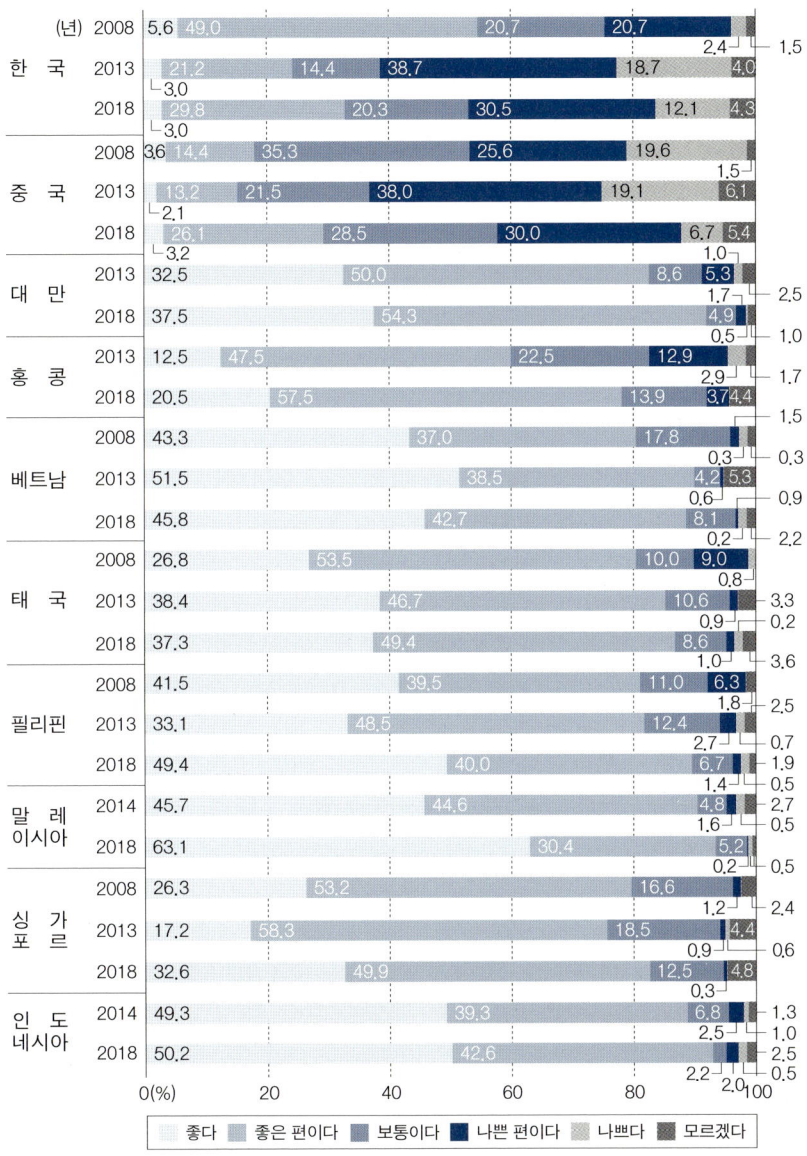

| | (년) | 좋다 | 좋은 편이다 | 보통이다 | 나쁜 편이다 | 나쁘다 | 모르겠다 |
|---|---|---|---|---|---|---|---|
| 한 국 | 2008 | 5.6 | 49.0 | 20.7 | 20.7 | 2.4 | 1.5 |
| | 2013 | 21.2 | 14.4 | 38.7 | 18.7 | 4.0 | 3.0 |
| | 2018 | 29.8 | 20.3 | 30.5 | 12.1 | 4.3 | 3.0 |
| 중 국 | 2008 | 3.6 | 14.4 | 35.3 | 25.6 | 19.6 | 1.5 |
| | 2013 | 13.2 | 21.5 | 38.0 | 19.1 | 6.1 | 2.1 |
| | 2018 | 26.1 | 28.5 | 30.0 | 6.7 | 5.4 | 3.2 |
| 대 만 | 2013 | 32.5 | 50.0 | 8.6 | 5.3 | 1.0 | 2.5 |
| | 2018 | 37.5 | 54.3 | 4.9 | 1.7 | 0.5 | 1.0 |
| 홍 콩 | 2013 | 12.5 | 47.5 | 22.5 | 12.9 | 2.9 | 1.7 |
| | 2018 | 20.5 | 57.5 | 13.9 | 3.7 | 4.4 | 1.5 |
| 베트남 | 2008 | 43.3 | 37.0 | 17.8 | 0.3 | 0.3 | 0.3 |
| | 2013 | 51.5 | 38.5 | 4.2 | 5.3 | 0.6 | 0.9 |
| | 2018 | 45.8 | 42.7 | 8.1 | 0.2 | 2.2 | 0.8 |
| 태 국 | 2008 | 26.8 | 53.5 | 10.0 | 9.0 | 3.3 | 0.9 |
| | 2013 | 38.4 | 46.7 | 10.6 | 0.2 | 3.6 | 1.0 |
| | 2018 | 37.3 | 49.4 | 8.6 | 1.8 | 2.5 | 2.7 |
| 필리핀 | 2008 | 41.5 | 39.5 | 11.0 | 6.3 | 0.7 | |
| | 2013 | 33.1 | 48.5 | 12.4 | 2.7 | 1.9 | 1.4 |
| | 2018 | 49.4 | 40.0 | 6.7 | 0.5 | 2.7 | 0.5 |
| 말 레 이시아 | 2014 | 45.7 | 44.6 | 4.8 | 1.6 | 0.5 | 0.2 |
| | 2018 | 63.1 | 30.4 | 5.2 | 0.5 | 2.4 | |
| 싱 가 포 르 | 2008 | 26.3 | 53.2 | 16.6 | 1.2 | 4.4 | 0.9 |
| | 2013 | 17.2 | 58.3 | 18.5 | 0.6 | 4.8 | 0.3 |
| | 2018 | 32.6 | 49.9 | 12.5 | 1.3 | 1.0 | |
| 인 도 네시아 | 2014 | 49.3 | 39.3 | 6.8 | 2.5 | 2.5 | |
| | 2018 | 50.2 | 42.6 | 2.2 | 2.0 | 0.5 | |

※ 출전: アジア学生調査第1·第2·第3波調査

아에 대한 평가)나, 〈표 4-13〉(필리핀에 대한 평가)와는 다른 시선으로 일본의 영향을 이해하고 평가하고 있다는 것을 알 수 있습니다.[50]

제2장, 제3장에서 살펴본 것처럼 아시아학생조사 제3차 조사의 대상이 된 10개의 국가·지역 가운데, 대외 인식에서 일본이 최상위가 아닌 곳은 한국과 중국, 홍콩뿐입니다. 이 정도면 아시아 역내에서 일본은 국가로서의 매력을 상당히 높이 평가받고 있다고 해도 무방하겠지요.

## 취직처·유학처로서의 일본

다음으로 일본 기업의 매력은 어떨까요? 희망하는 취직처에 대해서는 이미 제2장의 〈표 2-15〉에서 동남아시아의 결과를 다루었으므로 여기서는 동아시아에 한정해서 얘기하겠습니다. 〈표 2-15〉와 〈표 6-2〉를 같이 보면 전체적인 모습을 알 수 있습니다.

동아시아에서는 대체로 자국의 기업에서 일하기를 희망하는 사람이 많고, 그 비율은 최근 5년간 증가하고 있습니다. 반면, 베트남이나 태국과 같이 자국의 기업에 취직하기를 원하지 않는 사람이 많은 경우

---

50  이러한 특징은 다른 여론조사에서도 알 수 있습니다. 예를 들면, BBC는 세계 여론조사에서 2006년부터 2017년에 걸쳐 대일 이미지를 조사했는데, '좋다'고 응답한 사람의 비율에서 '나쁘다'고 응답한 사람의 비율을 뺀 수치는 20포인트에서 35포인트를 왔다갔다하고 있습니다. 2017년 시점에서는 조사 대상인 세계 19개국 가운데 점수가 마이너스인 것은 중국뿐이었고, 평가 대상인 16개국 가운데 일본은 캐나다, 프랑스, 영국, 독일과 함께 호감도가 높은 국가군을 형성하고 있습니다(https://globescan.com/images/images/pressreleases/bbc2017_coutry_ratings/BBC2017_Country_Ratings_Poll).

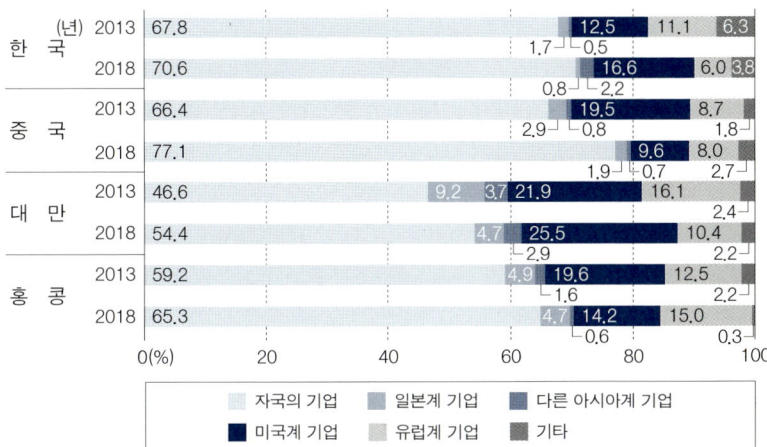

〈표 6-2〉 희망하는 취직처 : 동아시아(2013~2018)

| | (년) | 자국의 기업 | 일본계 기업 | 다른 아시아계 기업 | 미국계 기업 | 유럽계 기업 | 기타 |
|---|---|---|---|---|---|---|---|
| 한 국 | 2013 | 67.8 | 1.7 | 0.5 | 12.5 | 11.1 | 6.3 |
| | 2018 | 70.6 | 0.8 | 2.2 | 16.6 | 6.0 | 3.8 |
| 중 국 | 2013 | 66.4 | 2.9 | 0.8 | 19.5 | 8.7 | 1.8 |
| | 2018 | 77.1 | 1.9 | 0.7 | 9.6 | 8.0 | 2.7 |
| 대 만 | 2013 | 46.6 | 9.2 | 3.7 | 21.9 | 16.1 | 2.4 |
| | 2018 | 54.4 | 4.7 | 2.9 | 25.5 | 10.4 | 2.2 |
| 홍 콩 | 2013 | 59.2 | 4.9 | 1.6 | 19.6 | 12.5 | 2.2 |
| | 2018 | 65.3 | 4.7 | 0.6 | 14.2 | 15.0 | 0.3 |

※ 출전: アジア学生調査第2·第3波調査

도 있습니다. 이러한 나라에서는 일본계 기업으로의 취직을 희망하는 사람이 어느 정도 있습니다. 동남아시아에서는 한국계 기업에의 취직을 희망하는 사람도 조금씩 보이지만, 동아시아에서는 한국을 제외하고는 거의 없습니다.

일본 친화적인 대만에서 일본계 기업에 취직하고자 하는 학생이 그다지 많지 않고, 미국계나 유럽계 기업에 취직을 희망하는 학생이 많은 점에도 주목할 필요가 있습니다. 국가 차원인지, 기업 차원인지에 따라 평가가 달라진다는 것을 보여 주는 전형적인 사례이기 때문입니다.

중국에서는 경제 성장과 함께 자국 기업의 존재감이 커지면서, 외국계 기업의 취직 희망자가 최근 10년 사이에 급속도로 감소하고 있

## 〈표 6-3〉 일본 유학에 대한 관심(2008~2018)

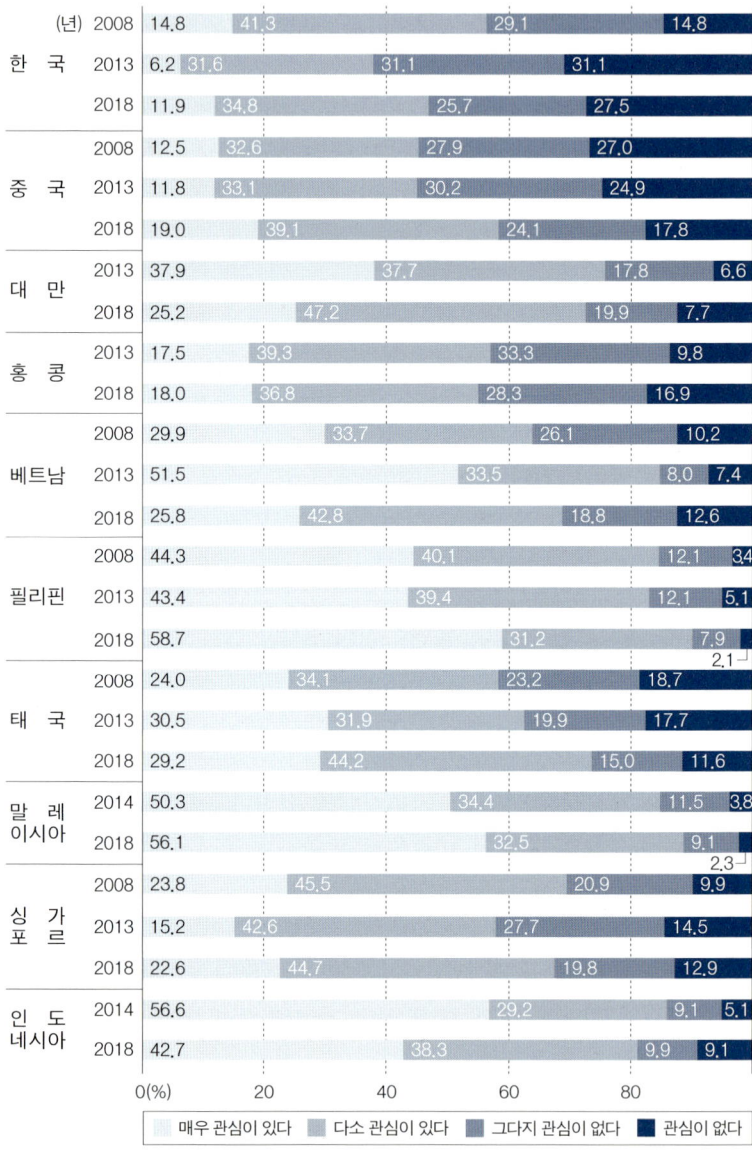

| | (년) | 매우 관심이 있다 | 다소 관심이 있다 | 그다지 관심이 없다 | 관심이 없다 |
|---|---|---|---|---|---|
| 한 국 | 2008 | 14.8 | 41.3 | 29.1 | 14.8 |
| | 2013 | 6.2 | 31.6 | 31.1 | 31.1 |
| | 2018 | 11.9 | 34.8 | 25.7 | 27.5 |
| 중 국 | 2008 | 12.5 | 32.6 | 27.9 | 27.0 |
| | 2013 | 11.8 | 33.1 | 30.2 | 24.9 |
| | 2018 | 19.0 | 39.1 | 24.1 | 17.8 |
| 대 만 | 2013 | 37.9 | 37.7 | 17.8 | 6.6 |
| | 2018 | 25.2 | 47.2 | 19.9 | 7.7 |
| 홍 콩 | 2013 | 17.5 | 39.3 | 33.3 | 9.8 |
| | 2018 | 18.0 | 36.8 | 28.3 | 16.9 |
| 베트남 | 2008 | 29.9 | 33.7 | 26.1 | 10.2 |
| | 2013 | 51.5 | 33.5 | 8.0 | 7.4 |
| | 2018 | 25.8 | 42.8 | 18.8 | 12.6 |
| 필리핀 | 2008 | 44.3 | 40.1 | 12.1 | 3.4 |
| | 2013 | 43.4 | 39.4 | 12.1 | 5.1 |
| | 2018 | 58.7 | 31.2 | 7.9 | 2.1 |
| 태 국 | 2008 | 24.0 | 34.1 | 23.2 | 18.7 |
| | 2013 | 30.5 | 31.9 | 19.9 | 17.7 |
| | 2018 | 29.2 | 44.2 | 15.0 | 11.6 |
| 말 레 이시아 | 2014 | 50.3 | 34.4 | 11.5 | 3.8 |
| | 2018 | 56.1 | 32.5 | 9.1 | 2.3 |
| 싱 가 포 르 | 2008 | 23.8 | 45.5 | 20.9 | 9.9 |
| | 2013 | 15.2 | 42.6 | 27.7 | 14.5 |
| | 2018 | 22.6 | 44.7 | 19.8 | 12.9 |
| 인 도 네시아 | 2014 | 56.6 | 29.2 | 9.1 | 5.1 |
| | 2018 | 42.7 | 38.3 | 9.9 | 9.1 |

※ 출전: アジア学生調査第1·第2·第3波調査

습니다.[51]

<표 6-3>은 일본 유학에 대한 아시아 학생들의 관심을 정리한 결과를 보여 줍니다. 이미 서술한 것처럼 아시아 역내에서는 미국·영국에 대한 관심이 특히 높고, 그 다음으로 캐나다, 호주에 대한 관심이 높으며, 일본은 싱가포르와 함께 제3그룹을 형성하고 있습니다. 단, 지역에 따라 일본에 대한 관심은 조금씩 다릅니다.

일본에 대한 감정이 좋지 않은 한국·중국에서는 일본 유학에 '매우 관심이 있다', '다소 관심이 있다'라는 응답이 전체의 절반 정도에 그쳤습니다. 반면, 일본어의 능력은 그다지 높지 않아도 일본의 영향을 높이 평가하는 필리핀이나 말레이시아에서는 일본 유학에 관심을 보이는 학생이 90% 정도 있습니다.

## 일본의 대중문화와 일본어는 수용되고 있을까

그럼 국가, 기업, 유학 등 일본의 매력을 평가하는 데 일본의 대중문화와 일본어의 습득이 영향을 미치고 있을까요? 소프트파워 가설을 검증하기 전에 먼저 대중문화의 수용 상황과 일본어 능력의 상황을 확인해 보겠습니다.

---

51  필자는 1991년과 2014년에 두 차례에 걸쳐 중국 내 일본계 기업에서 일하는 사람들을 대상으로 기업 선호도를 조사한 경험이 있습니다(園田·岸 2013). 외국계 기업과 현지 기업 중 어느 쪽에 취직하고 싶은지를 질문했는데, 1991년 시점에는 외국계 기업을 선택하는 사람이 많았습니다. 최근 젊은이들을 중심으로 자국 기업의 인기가 높아지고 있는 것을 보면 중국사회의 변화를 느낄 수 있습니다.

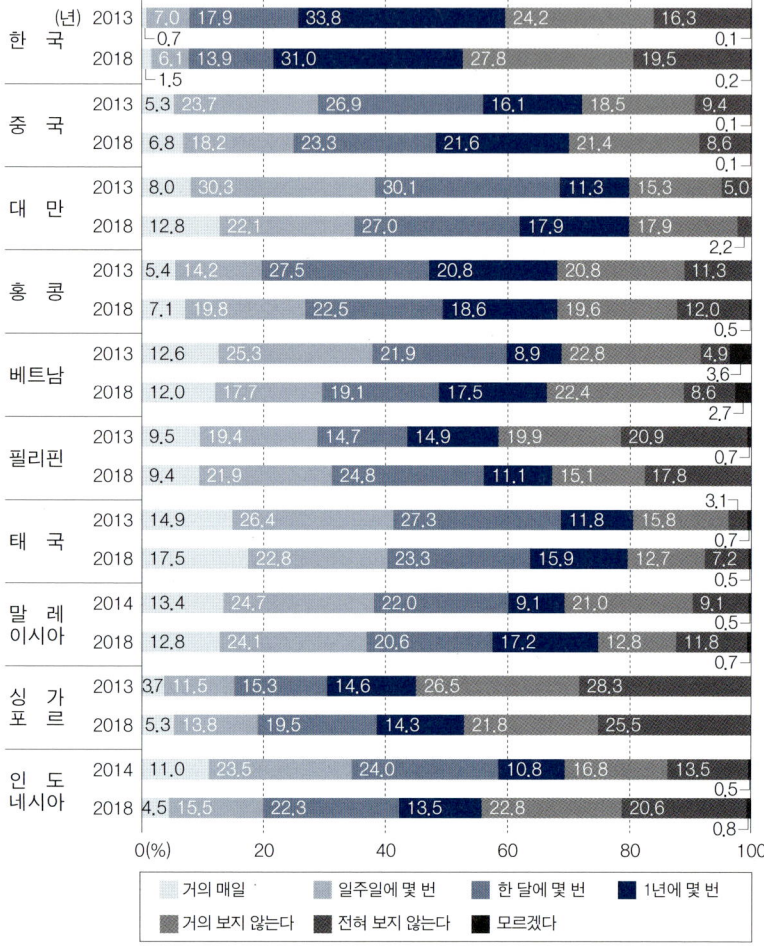

**〈표 6-4〉 일본 애니메이션과 드라마의 시청 빈도(2013~2018)**

| | (년) | 거의 매일 | 일주일에 몇 번 | 한 달에 몇 번 | 1년에 몇 번 | 거의 보지 않는다 | 전혀 보지 않는다 | 모르겠다 |
|---|---|---|---|---|---|---|---|---|
| 한 국 | 2013 | 7.0 | 17.9 | 33.8 | 24.2 | 16.3 | 0.7 | 0.1 |
| | 2018 | 6.1 | 13.9 | 31.0 | 27.8 | 19.5 | 1.5 | 0.2 |
| 중 국 | 2013 | 5.3 | 23.7 | 26.9 | 16.1 | 18.5 | 9.4 | 0.1 |
| | 2018 | 6.8 | 18.2 | 23.3 | 21.6 | 21.4 | 8.6 | 0.1 |
| 대 만 | 2013 | 8.0 | 30.3 | 30.1 | 11.3 | 15.3 | 5.0 | |
| | 2018 | 12.8 | 22.1 | 27.0 | 17.9 | 17.9 | 2.2 | |
| 홍 콩 | 2013 | 5.4 | 14.2 | 27.5 | 20.8 | 20.8 | 11.3 | |
| | 2018 | 7.1 | 19.8 | 22.5 | 18.6 | 19.6 | 12.0 | 0.5 |
| 베트남 | 2013 | 12.6 | 25.3 | 21.9 | 8.9 | 22.8 | 4.9 | 3.6 |
| | 2018 | 12.0 | 17.7 | 19.1 | 17.5 | 22.4 | 8.6 | 2.7 |
| 필리핀 | 2013 | 9.5 | 19.4 | 14.7 | 14.9 | 19.9 | 20.9 | 0.7 |
| | 2018 | 9.4 | 21.9 | 24.8 | 11.1 | 15.1 | 17.8 | 3.1 |
| 태 국 | 2013 | 14.9 | 26.4 | 27.3 | 11.8 | 15.8 | 0.7 | |
| | 2018 | 17.5 | 22.8 | 23.3 | 15.9 | 12.7 | 7.2 | 0.5 |
| 말 레 이시아 | 2014 | 13.4 | 24.7 | 22.0 | 9.1 | 21.0 | 9.1 | 0.5 |
| | 2018 | 12.8 | 24.1 | 20.6 | 17.2 | 12.8 | 11.8 | 0.7 |
| 싱 가 포 르 | 2013 | 3.7 | 11.5 | 15.3 | 14.6 | 26.5 | 28.3 | |
| | 2018 | 5.3 | 13.8 | 19.5 | 14.3 | 21.8 | 25.5 | |
| 인 도 네시아 | 2014 | 11.0 | 23.5 | 24.0 | 10.8 | 16.8 | 13.5 | 0.5 |
| | 2018 | 4.5 | 15.5 | 22.3 | 13.5 | 22.8 | 20.6 | 0.8 |

0(%) 20 40 60 80 100

거의 매일　일주일에 몇 번　한 달에 몇 번　1년에 몇 번
거의 보지 않는다　전혀 보지 않는다　모르겠다

출전: アジア学生調査第2·第3波調査

〈표 6-4〉는 앞 장의 〈표 5-9〉, 〈표 5-10〉에 대응하는 일본의 애

니메이션과 드라마 시청에 대한 조사 결과를 나타낸 것입니다.[52] 여기서는 제2차 조사와 제3차 조사의 결과를 모두 보여 주고 있는데, 일본 드라마 시청의 빈도가 국가·지역에 따라 다르다는 것을 알 수 있습니다.

한국의 경우, 자국의 콘텐츠가 충실하기 때문인지, 영어 애니메이션과 드라마도 그렇고(〈표 5-10〉 참조) 일본어 애니메이션과 드라마도 그다지 수용하고 있지 않습니다. 또 중국, 홍콩, 대만, 싱가포르에서는 일본 애니메이션이나 일본 드라마보다 오히려 중국 애니메이션과 드라마가 더욱 인기가 많습니다.[53]

〈표 6-5〉는 각 국가별 응답자의 일본어 능력을 보여 줍니다. 말레이시아와 싱가포르처럼 화교가 많은 지역에서는 특별히 중국어 능력의 수치가 높게 나타났지만, 일본어의 경우는 '유창한 수준', '일상회화 수준'이라는 응답이 모든 지역에서 10% 미만입니다. 유일하게 2013년의 한국만 예외입니다.

홍콩, 베트남, 필리핀, 말레이시아, 싱가포르, 인도네시아에서 '모르겠다'라는 응답이 많은데, 응답할 때 '못한다'라고 말하기가 부끄러웠던 것이겠지요. 한국어나 독일어, 프랑스어 등 다른 외국어 능력도 상

---

52  일본의 대중문화와 관련해서 일본어 노래를 듣는 빈도에 대해서도 조사한 바 있습니다. 그러나 그 빈도가 애니메이션과 드라마 시청과 비교해 확실히 낮고, 게다가 노래를 듣는 것은 일본어 능력에 의해 크게 좌우되기 때문에, 여기서는 애니메이션과 드라마 시청만을 다루었습니다.

53  여기서는 데이터를 제시하지 않았지만, 한국과 일본의 애니메이션·드라마는 동남아시아에서 치열하게 경쟁하고 있습니다. 베트남에서는 한국어 콘텐츠의 인기가 높지만, 말레이시아에서는 일본어 콘텐츠의 인기가 높기 때문에 그 차이는 근소합니다.

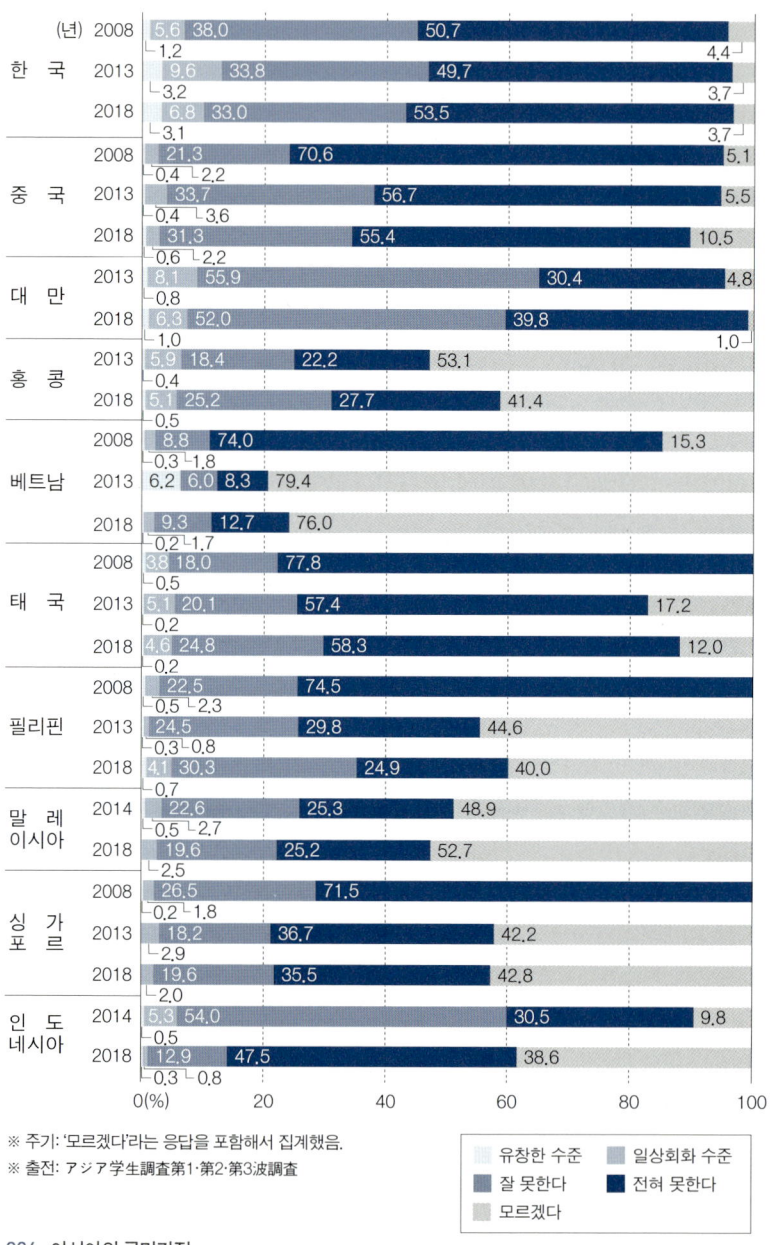

〈표 6-5〉 응답자의 일본어 능력(2008~2018)

한 국
(년) 2008: 5.6 / 38.0 / 50.7 / 1.2 / 4.4
2013: 9.6 / 33.8 / 49.7 / 3.2 / 3.7
2018: 6.8 / 33.0 / 53.5 / 3.1 / 3.7

중 국
2008: 21.3 / 70.6 / 5.1 / 0.4 / 2.2
2013: 33.7 / 56.7 / 5.5 / 0.4 / 3.6
2018: 31.3 / 55.4 / 10.5 / 0.6 / 2.2

대 만
2013: 8.1 / 55.9 / 30.4 / 4.8 / 0.8
2018: 6.3 / 52.0 / 39.8 / 1.0 / 1.0

홍 콩
2013: 5.9 / 18.4 / 22.2 / 53.1 / 0.4
2018: 5.1 / 25.2 / 27.7 / 41.4 / 0.5

베트남
2008: 8.8 / 74.0 / 15.3 / 0.3 / 1.8
2013: 6.2 / 6.0 / 8.3 / 79.4
2018: 9.3 / 12.7 / 76.0 / 0.2 / 1.7

태 국
2008: 3.8 / 18.0 / 77.8 / 0.5
2013: 5.1 / 20.1 / 57.4 / 17.2 / 0.2
2018: 4.6 / 24.8 / 58.3 / 12.0 / 0.2

필리핀
2008: 22.5 / 74.5 / 0.5 / 2.3
2013: 24.5 / 29.8 / 44.6 / 0.3 / 0.8
2018: 4.1 / 30.3 / 24.9 / 40.0 / 0.7

말 레
이시아
2014: 22.6 / 25.3 / 48.9 / 0.5 / 2.7
2018: 19.6 / 25.2 / 52.7 / 2.5

싱 가
포 르
2008: 26.5 / 71.5 / 0.2 / 1.8
2013: 18.2 / 36.7 / 42.2 / 2.9
2018: 19.6 / 35.5 / 42.8 / 2.0

인 도
네시아
2014: 5.3 / 54.0 / 30.5 / 9.8 / 0.5
2018: 12.9 / 47.5 / 38.6 / 0.3 / 0.8

0(%)    20    40    60    80    100

※ 주기: '모르겠다'라는 응답을 포함해서 집계했음.
※ 출전: アジア学生調査第1·第2·第3波調査

유창한 수준   일상회화 수준
잘 못한다   전혀 못한다
모르겠다

황은 비슷합니다. 자기가 자기를 평가하는 것이기 때문에 능력을 얼마나 객관적으로 평가하는지 의심해 볼 필요는 있지만, 영어 능력과 대비해서 말하면 아시아 지역에서 엘리트 학생의 일본어 능력이 높지 않은 것은 확실합니다. 지역 전체에서는 일본어 학습 인구가 증가하고 있는데도 말입니다.[54]

## 소프트파워 가설의 검증1 ─ 애니메이션과 드라마 시청

그럼 소프트파워 가설에서 말하는 것처럼 일본 애니메이션과 드라마의 시청이 일본의 국가, 기업, 대학에 대한 평가·관심을 상승시킬까요? 일본어를 배우면 일본의 매력을 강하게 느끼게 될까요?[55]

---

54 국제교류기금이 진행한 해외 일본어교육기관조사는 아시아에서 일본어 학습 인구가 급속히 증가하고 있다는 점을 지적하고 있습니다. 사실 2018년 시점에서 일본어 학습 인구가 많은 나라를 순서대로 나열하면, 중국(약 100만, 1위), 인도네시아(약 70만, 2위), 한국(약 47만, 3위), 호주(약 41만, 4위), 태국(약 18만, 5위), 베트남(약 17만, 6위), 미국(약 16만, 7위), 대만(약 14만 8위), 필리핀(약 5만, 9위), 말레이시아(약 4만, 10위) 순입니다. 상위 10개국 중 8개국이 아시아의 국가·지역입니다(인터넷 자료를 확인하고 역자가 순서와 수치를 수정했음)(https://www.mofa.go.jp/mofaj/kids/ranking/nihongo.html).

55 제1장에서 중국을 대상으로 한 소프트파워 가설을 다루었을 때, 중국어 애니메이션과 드라마 시청을 설명변수에 넣지 않았는데, 그 이유는 ① 중국 애니메이션과 드라마는 중국어권 밖에서는 그다지 시청하지 않습니다. ② 중국 애니메이션과 드라마는 중국 이외의 국가·지역(홍콩이나 대만 등)에서도 만들고 있기 때문입니다. 이에 비해 일본 애니메이션과 드라마는 거의 일본에서만 제작되지만, 일본 이외의 국가·지역에서도 시청되고 있다는 점에서(이것은 한국 드라마도 마찬가지입니다) 소프트파워를 측정하는 데 합당합니다.

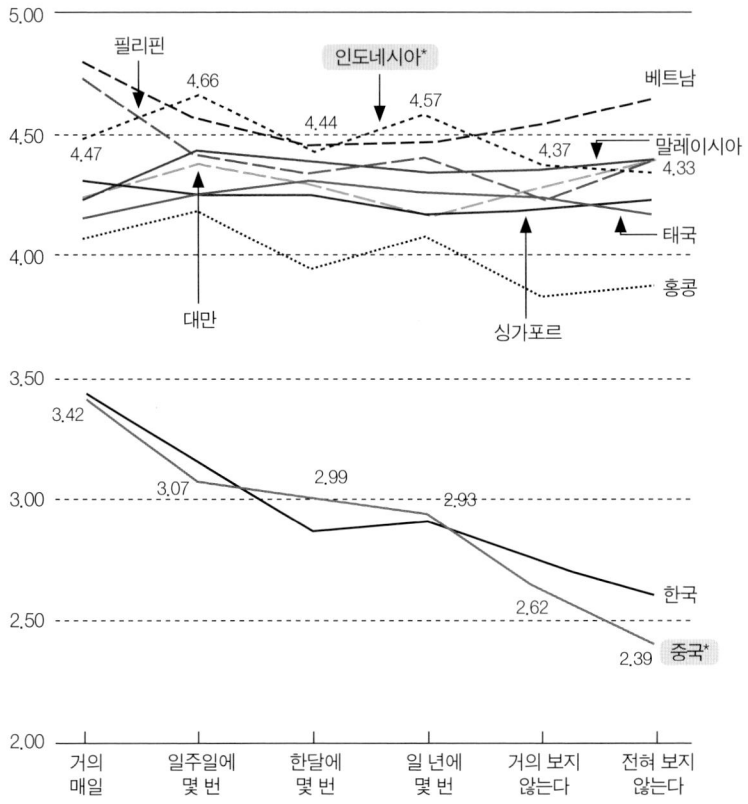
〈표 6-6〉 일본 애니메니션과 드라마 시청의 빈도수로 본 일본의 영향에 대한 평가

※ *은 평균치의 차이가 통계적으로 유의미하다는 것을 나타냄
※ 출전: アジア学生調査第3波調査

    〈표 6-6〉은 일본어 애니메이션과 드라마 시청의 빈도수로 본 일본의 영향에 대한 평가를 분석한 것입니다. 평가의 수치는 제2장부터 그랬듯이, 최대 5점이며 수치가 높을수록 일본의 영향을 긍정적으로 평가한다는 것을 의미합니다.

〈표 6-6〉에서 *가 붙은 중국과 인도네시아에서는 애니메이션과 드라마 시청의 빈도와 일본의 영향에 대한 평가가 통계적으로 유의미한 관계에 있습니다. 반대로 말하면, 이 2개국 이외의 국가·지역에서는 아무리 관련성이 있어 보여도 통계적으로 무의미합니다.

　인도네시아는 점수가 오르락내리락하기 때문에 명확한 트렌드를 읽어내기 어렵지만, 중국의 경우에는 그 경향이 현저하게 보입니다. 일본 애니메이션과 드라마를 거의 매일 시청하는 사람의 점수가 3.42와 3을 넘고 있는 것에 비해, 전혀 보지 않는 중국인 학생의 점수는 2.39로 큰 차이가 있기 때문입니다. 중국에 한해서는 소프트파워 가설이 들어맞는 듯합니다.

　다음으로 〈표 6-7〉에서 유학에 대한 관심과의 관련성을 보겠습니다. 여기에서는 베트남을 제외한 모든 국가·지역에서 애니메이션과 드라마 시청 빈도와 일본 유학에 대한 관심이 관련되어 있습니다. 〈표 6-7〉에서는 앞에서와 마찬가지로 인도네시아와 중국의 수치만 그래프로 나와 있는데, 인도네시아의 경우에는 일본 애니메이션을 거의 매일 시청하는 사람 중 일본 유학에 관심을 갖는 사람이 70.6%입니다. 반면 전혀 보지 않는 학생은 15.8%로 큰 차이가 있습니다.

　중국에서는 거의 매일 시청하고 있다고 응답한 사람이 일본 유학에 대한 관심이 인도네시아만큼 높지는 않지만, 그래도 선형적인 관계, 즉 시청 빈도가 높을수록 일본 유학에 대한 관심이 높은 것을 볼 수 있습니다.

　재미있는 것은 〈표 6-8〉의 일본계 기업에 취직을 희망하는 것과의

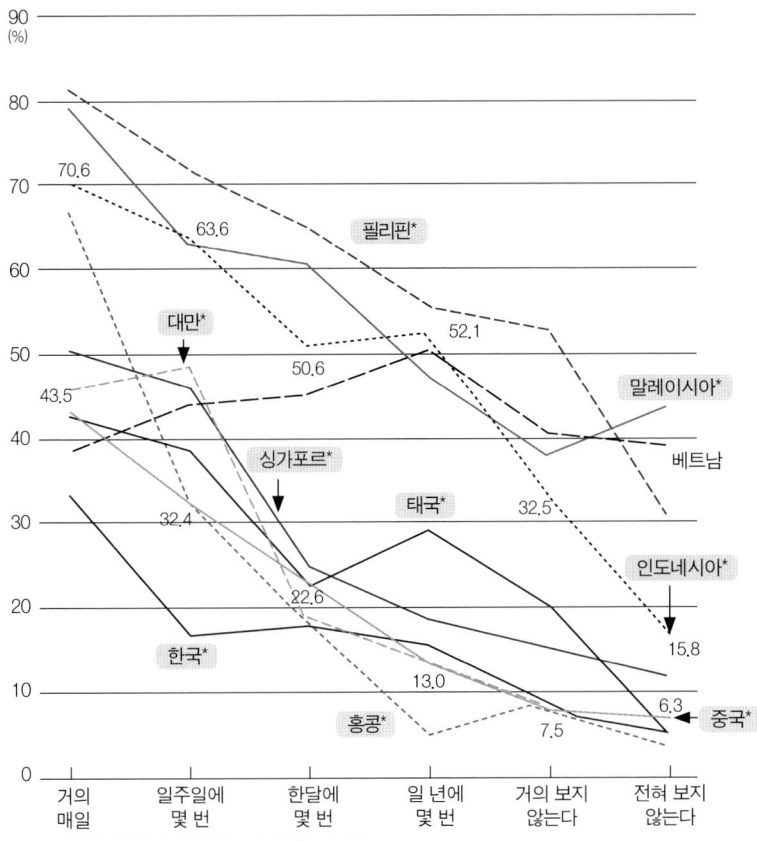

〈표 6-7〉 일본어 애니메이션과 드라마 시청 빈도수로 본 일본 유학에 대한 관심

90
(%)

80

70.6

70

63.6                      필리핀*

60

대만*

52.1                                          말레이시아*

50

50.6

43.5                                                                        베트남

싱가포르*

40

태국*

32.5

32.4                                                                인도네시아*

30

22.6

한국*

20

15.8

13.0

10

6.3      중국*

홍콩*                            7.5

0
거의        일주일에      한달에      일 년에      거의 보지    전혀 보지
매일         몇 번        몇 번       몇 번       않는다      않는다

※ *은 평균치의 차이가 통계적으로 유의함을 나타냄
※ 출전: アジア学生調査第3波調査

관계입니다.

　일본의 영향에 대한 평가나 일본 유학에 대한 관심과 마찬가지로
양자 사이에 통계적인 유의미함이 있다면 *표시를 붙였겠지만, 〈표

<표 6-8> 일본어 애니메니션과 드라마 시청 빈도수로 본 일본계 기업에 취직을 희망하는 사람의 비율

| | 한국 | 중국 | 대만 | 홍콩 | 베트남 | 필리핀 | 태국 | 말레이시아 | 싱가포르 | 인도네시아 |
|---|---|---|---|---|---|---|---|---|---|---|
| 거의 매일 | | 5.4 | 10.6 | 17.9 | 34.9 | 33.3 | 27.9 | 32.4 | 14.3 | 25.0 |
| 일주일에 몇 번 | 3.8 | 2.0 | 7.3 | 6.5 | 19.1 | 22.5 | 19.3 | 19.1 | 5.6 | 18.8 |
| 한달에 몇 번 | 3.3 | 1.0 | 1.0 | 3.6 | 23.0 | 13.3 | 9.0 | 17.5 | 2.7 | 13.0 |
| 일 년에 몇 번 | | 1.8 | 4.3 | 2.9 | 7.6 | 21.7 | 11.1 | 6.4 | | 4.5 |
| 거의 보지 않는다 | | 1.1 | | 2.7 | 18.4 | 6.3 | 13.2 | 10.5 | 1.2 | 7.2 |
| 전혀 보지 않는다 | | | | 16.3 | 11.5 | 5.6 | 3.6 | 9.4 | 1.3 | 9.1 |

※ 출전: アジア学生調査第3波調査

6-8〉에서 *이 붙어 있는 국가·지역은 없습니다. 즉, 모든 국가·지역에서 학생이 애니메이션과 드라마를 시청하는 빈도와 일본계 기업에 취직을 희망하는 것 사이에는 아무런 관련이 없습니다.

학생들은 일본어 애니메이션과 드라마를 시청하면서 일본 대학에 다니고 싶다는 생각을 하지만, 졸업 후 일본 기업에서 근무하는 것까지는 생각하지 않는 듯합니다.

## 소프트파워 가설의 검증2 — 일본어 능력

다음으로 〈표 6-9〉와 〈표 6-11〉는 일본어 능력과 일본의 영향에 대한 평가, 일본 유학, 일본계 기업으로의 취직 희망이 어떻게 연관되어 있는가를 보여 주고 있습니다.

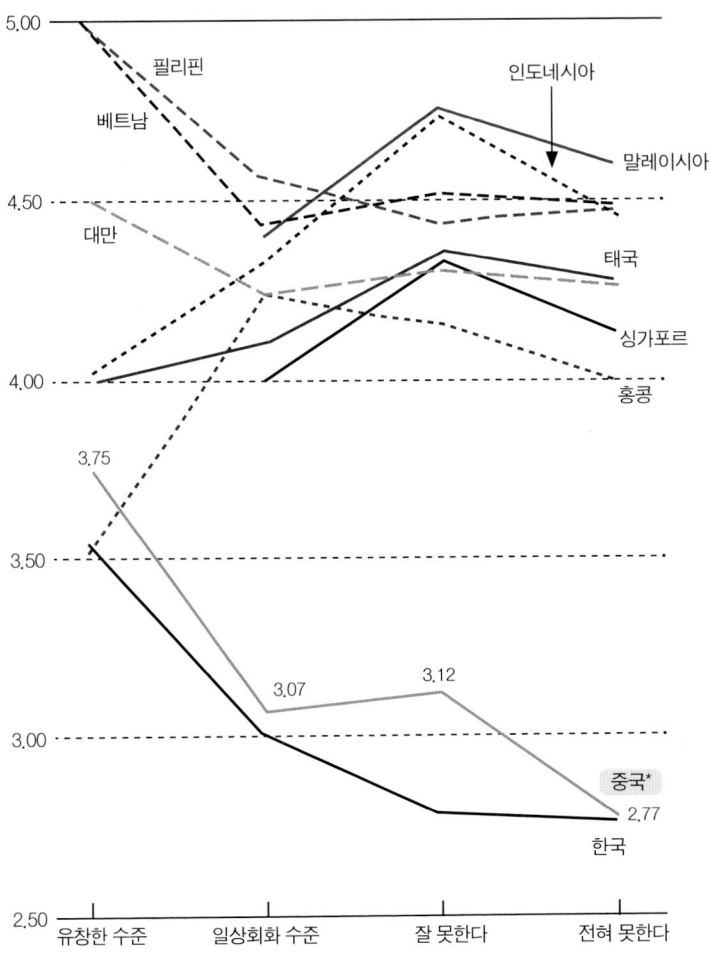

〈표 6-9〉 일본어 능력별로 본 일본의 영향에 대한 평가

※ *은 평균치의 차이가 통계적으로 유의함을 나타냄
※ 출전: アジア学生調査第3波調査

〈표 6-9〉에서 *이 붙어 있는 중국에서는 일본어 능력과 일본의 영

향에 대한 평가가 통계적으로 유의미한 관계에 있지만, 그 외의 국가·지역에서는 그다지 관련이 없습니다. 지금까지 본 것처럼 동남아시아의 경우에는 일본의 영향에 대한 평가가 높은 반면 학생의 일본어 능력은 낮았는데, 이는 양자가 관련성이 없다는 것을 의미합니다.

반면, 일본의 영향에 대한 평가가 낮은 중국에서는 일본 애니메이션·드라마 시청과 일본어 능력이 일본에 대한 평가로 이어지고 있습니다. 일본에 대한 평가가 낮은 국가·지역에서는 소프트파워가 위력을 발휘하는 듯합니다.

애니메이션과 드라마 시청이 유학에 대한 관심을 상승시킨 것처럼 일본어 능력도 유학에 대한 관심을 상승시켰을까요?

〈표 6-10〉은 일본어 능력과 일본 유학에 대한 관심이 통계적으로 유의미한 관련성을 보이는 5개의 국가·지역만을 뽑아 놓았습니다. 여기에는 중국도 들어가 있습니다. '유창한 수준' 또는 '일상회화 수준'의 일본어가 가능한 학생의 경우 일본 유학에 '매우 관심이 있다', '어느 정도 관심이 있다'고 응답한 사람이 90%를 넘지만, 일본어를 못하는 학생의 경우에는 그 수치가 57.1%에 불과합니다.

한국, 대만, 홍콩, 싱가포르의 국가·지역에서도 중국과 마찬가지로 일본어 능력이 높은 그룹에서 일본 유학에 관심이 높았습니다.[56]

마지막으로 〈표 6-11〉에서 일본어 능력과 일본계 기업으로의 취

---

56  필자가 실감한 바에 따르면, 한국, 중국, 대만에서 온 학생 중에는 일본어 능력이 높은 학생이 적지 않았는데, 그들은 논문을 영어로 집필하면서도 생활에 불편이 없을 정도로 일본어를 구사하는 경우가 많았습니다.

## 〈표 6-10〉 일본어 능력별로 본 일본 유학에 대한 관심

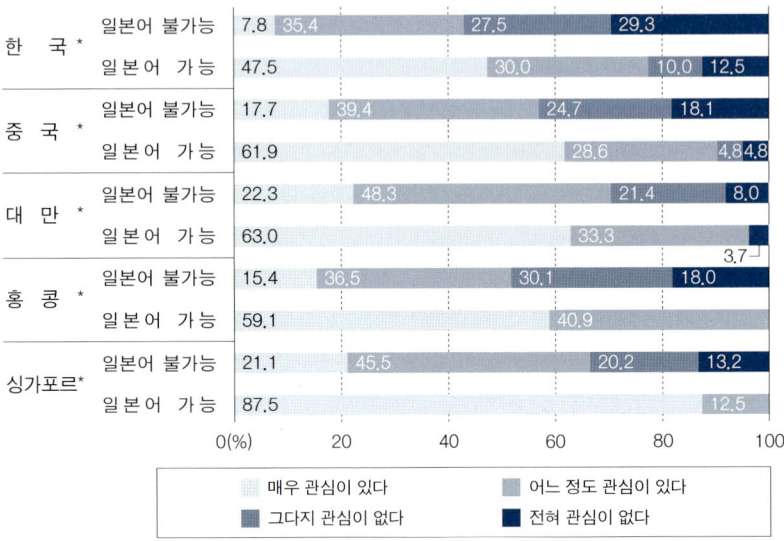

## 〈표 6-11〉 일본어 능력별로 본 일본계 기업에 취직을 희망하는 사람의 비율

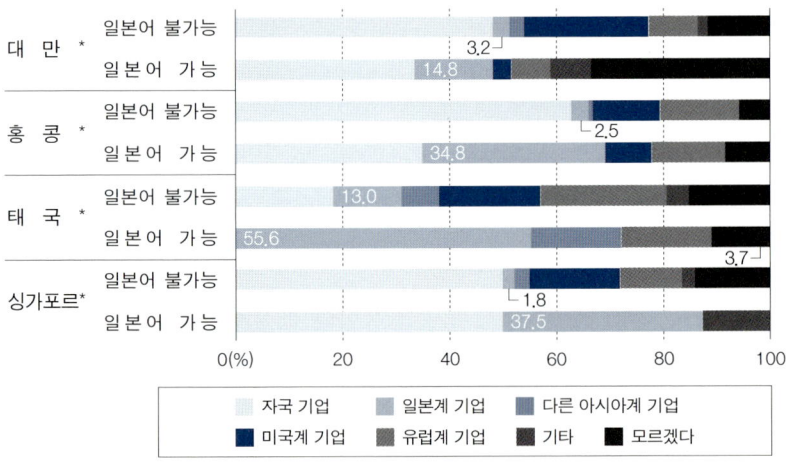

※ '유창한 수준', '일상회화 수준'이라고 응답한 사람을 '일본어 가능' 그룹에 넣었고, '잘 못한다', '전혀 못한다', '모르 겠다'라고 대답한 사람을 '일본어 불가능' 그룹에 넣었음. *은 평균치의 차이가 통계적으로 유의함을 나타냄.
※ 출전: アジア学生調査第3波調査

직희망 비율의 관계를 살펴보겠습니다.

일본어 능력이 높은 학생이 일본계 기업을 지망하는 경향은 대만, 홍콩, 태국, 싱가포르에서 나타납니다. 태국과 베트남에서는 일본계 기업에 취직을 희망하는 사람이 많다고 지적했는데, 태국의 경우에는 일본어 능력이 높은 사람이 일본계 기업으로의 취직을 희망하는 경향이 있다는 것을 알 수 있습니다.

대만에서는 태국과 마찬가지로 일본어 능력이 높은 학생이 일본계 기업에 취직하고자 하는 경향이 있지만, 희망하는 사람의 비율은 14.8%에 불과합니다. 대만의 경우, 일본어 능력이 높아도 일본계 기업을 지망하는 학생이 그다지 많지 않습니다. 일본의 비즈니스맨 입장에서는 안타까운 현실이지요.


## 소프트파워가 만능은 아니다

지금까지 일본 대중문화의 수용과 일본어 능력이 일본이라는 국가에 대한 평가나 기업·유학에 대한 선택에 어떠한 영향을 주는가를 살펴보았습니다. 그리고 그 효과는 국가·지역에 따라 다르다는 것을 확인했습니다.

동남아시아에서의 일본에 대한 높은 평가는 일본어 능력과 관계가 있는 것이 아닙니다. 반대로 일본에 대한 평가가 낮은 중국에서는 일본 대중문화의 수용과 일본어 습득이 일본의 이미지를 개선하는 효과를 가지고 있습니다. 일본이라는 국가에 대한 평가는 높지만, 꼭 일본게 기업에서 일하는 것을 원하지는 않는 대만이나 홍콩과 같은 지역도 있습니다. 또, 일본어는 할 수 없지만, 일본계 기업에서 일하고자 하는 사람이 많은 태국이나 베트남과 같은 국가도 있습니다.

최근 동남아시아에서도 한류 붐이 일어나고 있는데, 이를 보고 특정 국가의 대중문화가 그 나라의 이미지를 개선하는 데 효과가 있을 것이라고 말하곤 합니다. 실제로 아시아학생조사의 데이터를 보면, 일본의 경우와 마찬가지로 한국에서도 소프트파워 가설의 타당성을 확인할 수 있습니다.[57]

이러한 경향은 영어를 매개로 한 국가 간의 관계에서는 보이지 않습니다. 영어를 말할 수 있다고 해서 미국이나 트럼프 대통령에 대한 평가가 높아진다, 영어권 국가로 유학가고 싶다, 미국계 기업에서 일하고 싶다고 생각하게 되는 경향은 없다는 것입니다.

어찌 되었든 다른 가설과 마찬가지로 소프트파워 가설도 성립하는 경우와 성립하지 않는 경우가 있습니다. 소프트파워가 만능 처방전은 아니라는 것에 유의할 필요가 있겠지요.

---

57  아시아를 일괄해서 보면, 한국어 애니메이션과 드라마를 '거의 매일' 시청하는 사람의 한국에 대한 평가 점수는 4.11입니다. 이는 시청 빈도가 낮아짐에 따라 점수는 3.95, 3.77, 3.56, 3.48로 낮아져, 급기야 '전혀 보지 않음'에서는 3.34를 기록합니다. 분명한 선형적 관계를 확인할 수 있습니다. 또 한국 애니메이션과 드라마 시청 빈도와 한국 유학에 대한 관심 사이에도 선형적인 관계가 분명하게 나타나는 등 일본과 비슷한 특징을 보입니다.

# 일본인의 아시아 이미지는 업데이트되었을까

마지막으로 일본의 아시아 이미지를 확인해보겠습니다.

대외 인식을 둘러싼 일본의 특징을 나타내기 위해 〈표 6-12〉에서 일본의 데이터와 아시아 전체의 데이터를 비교했습니다. 제2차 조사와 제3차 조사에서는 중국에 대한 평가가 변하지 않았지만, 그 외에는 비슷한 경향이 나타납니다.

일본은 아시아의 다른 지역에 비해 한국과 북한을 낮게 평가하는 경향이 있습니다. 이에 비해 동남아시아 국가들은 대체로 높게 평가하고 있습니다. 또 호주, 인도, 미국은 다른 지역보다 높게 평가하고, 러시아는 낮게 평가합니다. 이러한 특징은 제2차 조사, 제3차 조사 모두에게 해당합니다. 러시아와 북한을 낮게 평가하는 이유는 일본에 냉전체제의 사고방식이 비교적 강하게 남아 있기 때문인 것 같습니다.

냉전체제의 사고방식이 남아 있는 이유는 일본인의 인식이 아시아의 변화에 제대로 대응하지 못했기 때문은 아닐까요? 또 아시아에 대한 이미지가 업데이트되지 않았기 때문은 아닐까요? 필자가 이렇게 느끼는 데에는 이유가 있습니다.

아시아학생조사에서는 제1차 조사와 제2차 조사를 통해 아시아의 이미지를 물어보았습니다. 여기에 사용된 6개의 대조적인 형용사 중 어느쪽에 가까운 응답을 했는가를 나타낸 그래프가 〈표 6-13〉입니다.

'/' 왼쪽의 형용사에 가까운 응답을 할수록 낮은 점수를 나타내며, 오른쪽의 형용사에 가까운 응답을 할수록 높은 점수를 나타냅니다. 점

## 〈표 6-12〉 대외 인식을 둘러싼 일본의 특징

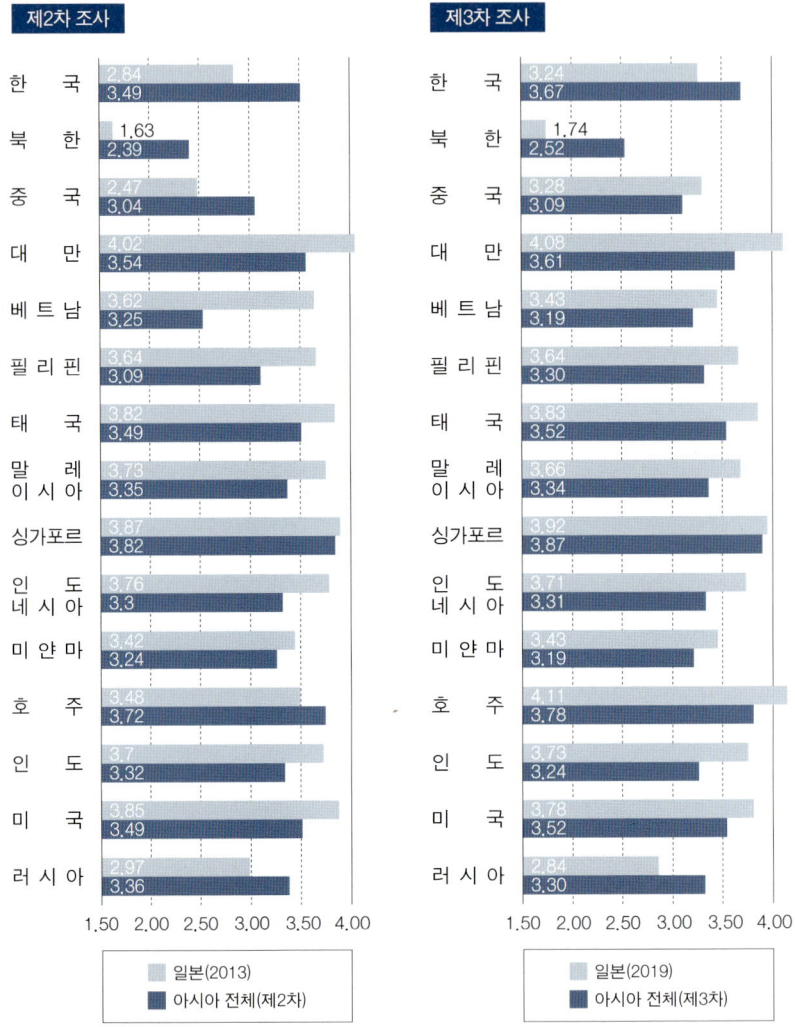

제2차 조사

| 국가 | 일본(2013) | 아시아 전체(제2차) |
|---|---|---|
| 한 국 | 2.84 | 3.49 |
| 북 한 | 1.63 | 2.39 |
| 중 국 | 2.47 | 3.04 |
| 대 만 | 4.02 | 3.54 |
| 베 트 남 | 3.62 | 3.25 |
| 필 리 핀 | 3.64 | 3.09 |
| 태 국 | 3.83 | 3.49 |
| 말 레 이 시 아 | 3.73 | 3.35 |
| 싱가포르 | 3.87 | 3.82 |
| 인 도 네 시 아 | 3.76 | 3.3 |
| 미 얀 마 | 3.42 | 3.24 |
| 호 주 | 3.48 | 3.72 |
| 인 도 | 3.7 | 3.32 |
| 미 국 | 3.85 | 3.49 |
| 러 시 아 | 2.97 | 3.36 |

제3차 조사

| 국가 | 일본(2019) | 아시아 전체(제3차) |
|---|---|---|
| 한 국 | 3.24 | 3.67 |
| 북 한 | 1.74 | 2.52 |
| 중 국 | 3.28 | 3.09 |
| 대 만 | 4.08 | 3.61 |
| 베 트 남 | 3.43 | 3.19 |
| 필 리 핀 | 3.64 | 3.30 |
| 태 국 | 3.83 | 3.52 |
| 말 레 이 시 아 | 3.66 | 3.34 |
| 싱가포르 | 3.92 | 3.87 |
| 인 도 네 시 아 | 3.71 | 3.31 |
| 미 얀 마 | 3.43 | 3.19 |
| 호 주 | 4.11 | 3.78 |
| 인 도 | 3.73 | 3.24 |
| 미 국 | 3.78 | 3.52 |
| 러 시 아 | 2.84 | 3.30 |

※ 출전: アジア学生調査第2·第3波調査

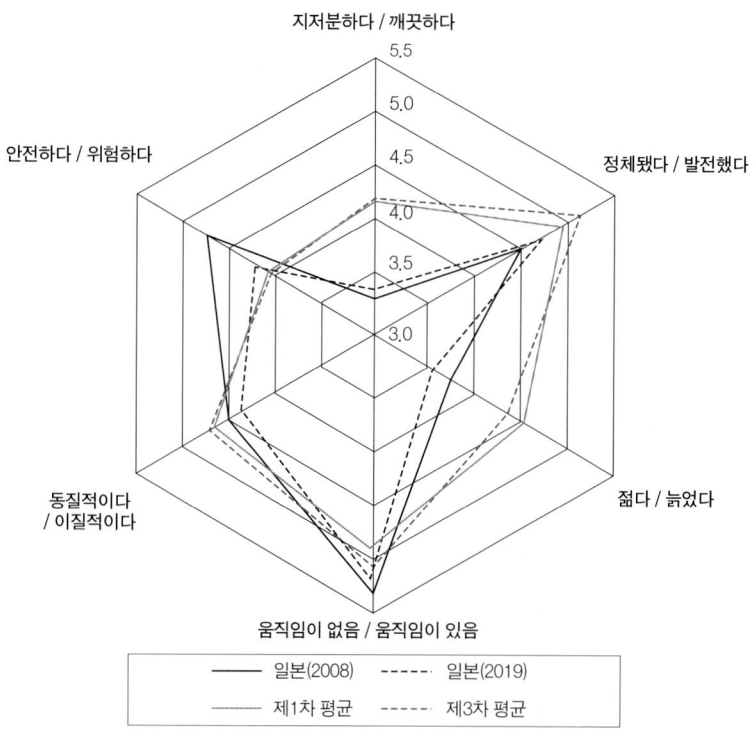

〈표 6-13〉 일본의 아시아 이미지

지저분하다 / 깨끗하다
5.5
5.0
4.5
4.0
3.5
3.0

안전하다 / 위험하다

정체됐다 / 발전했다

동질적이다
/ 이질적이다

젊다 / 늙었다

움직임이 없음 / 움직임이 있음

| ——— 일본(2008) | ----- 일본(2019) |
| ——— 제1차 평균 | ----- 제3차 평균 |

※ 4가 중간값. 왼쪽을 선택한 사람은 1에서 3을, 오른쪽을 선택한 사람은 5에서 7을 선택했음. 두 시점에서 평균치
　를 비교하기 위해 제3차 조사의 수치는 한국, 중국, 베트남, 필리핀, 태국, 싱가포르, 일본의 평균을 이용했음.
※ 출전: アジア学生調査第1·第3波調査

수는 1점에서 7점까지 입니다. 4점이 중간값이므로 4점보다 수치가 높
은지 낮은지에 주의해서 그래프를 보시기 바랍니다.

　'안전하다/위험하다'라는 축에서는 변화가 나타나지만, 다른 축에서
는 최근 10년간 큰 변화가 없었습니다. 일본과 아시아 전체에서 크게
나타나는 차이는 '지저분하다/깨끗하다', '정체됐다/발전했다', '젊다/늙

었다'의 3개 형용사군입니다.

필자가 특히 주목하고자 한 것은 '지저분하다/깨끗하다'의 축입니다. '젊다/늙었다'는 어느 쪽이 긍정인지 부정인지를 판별하기 어렵지만, '지저분하다'는 나쁜 이미지이고 '깨끗하다'가 좋은 이미지라는 것은 명확하기 때문입니다. 아시아 전체가 4.2나 되지만, 일본은 약 3.5와 4를 밑돌고 있습니다. 이 양쪽에는 0.75포인트의 차이가 있는데, 이 차이는 최근 10년 사이에 변하지 않았습니다.

또 '정체됐다/발전했다'는 축에서도 비슷한 특징이 나타납니다. 필자는 여기서 아시아의 이미지에 대해, 일본의 인식이 '정체'되어 있다는 것을 실감했습니다.

대부분의 아시아 국가들은 일본을 호의적으로 평가하고 있습니다. 아시아학생조사의 대상이 된 많은 국가·지역에서는 일본의 영향을 가장 높이 평가했고, 미국·영국과 호주만큼은 아니더라도 많은 학생이 일본 유학을 희망했습니다. 일본어 능력은 높지 않지만, 일본어가 가지고 있는 유용성이 널리 알려져 일본의 대중문화 수용도 진행되고 있습니다.

사회적 거리라는 점에서도 일본인은 '특별한 대우'를 받고 있습니다. 대일감정이 좋지 않은 중국에서도 '자국에서 나가기 바란다'는 응답은 8.8%, 한국에서도 3.3%로 그렇게 높지 않습니다. 일본을 반드시 호의적으로 보지 않는 중국에서는 일본 대중문화 수용과 일본어 학습이 일본 이미지를 향상시키는 데 큰 역할을 하고 있습니다.

아시아, 특히 동남아시아에서의 평가가 높은 것은 의외라고 생각합니다. 제2차 세계대전에서 일본의 침략 대상이 되었던 동남아시아 국가에서는 그 역사적 경위로 인해 반일 감정이 강할 것이라 생각했기 때문입니다. 그러나 전후 70년 이상이 지났고, 앞선 세대가 착실하게 노력해 온 결과 이러한 성과를 얻을 수 있게 되었습니다. 일본은 이 귀중한 자산을 이후에 어떻게 활용해서, 아시아 그리고 세계를 위해 어떻게 쓸 수 있을지를 고민해야 합니다. 우리의 지혜가 필요한 때입니다.

# 국민감정의
# 행방

이 책은 전 세계가 신형 코로나바이러스와 싸우고 있을 때, 집필되었습니다. 그 당시는 바이러스의 기본 특성뿐만 아니라 감염 루트를 특정하기도 어려워서 코로나의 폭발적인 확산을 막지도 못한 채, 사방이 다 막힌 상황이었습니다. 그렇기에 우리는 불안한 생활을 할 수밖에 없었습니다.

전염병의 확산에 따라 사람들은 불안감에 휩싸였고, 그래서 자신이 믿고 싶은 대로 믿으려 했습니다. 그 와중에 트럼프 미 대통령은 "바이러스는 우한의 연구소에서 인공적으로 만들었을 가능성이 있다"라고 주장했고, 이에 대해 중국 측이 "완전한 날조다"라고 반론하기도 했습니다. 이와 같은 논쟁은 코로나에 대한 사람들의 불안 심리를 잘 보여주고 있습니다.

코로나19 사태가 수습되지 않는 상황에서 국민감정은 어떻게 될까요?

## 코로나19가 세계를 변하게 할 것인가

코로나19로 인해 세계 질서가 크게 변화할 것이라는 논의가 있습니다. 각국이 자국 우선주의에 함몰되어 이동이 제한되는 가운데 세계가 각자도생하게 될 것이라고 경고하는 지식인도 있습니다.

국제관계에서 얼마간의 변화는 나타날 것입니다. 그러나 필자는 코로나19로 세계가 일시적으로 'freeze' 되었을 뿐, 변화는 그다지 크지 않을 것으로 판단하고 있습니다. 신형 코로나바이러스의 발생원을 둘러싼 논쟁은 그 이전부터 있었던 미중 마찰의 연장선상에 있습니다. 감염 확대 지역에 의료 기기를 공여하는 중국의 '마스크 외교'는 물량 공세를 중심으로 하는 일대일로 정책과 비슷합니다. 대만이나 베트남이 중국과 대항하는 형태로 독자적인 '마스크 외교'를 전개했던 것도 코로나19 이전과 다르지 않습니다.

코로나19로 인해 개최가 늦어진 중국의 전국인민대표대회에서는 홍콩에 국가안전법을 도입하는 제안이 있었고, 이것은 5월 28일에 가결되었습니다. 이로 인해 코로나19 여파로 조용하던 홍콩에서 반중 운동이 활발해지고 있습니다. 리커창(李克强) 총리는 정치활동 보고에서 "대만의 독립을 목표로 한 활동가의 움직임에 단호하게 반대하고, 이를 저지한다"라고 발표하는 등 대만에 대한 자세를 바꾸지 않았습니다. 대만 정부가 여기에 맹렬하게 반대하는 모습도 이전과 다르지 않습니다.

이러한 상황에서 각 국가·지역의 국민감정은 적어도 당분간은 큰 변화가 나타나지 않을 것 같습니다.

그에 대한 증거를 들어 보겠습니다.

긴급사태 선언이 해제된 직후인 5월 16일과 17일, 이틀 동안 필자는 일본 전국의 3,000명을 대상으로 30개 현에서 인터넷 조사를 실시했습니다. '코로나19 이후의 세계 질서에 관한 의식 조사'라는 이름으로 실시한 이 조사에서, 대상자에게 각국의 코로나 대책에 대한 평가, 각국이 일본에 준 영향에 대한 평가, 이후 국제연대의 형태 등에 대해 질문했습니다. 그 조사 결과는 이 책의 내용과 놀라울 정도로 비슷합니다.

## 여전히 강한 대중 경계심

첫째로, 이전부터 보였던 중국에 대한 경계심이나 부정적인 평가가 이번 조사 결과에서도 나타났습니다.

"당신은 일본에서 신형 코로나바이러스의 감염이 확대된 것이 중국 때문이라고 생각하십니까?"라는 질문에 대해, '완전히 그렇게 생각한다'고 응답한 사람은 38.1%로, '대체로 그렇게 생각한다'고 응답한 36.6%를 합치면 조사대상자의 약 4분의 3이 중국에 귀책 사유가 있다고 생각하고 있습니다('모른다'는 8.6%). 중국 정부는 '자신들도 바이러스 피해자'라고 하지만, 일본에서는 이러한 중국 측의 설명을 받아들이지 않고 있습니다.

또 "신형 코로나바이러스의 감염 확대를 막기 위해 중국과의 경제적인 결속에 너무 의존하지 않는 편이 좋다"라는 문구에 대해, '매우 찬성'이 34.3%, '찬성'이 35.4%로 70%에 가까운 응답자가 찬성하고 있습니다. 같은 질문으로 미국과의 경제적인 결속에 대해 질문했는데, 이에 대해서는 찬성하는 사람이 약 50%였습니다. 양자는 20% 가까운 격차를 보입니다.

중국에 대한 경계심은 이후 연대에 대한 평가를 둘러싸고 현저하게 나타납니다.

"신형 코로나바이러스 감염 확대를 막기 위해 해외와의 연대를 강화해야 한다"라는 문구에 대해 '매우 찬성'이라고 응답한 사람은 21.6%, '찬성'이라고 응답한 사람은 48.2%로 70%에 가까운 응답자가 찬성하고 있습니다. 그러나 그 비율은 '해외'를 '미국'으로 바꾸면 44.7%, '중국'으로 바꾸면 23.5%까지 낮아집니다.

## 뿌리 깊은 냉전적 사고방식

둘째로 일본의 냉전적 사고방식을 확인할 수 있습니다.

이번 조사에서 코로나 방역 대책과 관련해 높은 평가를 받은 나라는 대만, 독일, 한국이고, 낮게 평가받은 나라는 러시아, 중국, 미국입니다. '매우 좋다', '대체로 좋다'라고 응답한 사람의 합계를 비교해 보아도 대만이 60.1%, 독일이 46.6%, 한국이 44.7%인 것에 비해, 러시아는 15.0%, 중국은 17.2%, 미국은 19.5%입니다.

그러나 조사에서 각국의 100만 명당 코로나바이러스 사망자 수를 비교해 보면, 대만은 0.29명, 한국은 5.11명으로 좋은 성과를 거두고 있지만, 독일은 94.46명으로 실적이 좋지 않습니다. 또 미국의 사망자 수가 268.14명인데 비해 러시아는 17.38명, 중국은 3.22명입니다. 러시아와 중국에 대한 평가가 실제 이하로 낮다는 것을 알 수 있습니다[58](https://web.sapmed.ac.jp/canmol/coronavirus/death.html).

## 변하지 않는 대외 인식의 특징

셋째로, 이번 조사에서는 이웃 나라인 한국과 대만에 대한 상반된 평가를 확인할 수 있었습니다.

코로나 확산에 대응하는 측면에서는 한국도 높은 평가를 받고 있습니다. 그러나 영향에 대한 평가를 조사한 설문에서는 혹독한 의견이 지배적입니다. "일본에 어떤 영향을 주고 있다고 생각합니까?"라는 질문에 대해 '좋다'가 2.6%, '좋은 편이다'가 8.2%이고, 반대로 '나쁘다'가 28.9%, '나쁜 편이다'가 20.9%로, 나쁘다는 의견이 지배적입니다.

한편, 마찬가지로 코로나 확산 대책과 관련해 높은 평가를 받은 대만의 경우는 한국과 다릅니다. 대만의 경우, '좋다'가 19.6%, '좋은 편이다'가 31.7%인데 비해, '나쁘다'가 0.9%, '나쁜 편이다'가 1.4%로, 한국에 대한 평가와 정반대입니다.

넷째로, 대만과 마찬가지로 높은 평가를 받은 나라가 호주이고, 북한이 평가의 최하위에 있는 것도 변함이 없습니다.

2020년 4월, 호주 정부가 신형 코로나바이러스의 발생원을 독립 조

---

58 이러한 현상의 배경에는 각국 매체의 보도에 대한 평가가 있습니다. 러시아 매체의 보도를 '매우 신뢰하고 있다', '어느 정도 신뢰하고 있다'고 응답한 사람은 17.0%입니다. 중국에 대해서는 6.4%로, 보도에 대한 신뢰도가 매우 낮습니다. 많은 일본인이 러시아나 중국에서 보도되고 있는 사망자 수를 신뢰하지 않고 있고, 이것이 해당 국가에 대한 낮은 평가로 이어지는 것입니다.

사하자고 제안하자, 중국 정부는 "독자적인 조사는 정치적으로 이용되어 감염 방지를 위한 국제 협력을 방해하기 때문에 지지할 수 없다"라고 반발하는 등 다툼이 있었습니다. 반면, 북한은 오랫동안 "우리나라에는 코로나바이러스 감염자가 없다"라고 주장해 왔습니다. 많은 일본인은 호주 정부의 제안에 쾌재를 불렀는데, 이는 분명히 북한 정부의 발표가 수상하다고 느꼈기 때문일 것입니다.

본서 〈표 3-13〉에 실린 일본의 대외 인식과 긴급사태 선언 해제 후인 2020년 5월에 필자가 진행한 조사 결과를 비교해보면, 각 국가·지역의 순위에 변화는 없습니다. 대외 인식의 면에서 코로나19가 일본의 국민감정에 끼치는 영향은 그다지 크지 않은 셈입니다.

## 국민감정을 둘러싼 괴리

국민감정이 복잡한 이유는 본래 각 인간의 감각을 기반으로 성립하는 인식이나 평가가 마치 모든 사람에게 공유되어 객관적으로 존재하는 것처럼 느껴지기 때문입니다. 게다가 인간은 자신의 선입관을 인지하기 어렵고, 이해를 돕기 위한 프레임과 현실을 혼동하기 마련입니다.

이 책에서는 열정을 받아들이는 것과 실제 행동 사이, 그리고 정치적 주장과 현실 인식 사이에 괴리가 존재한다는 것을 여러 번 확인했습니다.

국가·지역에 따라 대외 인식이 다르고, 국가·지역의 내부에서도 의견의 불일치가 나타나는 것, 또 냉전체제의 붕괴가 초래한 효과도 지역에 따라 차이가 있다는 것은 어떤 의미에서는 건전한 것입니다. 인식을 지탱하는 미시적·거시적 조건은 국가·지역, 개인·집단에 따라 다르기 때문입니다.

중요한 것은 우리가 이러한 국민감정의 특징을 알고, 나아가 그것을 존중하는 자세를 유지할 수 있을지, 그 여부입니다.

상호예기 가설을 검증할 때도 지적했습니다만, 한국과 일본, 중국과 베트남, 말레이시아와 인도네시아, 필리핀과 중국이라는 2개국 간 관계는 동질적인 이웃 나라이면서도 서로 상대를 낮게 평가하는 관계입니다. 그러나 이 국가들 사이에서 열전이 발생하지 않는 것은, 열기를 진정시키는 메커니즘이 불충분할지언정 그래도 작동하고 있기 때문입니다.

국민감정을 둘러싼 괴리에 대해서도 똑같이 말할 수 있습니다. 우리가 인식의 괴리를 알고, 그것을 위한 대책을 세우면 최악의 사태는 피할 수 있을 것입니다.

동일한 대상을 보면서도 다른 의미를 붙이고 다른 해석을 하는 것이 인간의 본질입니다. 그렇다면 아시아의 국민감정에 다양한 괴리가 존재하는 것도 당연합니다.

아시아는 '데이터의 사막'에서 '데이터의 오아시스'로 변화하고 있습니다. 그러나 역내의 다양한 국민감정은 본격적인 연구 대상이 되지 못했습니다. 이 책이 이후의 연구에 보탬이 될 수 있다면 그리고 그 결과, 아시아 국가의 상호이해가 깊어지게 된다면 필자로서는 그보다 행복한 일은 없을 것입니다.

| 저자 후기 |

　중공신서(中公新書)에서 『불평등 국가 중국』을 출간하고 12년의 세월이 흘렀습니다. 다행히도 그 책은 2008년 아시아·태평양특별상을 수상했습니다. 지금은 돌아가신 저의 아버님도 수상식에 참석해서 기뻐해 주셨습니다. 그 사이에 저의 연구교육 환경도 크게 변했습니다.

　위의 책이 출간되었던 2008년은 우연히도, 이 책이 이용하고 있는 아시아학생조사의 제1차 조사가 진행되었던 해입니다. 부록①에서 설명하고 있듯이, 제1차 조사는 와세다대학 대학원의 대규모 프로젝트의 일환으로 실시되었습니다. 그때 저는 설문지를 설계하는 정도의 입장이었습니다. 하지만 제2차 조사 당시에는 도쿄대학과 와세다대학의 학부생들과 함께 설문지의 설계부터 번역, 배포, 데이터 입력에서 기본 집계 등 모든 작업에 참여했습니다. 그 결과 학부생이 집필한 논문까지 수록해서 책으로 발간할 수 있었습니다. 정말 '기적의 프로젝트'였던 셈입니다.

제3차 조사가 2019년 여름에 끝나고 나서야, 허겁지겁 통합 데이터를 만들어 이 책의 집필 준비를 마쳤습니다. 최근까지 저는 1년에 10번 정도 해외로 출장을 나가고 있었습니다. 그러나 코로나19의 여파로 이것이 완벽하게 재택근무로 바뀌었습니다. 그 덕분에 이 책의 집필이 진행될 수 있었습니다. 참으로 아이러니한 일이라고 할 수 있습니다.

제2차 조사 당시에도 그랬지만, 제3차 조사 때도, 지도학생들의 도움을 꽤 많이 받았습니다. 특히 서울, 타이베이, 베이징, 상하이, 방콕, 마닐라에서의 조사의 경우, 도쿄대학 대학원 박사과정 학생들이 힘을 발휘해 주었습니다. 홍콩과 싱가포르에서의 조사는 지인이 소개해 준 젊은 연구자가 설문지의 배부 및 회수를 맡아 주었습니다. 베트남, 말레이시아, 인도네시아에서는 동료 연구자들이 설문 조사를 맡아 주었습니다. 그 분들이 회수한 설문지는 지금도 제 연구실에 소중하게 보관되어 있습니다.

당연하지만, 이 책을 집필하기 위해 데이터를 읽고, 관련 문헌을 참고했습니다. 그리고 세계 각지에서 발표하고, 다른 연구자의 조언도 얻었습니다. 이를 통해 연구 주제와 논점 등을 잘 정리할 수 있었습니다. 고려대학교, 베이징대학, 대만대학, 홍콩대학, 필리핀대학, 인도네시아대학의 연구자들과는 학생까지 포함해서 워크숍과 공동 작업을 실시하며 의견을 교환했습니다. 그 외에도 아시아에서는 서울대학교, 난징대학, 중남민족대학, 말라야대학, 난양이공대학, 아시아 역외에서는 맨체스터대학, 프랑스 국립동양언어문화대학이 이 책의 토대가 되는 연구 성과를 발표하도록 장을 마련해 주셨습니다. 또 푸단대학, 대만중앙연구원, 프라이부르크대학, 프랑스 국립사회고등연구원도 각각 학회에서 발표할 기회를 주셨습니다. 이를 통해 귀중한 조언을 얻을 수 있었습니다.

이 책의 집필 계획은 제2차 조사가 끝난 뒤에 시작되었습니다. 하지만 원고를 어느 정도 쓴 상태에서 '이 데이터만으로는 설득력이 부족해'라는 생각이 들어서 작업을 일단 중단했습니다. 제2차 조사의 데이터밖에 없는 국가·지역에 관해 쓸 때, 데이터가 더 필요하다는 생각이 들었기 때문입니다. 제3차 조사가 끝났을 때는 1만 4,000개가 넘는 샘플을 모아, '이 정도면 됐다'는 생각으로 작업을 재개했습니다. 이 책을 출간하기까지 12년 이상의 아득한 시간이 흘렀습니다. 참으로 감개무량합니다.

이번에도 편집부의 시라토 나오히토(白戸直人) 씨가 이 책이 만들어지기까지 페이스메이커가 되어 주셨습니다. 집필 작업을 중단한 뒤에도 5년 이상 기다려 주시는 등 애를 많이 써주셨습니다. 책이 나오니 이제야 안심이 됩니다.

2020년 8월

소노다 시게토

| 역자 후기 |

 

본서는 도쿄대학의 소노다 시게토 교수가 쓴 『아시아의 국민감정』(『アジアの国民感情』)의 한국어판이다.

저자는 동아시아 국민들의 대외인식에 관해 오랫동안 연구한 학자이다. 한국어로 출판된 그의 저서(혹은 공저) 『중국인, 이렇게 생각하고 행동한다』(2002), 『아시아 바로미터』(2009), 『중국 문제』(2016), 『중국의 교육』(2017)도 그러한 사실을 뒷받침한다. 참고로 저자는 2012년에 한류와 관련해서 "미국 문화에 치우쳐 있던 아시아 국가들이 한류 드라마와 가요 등을 통해 '아시아화'를 시도하고 있다"며 "일본에서도 한국인이 '중요한 타자'가 됐다"고 평가하기도 했다.[59] 또 소노다 교수는 중국 관련 연구의 권위자이기도 한데, 특히 중국인이 자신들의 지배체제를 어떻게 인식하고 있는가, 중국의 부상을 주변국의 사람들이 어떻게 보고 있는가를 탐구하는 데 노력하고 있다.

---

59  https://www.kukinews.com/newsView/kuk201203180004

본서는 위와 같은 연구의 연장선상에서 쓰여진 책이다. 본서의 최대 문제의식은, '아시아 각국이 서로를 어떻게 생각하고 있을까'이다. 이를 규명하기 위해 저자는 아시아 각국이 다른 나라를 어떻게 생각하고 있는지를 조사하고 정리했다. 방대한 데이터를 토대로 본서는 중국의 부상(대국화)에 대한 평가, 일본에 대한 아시아 각국의 평가, 미국에 대한 아시아 각국의 인식, 나아가 미중 갈등과 관련한 사항까지 다루고 있다. 정교한 데이터 분석, 방대함이라는 점에서 본서의 연구는 일반적인 여론조사와 차원을 달리하고 있다. 그렇기 때문에 본서는 국제관계 관련 연구의 기초자료가 될 수 있음은 물론, 동아시아 세계를 이해하는 귀중한 통찰을 제공하고 있다. 모쪼록 이 번역서가 오늘날의 세계를 바라볼 때 조금이라도 도움이 되었으면 하는 바람이다.

　　이 책을 번역하는 데 도움을 주신 분들이 있다. 먼저 책의 출판을 허락해주신 경인문화사의 한정희 대표님, 함께 번역에 참여해주신 유지아 선생님께 감사드린다. 또 원광대학교 동북아시아인문사회연구소는 좋은 연구 여건을 제공해주었다. 여러 선생님이 계시기에 지식이 확산되고, 궁극적으로 사회가 발전할 수 있음을 믿는다.

역자를 대표해서
윤현명

## | 문헌일람 |

## 1. 인용문헌

〈영어〉

Acharya, A., "The Myth of ASEAN Centrality?," Contemporary Southeast Asia: A Journal of International and Strategic Affairs, 39(2):273–279, 2017.

Gries, P. H., The Politics of American Foreign Policy: How Ideology Divides Liberals and Conservatives over Foreign Affairs, Stanford University Press, 2014.

Herrick, C., Z. Gai and S. Subramaniam, China's Peaceful Rise: Perceptions, Policy and Misperceptions, Manchester University Press, 2016.

Page, B. I., Julia Rabinovich and David G. Tully, "How Americans Feel About Asaian Countries and Why," Journal of East Asian Studies, 8(1):29–59, 2009.

Page, B. I. and Tao Xie, Living with the Dragon: How the American Public Views the Rise of China, Columbia University Press, 2010.

Pang, Qin and Fan Jiang, "Hong Kong's Growing Separatist Tendencies against China's Rise: Comparing Mainland and Hong Kong College Studies' National Identities," Journal of Current Chinese Affairs, 48(1):3–28, 2019. http://doi.org/10.1177/1868102619886597

Steinhoff, P.G., "A Demographic Profile of Japan Specialist," Japanese Studies in the United States: The View from 2012 (Japanese Studies Series XXXX), The Japan Foundation, pp.20–39, 2013. http://japandirectory.socialsciences.hawaii.edu/Assets/Volumes/2013%20 monograph%20final.pdf

The Asan Institute for Policy SI:ttdies, South Koreans and Their Neighbors 2019, The Asan Institute for Policy Studies, 2019. http://en.asaninst.org/contents/south-koreans-and-their-neighbors-2019/

The ASEAN Secretariat, Poll on ASEAN Awareness 2018: PoAA Report, The ASEAN Secretariat, 2019. https://asean.org/storage/2019/12/Poll-on-ASEAN-Awareness-2018-Report. pdf

Thompson, E. C. and Chulanee Thianthai, Attitudes and Awareness To wards ASEAN: Findings of a Ten-Nation Survey, ISEAS Publishing, 2008.

Thompson, E. C., Chulanee Thianthai and Moe Thuzar, Do Young People Know About ASEAN?: Update of Ten-nation Survey, Yusof Ishak Institute, 2017.

Zhang, Biwu, Chinese Perceptions of the U.S.: An Exploration of China's Foreign Policy Motivations, Lexington Books, 2012.


〈일본어〉

石井健一・小針進・渡邊聡, 『日中韓の相互イメージとポピュラー文化: 国家ブランディング政策の展開』, 明石書店, 2019.

倉田徹・張彧暋, 『香港: 中国と向き合う自由都市』, 岩波新書 2015.

佐橋亮編, 『冷戦後の東アジア秩序: 秩序形成をめぐる各国の構想』, 到草書房, 2020.

園田茂人, 『中国人の心理と行動』, NHKブックス, 2001.

園田茂人, 「'ナショナリズム・ゲーム'を抜け出よ」, 『世界』7: 78〜85쪽, 2005.

園田茂人, 「食文化の変化にみる東アジアのグローバル化: アジアバロメーターのデータ分析から」, 『社会学評論』60: 396〜414쪽, 2009.

園田茂人, 「中国政府が一滞一路に専念できるのはなぜか: 中国市民の党・政府への高信頼の背後のあるも」, 『運輸と経済』78(12): 188〜193쪽, 2018.

園田茂人, 「アジア学生調査第三波調査から見えてきたこと」, 『UP』11: 18〜24쪽, 2019a.

園田茂人, 「中国台頭の国際心理: アジア域内の温度差をめぐって」, 『社会学評論』70(3): 264〜283쪽, 2019b.

園田茂人, 「アジアのエリート学生への調査から読み解く: 2040年, 中国は覇権を握っているのか」, 『中央公論』5: 112〜123쪽, 2020.

園田茂人・岸保行, 「アジア日系企業における現地従業員の'まなざし': 時系列分析による知見から」, 『組織科学』46(4): 19〜28쪽, 2013.

高井潔司, 「もう一つの天安門事件(一九八九年)」, 園田茂人編, 『日中関係史 1972-2012 III 社会・文化』, 2012, 東京大学出版会所収.

タンシンマンコン・バッタジット, 「戦後タイ社会における中国認識の変遷−1960年代〜1990年代を中心に−」, 早稲田大学審査学位論文(博士), 2019. http://hdl.handle.net/2065/00062696

ドー, タン・ハイ, 「ウェトナム− 揺れ動く対中認識」, 園田茂人, デヴィッド・S・G・グッドマン編 『チャイナ・インパクト: 近隣からみた'台頭'と'脅威'』, 2018, 東京大学出版会所収.

ナイ・ジョセフ・S(山岡洋一訳), 『ソフト・パワー: 21世紀国際政治を制する見えざる力』, 日本

　　経済新聞社, 2004.

日本国際問題研究所, 『平成26年度外務省外交·安全保障調査研究事業(調査研究事業) 主要国
　　の対中認識·政策の分析』. 日本国際問題研究所, 2015.
　　　　http://www2.jiia.or.jp/pdf/resarch/H26_Views_and_Policies_vis-a-vis_China/13-
　　　　analysis_of_key_actors_views_and_po1icies_vis-a-vis_china_h26.pd

ヒューイソン, ケヴィン, 「タイ─不安定な国内政治が産み出した対中関係」, 園田茂人, デヴィ
　　ッド·S·G·グッドマン編 『チャイナ·インパクト: 近隣からみた'台頭'と'脅威'』, 2018,
　　東京大学出版会所収

村嶋英治, 「タイにおける華僑 · 華人問題」, 『アジア太平洋討究』4:33～47쪽, 2002.

楊國慶, 「マレーシア─新中心理を支える構造」, 園田茂人, デヴィッド·S·G·グッドマン編 『チ
　　ャイナ·インパクト: 近隣からみた'台頭'と'脅威'』, 2018, 東京大学出版会所収

吉見俊哉, 『親米と反米─戦後日本の政治的無意識』, 岩波新書, 2007.


〈중국어〉

馮志強·葉瀚璋·李峻嶸, 「徘徊在家門之外:'反送中'運動的政治經濟基礎」, 2019, 臺灣社會
　　學會年會, 『在虛實之間: 關鍵時代的臺灣社會與社會學』, 中央研究院社會學研究所,
　　2019.

環球輿情調查中心編 『中國民意調查 第四輯』, 人民日報出版社, 2015.

吳介民 · 蔡宏政 · 鄭祖邦編 『吊燈裡的巨蟒: 中國因素作用力輿反作用力』, 左岸文化, 2017.

鄭必堅, 『中國發展大戰略: 論中國的和平崛起與兩岸關係』, 遠見天下文化出版股份有限公司,
　　2014.

## 2. 참고문헌

〈영어〉

Cheung, F. M. and Y. Hong, eds., Regional Connection under the Belt and Road Initiative: The
　　Prospects for Economic and Financial Cooperation, Routledge, 2018.

Halper, S., The Beijing Consensus: How China's Authoritarian Model Will Dominate the
　　Twentieth, Century, Basic Books, 2010.

Jacques, M., When China Rules the World: The End of the Westen, World and the Birth of a
　　New Global Order, Penguiin Books, 2012.

Kai, J., Rising China in a Changing World: Power Transitions and Global Leadership, Palgrave Macmillan, 2016.

Kaplan, R. D., Asia's Cauldron: The South China Sea and the End of a Stable Pacific, Random House, 2014.

Kurlantzick, J., Charm Offensive: How China's Soft Power Is Transforming the World, Yale University Press, 2007.

Nathan, A.J. and A. Scobell, China's Search for Security, Columbia University Press, 2012.

Pan, Chengxin, Knowledge, Desire and Power in Global Politics: Western Representations of China's Rise, Edward Elgar, 2012.

Shambaugh, D., China Goes Global: The Partial Power, Oxford University Press, 2013.

Zhang, W., I. Alon and C. Lattemann, eds., China's Belt and Road Initiative: Changing the Rules of Globalization, Palgrave Macmillan, 2018.


〈일본어〉

阿南友亮·佐橋亮·小泉悠·クリストファー·ウォーカー·保坂三四郎·マイケル·マッコール·川島真, 『シャープパワーの脅威』 中央公論新社, 2018.

井出穣治, 『フィリピン: 急成長する若き'大国'』 中公新書, 2017.

猪口孝編, 『アジア·バロメーター: 都市部の価値観と生活スクイル』 明石書店, 2005.

猪口孝編, 『アジア·バロメーター: 躍動するアジアの価値観』 明石書店, 2007.

猪口孝編, 『アジア·バロメーター: 東アジアと東南アジアの価値観』 慈学社, 2011.

岩崎育夫, 『アジア政治を見る眼: 開発独裁から市民社会へ』 中公新書, 2001.

小川忠, 『インドネシア: 多民族国家の模索』 岩波新書, 1993.

加藤修他, 『チャイナ·プラスワン: ボーダレス化進むアジアビジネスのダイナミズム』 エヌエーヌエー, 2007.

木宮正史, 『韓国民主化と経済発展のダイナミズム』 ちくま新書, 2003.

クォン·ヨンソク, 『'韓流'と'日流': 文化から読み解く日韓新時代』 NHK出版, 2010.

倉田徹, 『中国返還の後の香港: '小さな冷戦'と一国二制度の展開』 名古屋大学出版会, 2009.

小針進, 『韓国人は, こう考えている』 新潮新書, 2004.

白石隆, 『海洋アジア vs. 大陸アジア: 日本の国家戦略を考える』 ミネルヴァ書房, 2016.

白石隆, ハウ·カロライン, 『中国は東アジアをどう変えるか』 中公新書, 2012.

末廣昭, 『タイ: 開発と民主主義』 岩波新書, 1993.

末廣昭, 『タイ: 中進国の模索』 岩波新書, 2009.

園田茂人編,『日中関係史 1972–2012 III 社会・文化』東京大学出版会, 2012.

園田茂人・蕭新煌編,『チャイナ・リスクといかに向きあうか: 日韓台の企業の挑戦』東京大学出版会, 2016.

谷口誠,『東アジア共同体: 経済統合のゆくえと日本』岩波新書, 2004.

坪井善明,『ヴェトナム:'豊かさ'への夜明け』岩波新書, 1994.

ナイ・ジョセフ・S(山岡洋一・藤島京子訳),『スマート・パワー: 21世紀を支配する新しい力』日本経済新聞社, 2011.

ナイ・ジョセフ・S(村井浩紀訳),『アメリカの世紀は終わらない』日本経済新聞社, 2015.

濱下武志,『香港: アジアのネットワーク都市』ちくま新書, 1996.

古城利明編,『世界社会のイメージと現実』東京大学出版会, 1990.

古田元夫,『ベトナムの世界史: 中華世界から東南アジア世界へ』東京大学出版会, 1995.

舛山誠一,「中堅・中小企業のチャイナプラスワン戦略の枠組み」『産業経済研究所紀要』24: 51~82쪽, 2014.

丸川哲史,『台湾ナショナリズム: 東アジア近代のアポリア』講談社選書メチエ, 2010.

水本達也,『インドネシア: 多民族国家という宿命』中公新書, 2006.

毛里和子,『日中関係: 戦後から新時代へ』岩波新書, 2006.

山本武彦・天児慧編,『東アジア共同体の構築1: 新たな地域形成』岩波書店, 2007.

吉川雅之・倉田徹編,『香港を知るための60章』明石書店 2016.

読売新聞中国取材団,『膨張中国: 新ナショナリズムと歪んだ成長』中公新書, 2006.

我妻洋・米山俊直,『偏見の構造: 日本人の人種観』NHK出版, 1967.

若林正丈,『台湾の政治: 中華民国台湾化の政治史』東京大学出版会, 2008.

## 3. 아시아학생조사 데이터를 이용한 서적·논문 (인용문헌에 언급된 것은 제외했음)

園田茂人,「中国の台頭はアジアに何をもたらしたか: アジア学生調査第2波調査・概要報告」『アジア時報』4: 36~57쪽, 2014a.

園田茂人,「中国の台頭をめぐる内外の温度差」『東亜』5: 2~3쪽, 2014b.

園田茂人,「アジアの'アジア認識図'」『アジア研究』59(1・2): 23~27쪽, 2014c.

園田茂人,「'中国をどう見るか'という重要な課題」『東亜』11: 2~3쪽, 2014d.

園田茂人編,『連携と離反の東アジア: アジア比較社会研究のフロンティア III』勁草書房, 2015a.

園山茂人, 「中国人エリート学生の意識調査にみる'中国'」, 『東亜』2: 2~3쪽, 2015b.

園田茂人, 「中国の台頭を世界はどう受け止めているか」, 『UP』5: 5~11쪽, 2016.

Zhai, Yida, "The Gap in Viewing China's Rise between Chinese Youth and Their Asian Counterparts," Journal of Contemporary China 27: 848–866, 2018.

Zhai, Yida, "A Peaceful Prospect or a Threat to Global Order: How Asian Youth View a Rising China," International Studies Review, 21(1): 38–56, 2019.

# – 분석 당시 사용한 데이터

## (1) 아시아학생조사

(제1차: 2008년, 제2차 조사: 2013~2014년, 제3차: 2018~2019년)

와세다대학 대학원 아시아태평양연구과를 거점으로 글로벌COE프로그램 '아시아지역 통합을 위한 세계적 인재의 육성 거점' 활동의 일환으로, 아시아 6개국(한국, 중국의 베이징, 베트남, 필리핀, 태국, 싱가포르)의 상위 12개 대학 학생을 대상으로 설문조사를 실시하고, 이를 통해 아시아의 이미지 구조를 파악하는 프로젝트가 시작되었다. 그 결과, 일본리서치 센터를 통해 2007년 12월부터 2008년 2월에 걸쳐 조사가 실시되었다. 필자는 2008년, 와세다대학의 지도학생들과 함께 공동으로 일본과 중국의 상하이에서 조사를 실시하고, 이를 통해 제1차 데이터를 완성시켰다.

5년 후인 2013년, 도쿄대학 동양문화연구소 동양학연구정보센터에서는 2개의 프로젝트('아시아학생조사 제2차 실시'와 '정치적 리스크와 사람의 이동: 중국의 대국화에 관한 국제공동연구의 실시')를 시작했다. 그리고 조사에 필요한 예산을 확보함과 동시에, 도쿄대학의 문학부와 인문사회계연구과의 통합수업을 개설하고 제2차 조사 프로젝트의 참가 학생을 모집했다.

기본적으로는 제1차 조사 때의 대학을 대상으로 하고, 같은 샘플링 방법(각 학년 당 50개의 샘플, 남·녀 및 문과계·이과계를 각각 반으로 한 목표샘플을 설정했음)으로 조사를 실시했다. 하지만 제1차 조사 때만큼 예산이 넉넉하지 않아서 업체를 이용할 수 없었다. 그래서 학생이 직접 현지에 가서 설문지를 배포·회수하는 방식으로 조사했다. 이것이 불가능한 지역에서는 현지에 지인이 있는 연구자에게 조사를 위탁해서 기입이 끝난 설문지를 보내달라고 부탁했다.

조사는 2013년 9월부터 12월에 걸쳐 실시되었다. 제1차 조사에서는 베이징의 경우, 중국인민대학이 조사 대상이었지만, 이과계 샘플의 수월한 취득을 위해 제2차 조사부터는 칭화대학으로 바꾸었다. 또 싱가포르의 경우, 제1차 조사에서는 난양이공대학도 조사에 포함시켰지만, 제2차 조사에서는 시간과 예산의 제약 때문에 싱가포르국립대학만 조사 대상에 넣었다.

그 후, 2014년에는 2013년에 만들었던 설문지를 그대로 현지 언어로 번역해서 인터넷으로 조사를 실시했다. 실제 조사는 시타시온재팬에 위탁했는데, 인도네시아의 경우, 2013년 때와 동일한 샘플링으로 조사했고, 말레이시아의 경우, 목표한 만큼의 샘플 수를 확보하지 못했다.

제3차 조사는 2018년 9월부터 2019년 7월에 걸쳐 실시했다. 제3차 조사 당시에는 필자가 지도하는(혹은 지도했던) 박사과정 유학생의 협력을 얻었다. 그래서 한국, 대만, 중국(베이징 및 상하이), 필리핀, 태국에서는 이들 유학생이 설문지의 배포와 회수를 맡았다. 그 외 지역의 경우, 연구프로젝트에서 알게 된 현지의 연구자에게 위탁하거나(베트남. 인도네시아), 그들에게서 연구자를 소개받기도 해서(홍콩. 싱가포르. 말레이시아) 데이터를 수집할 수 있었다. 샘플링은 그 이전에 했던 2번의 방법과 똑같이 했다. 그리고 조사를 실시할 때 과학연구비를 사용했다(기반연구(A) 「대중 관계의 아시아 간 비교: 4개 요인 모델을 통한 접근」 연구자 대표: 다카하라 아키오, 기반연구(B) 「중국의 대두에 관한 국제심리: 아시아·태평양지역에서의 포스트 냉전체제 세대의 중국 인식을 중심으로」 연구자 대표: 소노다 시게토).

제2차 조사의 경우, 홍콩에서는 홍콩대학에서만 조사를 진행했으나, 제3차 조사에서는 홍콩중문대학에서도 조사를 실시했고, 대만에서는 조사 대상을 남부에 있는 중산대학에서 타이베이 시내에 있는 국립정치대학으로 바꾸었다. 싱가포르에서는 난양이공대학을 재차 조사 대상에 포함시켰기 때문에 제1차 조사 때와의 연속성이 높다.

중앙아시아 2개국(우즈베키스탄과 카자흐스탄)의 경우, 제3차 조사 때만 조사를 실시했다. 필자가 지도하는 박사과정생이 우즈베키스탄 출신이었기 때문에 가능한 작업이었는데, 그 조사 결과는 본서에는 반영하지 않았다.

조사를 실시할 때, 시기를 일정하게 유지하는 것이 어려웠다. 가령 서울대학교에서는 설문지를 배포하는 것이 어려웠고, 도쿄대학에서는 조사를 담당하는 사람이 사정이 생겨서 설문지를 배포하는 타이밍이 늦어지기도 했다.

조사 시기와 회수 샘플 수 등 기본 정보에 대한 것은 다음의 표와 같다.

## 아시아학생조사 개요 (원서 p.254~255)

| 국가·지역 | 대학명 | 조사 시기 | | | 샘플 수 | | |
|---|---|---|---|---|---|---|---|
| | | 제1차 | 제2차 | 제3차 | 제1차 | 제2차 | 제3차 |
| 일본 | 도쿄대학 | 2008.11.15~ 2009.1.10 | 2013.10.1 ~11.15 | 2019.4.26 ~7.19 | 200 | 230 | 211 |
| | 와세다대학 | | | | 200 | 234 | 235 |
| 한국 | 서울대학교 | 2007.12.22~ 2008.1.4 | 2013.9.30 ~10.4 | 2018.10.2 ~2019.1.31 | 206 | 345 | 203 |
| | 고려대학교 | | | | 204 | 395 | 262 |
| 중국 | 베이징대학 | 2008.1.4 ~.1.12 | 2013.10.1~ 10.8 | 2018.9.15 ~12.12 | 200 | 200 | 207 |
| | 중국인민대학 | | | | 220 | - | - |
| | 칭화대학 | | | | - | 200 | 203 |
| | 푸단대학 | 2008.11.15 ~12.31 | 2013.9.15 ~10.25 | 2018.9.18 ~10.1 | 203 | 200 | 216 |
| | 상하이교통대학 | | | | 198 | 200 | 245 |
| 대만 | 대만대학 | - | 2013.9.15 ~10.15 | 2018.9.12 ~12.6 | - | 200 | 201 |
| | 중산대학 | | | | - | 200 | - |
| | 국립정치대학 | | | | - | - | 212 |
| 홍콩 | 홍콩대학 | - | 2013.9.25 ~12.15 | 2018.9.28 ~2019.1.13 | - | 240 | 211 |
| | 홍콩중문대학 | | - | | - | - | 201 |
| 베트남 | 하노이 국가대학 | 2008.1.17 ~1.24 | 2013.9.17 ~9.25 | 2018.10.3 ~11.22 | 200 | 270 | 230 |
| | 호치민시 국가대학 | | | | 200 | 261 | 230 |
| 필리핀 | 필리핀대학 | 2008.1.17 ~1.24 | 2013.9.15 ~10.25 | 2018.9.6 ~9.27 | 200 | 205 | 208 |
| | 라살대학 | | | | 200 | 200 | 209 |
| 태국 | 쭐랄롱꼰대학 | 2008.1.11 ~1.18 | 2013.9.2 ~9.7 | 2018.9.15 ~9.22 | 202 | 211 | 206 |
| | 타마사트대학 | | | | 198 | 219 | 218 |
| 말레이시아 | 말라야대학 | - | 2014.11.30 ~2015.3.17 | 2018.11.1 ~2019.1.11 | - | 62 | 206 |
| | 말레이시아 국민대학 | | | | - | 124 | 202 |
| 싱가포르 | 싱가포르 국립대학 | 2008.1.24.~ 1.28: 2.21~ 2.28 | 2013.10.1 ~11.30 | 2018.10.1 ~11.30 | 233 | 321 | 200 |
| | 난양이공대학 | | - | | 220 | - | 200 |
| 인도네시아 | 인도네시아대학 | - | 2014.11.30. ~2015.3.17 | 2018.9.14 ~9.24 | - | 200 | 206 |
| | 가자마다대학 | | | | - | 200 | 201 |

| 국가·지역 | 대학명 | 조사 시기 | | | 샘플 수 | | |
|---|---|---|---|---|---|---|---|
| | | 제1차 | 제2차 | 제3차 | 제1차 | 제2차 | 제3차 |
| 우즈베키스탄 | 우주베키스탄 국립세계언어 대학 | - | - | 2018.11.1 ~11.30 | - | - | 207 |
| | 세계경제외교 대학 | | | | - | - | 201 |
| 카자흐스탄 | 카자흐 국립대학 | - | - | 2018.10.29 ~11.11 | - | - | 227 |
| | 카자흐영국 공과대학 | | | | - | - | 109 |
| | 나르호즈대학 | | | | - | - | 100 |
| 합계 | | | | | 3,248 | 4,917 | 5,967 |

## (2) 퓨리서치센터 Global Attitudes Survey

퓨리서치센터는 2004년에 설립되었고, 퓨리서치센터 Global Attitudes Survey는 그 전신인 타임스 밀러 센터(Times Mirror Center for the People & the Press)의 조사를 이어받아 실시하고 있는 시계열 조사이다. 아시아가 조사 대상에 포함된 것은 44개국을 대상으로 조사가 행해졌던 2002년부터이다. 일본(702), 한국(719), 중국(3000), 베트남(772), 필리핀(700), 인도네시아(1017), 인도(2186), 방글라데시(689)가 조사 대상지에 포함됐다(괄호 안 숫자는 샘플 수).

설문지의 내용은 매년 다르고, 거의 매년 질문을 던지는 것이 있는가 하면, 그렇지 않은 것도 있다. 또 특정 국가·지역에서만 하는 질문도 있다. 그러므로 조사 대상지에서 사용하는 설문지가 모두 똑같은 것은 아니다. 조사 데이터, 설문지, 조사실시 보고서는 조사 종료 후 2

년 이내에 공개되어, 누구나 이용할 수 있게 되어 있다.

본서가 이용한 데이터는 다음의 주소에서 다운로드 받을 수 있다.

https://www.pewresearch.org/global/datasets/


### (3) 중국계 2세 조사

냉전체제가 무너졌던 1991년 이후에 태어나서, 조사 시점에서는 시드니대학 혹은 도쿄대학에서 공부하는 학생(학부생 및 대학원생)이면서 최소한 중등교육 이후의 교육을 호주/ 일본에서 받은 학생을 대상으로 행한 인터뷰 조사. 샘플 수는 각각 30개. 남녀를 반반씩 할당했으며, 도쿄에서는 2018년 8월부터 2019년 10월까지, 시드니대학에서는 2018년 11월부터 2019년 9월까지, 각각 조사를 단행했다. 조사에 응해달라고 부탁한 학생에게 다음 조사 대상 학생을 소개받는 식의 스노우 볼 샘플링 방식을 사용했다.

조사 내용은 본서 제1장에서 소개된 중국의 부상을 둘러싼 몇 가지 프레임에 대한 평가가 주를 이루고 있다. 또 아시아학생조사에서 사용한 설문지와 같은 설문지를 이용했다. 그리고 왜 그렇게 생각하는지에 대해서 구체적인 근거를 들어달라고 하면서 인터뷰를 진행했다.

인터뷰 기록은 일본과 호주가 공유하고 있으며, 앞으로 그 성과를 발표할 예정이다. 본서에서는 질문에 대한 대답이 어떤 분포를 나타내고 있는지에 대해서만 본 인터뷰 기록을 활용했다.

### (4) 코로나 후의 세계질서에 관한 의식 조사

일본에 거주하는 18세 이상부터 69세까지의 3,000명을 대상으로 한 인터넷 조사. 남녀를 반반으로 하고, 거주지(홋카이도·도호쿠/간토/주부/긴키/시코쿠·주고쿠/규슈 총 6개 카테고리)와 연령 계층(10살씩 끊어서 분류)별로 비례 할당하는 형식으로 샘플을 만들었다. 조사는 2020년 5월 16일과 17일 이틀에 걸쳐 시행했다. 설문지 일부는 프린스턴대학의 셰위(謝宇) 교수 그룹과 공동으로 설계했으며, 차후 미국과 중국, 대만, 홍콩 등과 비교할 예정이다. 조사는 크로스 마케팅 그룹에 위탁하는 형태로 추진했고, 예산은 과학연구비(기반연구(B) 「중국의 대두에 관한 국제심리: 아시아·태평양지역에서의 포스트 냉전체제 세대의 중국 인식을 중심으로」 연구자 대표: 소노다 시게토)를 이용했다.

조사 내용은 크게 아시아학생조사와 공통된 질문 즉, 대외 인식에 관한 질문군과 코로나19로 인한 변화에 관한 질문군으로 구분된다. 본서에서는 후자의 결과물 일부를 소개하고 있다.

– 아시아 각지의 국민감정 · 대외 인식을 이해하는데 유용한 데이터

### (1) 일본

일본은 아시아 역내에서 대외 인식에 관한 설문조사가 가장 광범위하게, 가장 장기간에 걸쳐 실시된 나라이다. 지금도 정부 기관을 비롯해서 많은 연구기관 및 연구자가 조사를 단행하고 있다.

내각부는 1975년부터 매년 '외교에 관한 여론조사'를 실시하고 있고, 그 집계 결과를 인터넷에 공개하고 있다. 전국 18세 이상을 대상으로(2015년 조사까지는 20세 이상을 대상으로 했음) 층화이단무작위조사법(層化二段無作為調査法)[60]을 사용하고 있으며 목표 샘플의 수는 3,000개이다. 회수율은 1975년 81.0%에서 점점 감소해서 2019년 조사에서는 53.6%까지 줄어들었다. 조사표 및 집계표, 표본 추출법 등의 정보도 온라인에서 공개되고 있다. 1978년부터 미국, 러시아(조사는 소련 시절에 시작됨), 중국, 한국에 대한 친근감 그리고 각각의 나라를 두 나라씩 묶어서 양국 관계에 대한 질문을 하고 있다. https://survey.gov-online.go.jp/index-gai.html

내각부가 일본 국민을 대상으로 한 여론조사를 실시한다면, 외무성

---

60 행정단위와 지역에 따라 전국을 몇 개의 구역으로 나누어 분류하고, 각 구역의 조사 지점을 인구에 비례해서 나눈 다음, 인구조사 및 주민등록 정보를 이용해서 각 지점에서 일정한 샘플을 추출해서 조사하는 방법(옮긴이).

은 해외 시민을 대상으로 여론조사를 실시하고 있다. 본서에서 다루고 있는 지역에 한정해서 살펴보면, 「아세안 제국에서의 대일 여론조사」가 이에 해당한다. 1978년, 1983년, 1987년, 1992년, 199년, 2002년, 2007년 총 7번에 걸쳐서 아세안 6개국(베트남, 필리핀, 태국, 말레이시아, 싱가포르, 인도네시아)을 대상으로 조사가 진행된 바 있다. 2013년에는 여기에 미얀마가 추가되었고, 2015년과 2019년의 조사에서는 아세안 가맹국 10개국을 조사하는데 성공했다. 한편, 조사를 시작할 당시에는 샘플의 수를 800개에서 895개를 설정했으나, 2002년 조사부터는 샘플의 수가 300개로 감소했는데, 구체적인 샘플링 방법은 공개되지 않고 있다. 질문 항목은 주로 일본에 대한 평가가 주를 이루고 있으며 점차 질문 내용이 바뀌고 있다. https://www.mofa.go.jp/mofaj/gaiko/culture/pr/yoron.html

대만의 경우, 외교 관계가 없기 때문에 외무성의 대일 여론조사의 대상이 되지 않고 있다. 그 때문에 일본대만교류협회에서 2008년부터 2019년까지 총 6번에 걸쳐 「대만에서의 대일 여론조사」를 실시하고 있다. 내용의 공개가 가장 잘 이루어지고 있는 조사라고 할 수 있다. https://www.koryu.or.jp/business/poll/

같은 일본의 행정 기구라 할지라도 조사대상이 다르면, 조사 내용이 크게 달라진다. 일본을 대상으로 한 조사의 경우, 선거인 명부를 이용해서 무작위추출법을 사용할 수 있다. 그러나 아시아 국가 중 한국, 대만, 중국 이외의 국가는 그런 체제가 형성되어 있지 않다.

내각부와 외무성이 국내와 국외에서 각각 조사를 실시하고 있는 반면, 언론NPO는 대상국의 상호인식에 대해 조사를 실시하고 있다.

2001년에 설립된 인정NPO[61]로서 언론NPO는 2005년부터 중국과 일본 쌍방의 상호인식, 상호이해를 중심으로 중일공동여론조사를 실시하고 있다(중국국제출판집단과 매년 공동으로 실시하고 있음). 일본에서는 1,000개의 샘플, 중국에서는 1,500개 전후의 샘플을 수집하고 있다. 또 2013년부터는 한국의 싱크탱크 동아시아연구원과 공동으로 한일공동여론조사도 실시하고 있으며, 중일공동여론조사와 마찬가지로 한국과 일본의 상호인식, 상호이해를 주제로 한 조사 결과를 웹사이트에서 공개하고 있다. 일본에서는 1,000개의 샘플, 한국에서는 1,000개 전후의 샘플을 수집하고 있는데, 중일공동여론조사도 그렇지만 구체적인 샘플링 방법에 대해서는 공개하지 않고 있다. 또 조사 데이터를 정리한 사이트가 없기에 매년 결과를 체크해야만 전체적인 결과를 파악할 수 있다.

연구기관이 실시하는 시계열순의 여론조사 중에는 아시아 각국과의 관계성 및 인식에 관한 질문이 포함되어 있는 경우도 있다.

통계수리연구소의 요시노 료조(吉野諒三)가 주도했던 동아시아가치관 국제비교조사(2002~2005), 환태평양가치관 국제비교조사(2010~2013)에서는 일본, 한국, 베이징, 상하이, 대만, 홍콩, 베트남, 싱가포르에서 조사가 실시되었다. 그 조사에서는 자국과 가장 우호적인 나라, 다시

---

61  기부자에게 세제상의 혜택을 주는 NPO법인을 말한다. 국가가 해당 NPO에 대한 기부를 장려하기 위해 선정한다(옮긴이).

태어난다면 어느 나라에 태어나고 싶은지에 대해 질문했다. 각국에서의 샘플링 방법과 단순집계 결과 등은 웹사이트에서 공개되고 있다. 단, 1차 데이터는 공개되고 있지 않다.

도쿄대학의 이노구치 다카시가 주도한 아시아 바로미터(AsiaBaro)는 2003년부터 2008년까지 매년 800개에서 1,000개의 샘플 규모로 조사를 실시했으며(2006년의 중국 조사의 경우 샘플 2,000개), 본서의 대상이 되는 국가·지역을 모두 포괄하고 있다. 대외 인식에 관한 조사는 지금도 이용 가치가 높지만, 안타깝게도 2009년 이후에는 조사를 하고 있지 않다. 또 아시아 각국 간의 관계성을 드러내는 질문도 별로 없다. 한편, 6년분의 데이터는 종합데이터로 정리되어, 질문표를 포함해서 모두 인터넷에 공개되어 있다. http://www.ricas.ioc.u-tokyo.ac.jp/aasplatform/

오사카상업대학 JGSS연구센터가 2000년부터 매년 실시하고 있는 JGSS(Japanese General Social Survey 일본종합사회조사)는 2006년부터 2년에 한 번, 한국의 성균관대학교 Survey Research Center, 대만의 중앙연구원 사회학연구소, 중국의 홍콩과기대학·중국인민대학(나중에 중국인민대학 중국조사여수거중심으로 바뀜)과 공동으로 EASS(East Asian Social Survey)를 실시하고 있다. 그중 2008년과 2018년의 두 번은 '동아시아 문화와 세계화'를 주제로 동아시아 지역의 대중문화의 수용과 사회적 거리 등 본서에서 다루었던 주제를 설문지에 넣어서 질문하기도 했다. 2020년 현재 기준으로 2008년의 데이터에 한해 공개가 이루어지고 있다. http://www.eassda.org/modules/doc/index.php?doc=intro

일본의 언론에서도 적극적으로 여론조사를 실시하고 있다. 특히 NHK방송여론조사연구소(현재 NHK방송문화연구소)의 경우, 1960년부터 미국에 대한 호감도 조사를 지속적으로 조사하고 있다. 또 각 신문사는 1980년 중반부터 한국·중국의 기관과 연대해서 공동조사를 실시하고 있다. 아사히신문사는 1984년부터 한국의 동아일보사와 「한일여론조사」를 실시해서 이와 비슷한 조사를 선도했다. 그리고 요미우리신문사는 1995년에 「아시아 7개국 여론조사」, 마이니치신문사는 같은 해 조선일보사와 「한일여론조사」를 실시하는 등 아시아 역내의 조사는 과거에 비해 용이하게 이루어졌다고 볼 수 있다. 그래서 다수의 조사 결과가 한꺼번에 공개되기도 했다. 그러나 2010년대에 들어서는 그와 같은 상황이 진정되었다. 이것은 나중에 언급할 중국의 케이스와는 대조적이다.

아쉽게도 언론이 실시하는 조사의 결과는 단편적인 보도와 소개에 그치는 경우가 많으며, 홈페이지 등에 통합·정리되어 있지 않다. 또 1차 데이터와 설문지도 공개되어 있지 않다. 따라서 조사 결과를 시계열순으로 파악하기 어렵다. 이 부분은 아시아의 다른 나라도 상황이 같다.

최근에는 인터넷에서 손쉽게 조사를 단행할 수 있다. 그래서 많은 기업, 특히 마케팅 관련 기업이 대외 인식, 특히 일본에 대한 호감도 관련 조사결과를 언론과 웹사이트에 공개하고 있다. 하지만 조사의 정확도는 경우에 따라 옥석이 혼재되어 있다.

### (2) 한국

한국에서는 1980년대 이후 민주화가 진행되었고, 이때부터 각 신문사가 주도하는 형태로 대외 인식에 관한 조사가 이루어졌다. 또 한국 사회과학 데이터아카이브사업이 1983년에 시작된 이후, 조사 데이터의 집약화 및 시계열 조사의 중요성이 부각되어 현재에 이르고 있다.

통상 한국에 있어서 최대의 외교적 과제는 북한과의 관계이다. 그러므로 한국의 조사 내용은 북한 관련 내용에 집중되는 경향이 있다. 정부 계통의 싱크탱크인 통일연구원은 주로 북한과의 관계와 관련한 1,000명 규모의 각종 여론조사를 1990년부터 실시하고 있으며 매년 보고서를 발행하고 있다.

또 NGO와 기업의 대외여론조사도 이루어지고 있다. 그중 유명한 것이 2008년, 현대그룹이 설립한 아산정책연구원(Asan Instiute for Policy Studies)에서 행한 조사이다. 이 조사는 2013년부터 20세 이상의 시민 1,000명을 대상으로, 일본, 중국, 미국, 북한 등 한국에 있어서 중요한 국가를 조사한 것이다. 각국 수반에 대한 평가, 한국의 대외정책에 대한 조사를 실시하고 있고, 2014년부터『한국인과 그 이웃들(South Koreans and Their Neighbors)』라는 보고서를 매년 발행하고 있다.

### (3) 중국

중국에서 사회조사가 본격적으로 시행된 것은 1990년대 이후이다. 그러므로 대외 인식에 관한 조사의 역사는 그리 길지 않다고 볼 수 있다. 하지만 인터넷이 보급되기 시작한 2000년대 이후, 정부기관과 싱크탱크, 각 신문사 등이 여론조사를 토대로 정책을 입안하게 되었다. 또 2003년에는 중국국가조사수거고(중국국가조사 아카이브)가 설립되는 등 테이터의 집약화가 이루어지게 되었다.

중국에서 대외 인식에 관한 조사를 이끄는 곳은 환구시보사가 운영하는 조사부문의 환구여정조사중심, 1992년에 시장조사회사로 설립된 영점조사공사와 같은 '민간' 조사기관이다. 이들 기관은 2000년대 후반 이후 여러 가지 조사를 실시하고 있다.

환구여정조사중심의 경우, 2006년부터 「중국인간세계(중국인이 본 세계)」라는 제목의 프로젝트를 개시해서 2019년까지 총 14번의 조사를 실시해왔다. 조사 대상은 베이징, 상하이, 우한, 광저우. 충칭과 같은 대도시를 중심으로 하고 있으며, 조사 시점에 따라 지역과 샘플의 숫자가 다르다. 또 2012년에 시작된 「전구민의조사(글로벌 여론조사)」 프로젝트에서는 한국, 중국, 일본, 인도네시아 등 17개국을 대상으로 2019년까지 총 8번의 조사가 실시되었다. 국내조사와 마찬가지로 조사 시점에 따라 지역과 샘플의 숫자는 다르다. 이들 조사결과는 환구시보사가 관리하는 홈페이지 환구망에 업데이트되어 있으며 일부는 책으로 출판되고 있다.

또 영점조사공사는 2017년에 중국외문국(중국외문 출판발행사업국)과 국가여유국 등의 위탁을 받아 「중국화어해외인지도조사보고」 프로젝트를 통해 영어권 8개국에서 중국 어휘의 인지도를 조사하는가 하면, 2018년에는 태국과 싱가포르를 포함한 17개국을 대상으로 「일대일로

연선 중요국가 민중 중국관(일대일로와 관련한 중요 국가 민중들이 보는 중국)」조
사 프로젝트를 통해 중국의 정책에 관한 이해도와 중국과의 문화교류
에 대한 기대감을 조사하는 등 중국에 대한 세계적인 평가를 중심으로
조사를 진행하고 있다.

한편, 공산당 중앙의 직속기관인 중국외문국 등이 2013년부터 매년
실시하고 있는 「중국국가형상조사(중국의 국가 이미지 조사)」의 경우, 조사
대상국이 처음에는 영국 등 7개국이었지만 2019년에는 19개국까지 늘
어나고 있다.

이처럼 중국의 대외 인식 조사는 규모가 점점 커져가고 있지만, 조
사 내용의 공개가 불충분하고 단순집계 결과도 완전히 공개되고 있지
는 않다. 게다가 영문판이 적기 때문에 중국어를 이해하지 못하는 해
외 연구자에게는 그 존재가 거의 알려져 있지 않다. 또 많은 조사가 당
과 정부의 대외 선전공작의 일환으로 실시되고 있다는 문제도 있다.


### (4) 대만·홍콩

한국에 있어서 북한이 그러한 것처럼, 대만에 있어서도 중국과의
관계는 중요하다. 그래서 공적 기관이 대외 인식 관련 조사에 관여하
고 있다. 대만의 행정원 대륙위원회는 국립정치대학선거연구센터에
위탁해서 1994년부터 1년에 3번, 대중 정책에 관해서 여론조사를 하고
있다. 그리고 1996년부터는 연차보고서를 통해 모든 조사 결과를 웹
사이트에서 공개하고 있는데, 샘플 수는 1,000개 정도이다. 2017년 이

후의 데이터에 관해서는 신청하는 경우, 크로스 집계표를 제공하고 있다. 또 특정 문제에 관한 지엽적인 조사는 전국공신력민의조사공사(全國公信力民意調査公司)에 위탁해서 같은 형식으로 조사를 진행하고 있다. https://www.mac.gow.tw/Content_List.aspx?n=5867DB0B09378095

학술적인 조사 연구의 경우, 위에서 언급한 국립정치대학 외에도 중앙연구원 및 대만대학, 칭화대학 등의 연구자가 대외인식에 관한 조사 연구를 진행하고 있다. 특히 중국과의 관계의 경우, '양안관계연구'라는 독특한 연구영역을 만들어서 여러 가지 데이터를 축적하고 있다. 그중에서도 특기할만한 것은 대만대학의 호불동아민주연구중심이 주도하는 아시안 바로미터로, 아시안 바로미터는 제2차 조사(2005~2008)부터 제4차 조사(2014~2016)에 걸쳐서 국제관계에 관한 설문을 진행했다. 특히 제4차 조사에서는 본석에서 언급한 11개의 국가·지역 이외에 몽골, 캄보디아, 미얀마에서도 조사를 진행하고 있고, 1차 데이터도 공개하고 있다. 단, 질문은 미국, 중국, 아세안에 관한 것으로 구성된다. 따라서 본서에서 다루는 것처럼 역내의 세세한 관계성을 파악하기에는 적당하지 않다. http://www.asianbarometer.org/

대만지고민조중심(臺灣知庫民調中心)과 대만지표민조(臺灣指標民調)와 같은 싱크탱크, 민간조사회사, 민간의 방송국 등도 때에 따라 조사를 실시하고 결과를 발표한다. 그러나 국민당계/민진당계 등의 정치색이 들어가 있는 경우도 적지 않다.

홍콩은 중국의 일부로, 홍콩 행정특별구정부는 외교권을 가지고 있지 않다는 점도 있어서 대외 인식에 관한 조사는 실시하지 않고 있다.

홍콩대학민의연구계획은 중국 대륙과의 관계에서 홍콩인의 아이덴티티에 관한 조사를 1997년부터 매년 실시하고 있다. 다만, 오랫동안 해당 프로젝트를 주도해온 로버트 청(鍾庭耀)이 정년을 맞이하게 된 것도 있어서, 본 프로젝트는 최근 만들어진 홍콩민의연구소로 이관되고 있다.


### (5) 동남아시아

동남아시아의 경우, 싱가포르를 제외하고는 동아시아만큼 정부의 역할이 크지는 않다. 그러므로 국내의 유력한 대학에서 비교적 경제력을 가진 연구자가 싱크탱크를 세워서 운영하거나, 해외의 네트워크를 이용해서 조사를 실시하는 경우가 대부분이다.

싱가포르에서는 1968년에 동남아시아연구소가 세워졌는데, 2015년에는 이것이 국가연구기관인 ISEAS 유소프 이샥 연구소(ISEAS Yusof Ishak Institute)로 바뀌었다. 동 연구소는 2019년부터 「동남아시아 각국의 현황(The State of Southeast Asia)」이라고 하는 조사 프로젝트를 시작해서, 동남아시아 10개국의 경제·금융계 및 정부 관계자, 연구자, 언론 관계자를 대상으로 1,000명에서 1,300명 규모의 조사를 실시하고 있다. 이 조사는 과거 동남아시아연구소(ISEAS)가 아세안 역내의 학생을 대상으로 2007년과 2015년에 실시한 「10개국 조사(Ten-nation Survey)」를 이어받은 형태이다. 그래도 동남아시아 전체를 아우르는 조사가 드물고 질문 항목도 많기 때문에, 그 조사 결과는 많은 곳에서 언급되고 있다. 다만, 자세한 샘플링 방법은 공개되지 않고 있다.

필리핀에서는 1985년에 설립된 소셜웨더스테이션과 1999년에 설립된 펄스 아시아 리서치(Pulse Asia Researh Inc.) 등의 조사기관이 외교정책에 대한 평가, 해외 국가들에 대한 신뢰 등을 정기적으로 조사하고 있다. 구체적으로는 중국, 미국, 일본, 러시아 등의 강대국을 대상으로 하기 때문에 다루는 국가의 수는 제한적이다.

인도네시아의 경우, 대형 신문사 콤파스(Kompas), 사이풀 무자니 리서치앤컨설팅(Saiful Mujani Research and Consulting), 인도네시아여론조사연구소(lingkaran Survei Indonesia)와 같이 2000년 이후에 설립된 조사기관이 여론조사를 주도하고 있지만, 대외 인식에 관한 조사는 하고 있지 않다. 또 베트남, 태국, 말레이시아에도 전문적인 여론조사 기관이 있지만, 인도네시아와 마찬가지로 대외 인식에 관한 조사는 하고 있지 않다.

아세안 사무국은 계몽활동의 일환으로 아세안 의식조사(Poll on ASEAN Awareness)를 정기적으로 실시하고 있다. 그러나 이것은 아세안 회원국만을 대상으로 한 것이며 그 외 지역에 관해서는 조사를 실시하고 있지 않다.

# 아시아의 국민감정

## 데이터로 본 아시아인의 대외 인식

초판 인쇄 | 2024년 09월 23일
초판 발행 | 2024년 09월 30일

지은이 | 소노다 시게토
옮긴이 | 유지아·윤현명

발행인 | 한정희
편집 | 한주연 김지선 김숙희
마케팅 | 유인순 하재일

발행처 | 경인문화사     출판번호 | 406-1973-000003호
주소 | (10881) 경기도 파주시 회동길 445-1 경인빌딩 B동 4층
전화 | 031-955-9300     팩스 | 031-955-9310
홈페이지 | http://www.kyunginp.co.kr   이메일 | kyungin@kyunginp.co.kr

ISBN  978-89-499-6819-3(03910)
값  24,000원

---